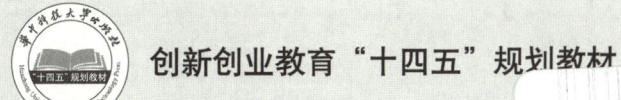创新创业教育"十四五"规划教材

创新创业基础

（第二版）

- 主　编　姜　江　潘　丽　吴　蔚
- 副主编　董　倩　周玮璐　袁　婧　程斐涵
　　　　　于　婷　彭德珍　李　婧　刘　芳
　　　　　刘慧敏

华中科技大学出版社
http://press.hust.edu.cn
中国·武汉

图书在版编目(CIP)数据

创新创业基础 / 姜江,潘丽,吴蔚主编. -- 2 版. -- 武汉 :华中科技大学出版社,2025. 1. -- ISBN 978-7-5772-1629-4

Ⅰ. F241.4

中国国家版本馆 CIP 数据核字第 2025J47Q14 号

创新创业基础(第二版)
Chuangxin Chuangye Jichu（Di-er Ban)

姜 江 潘 丽 吴 蔚 主编

策划编辑:汪 粲

责任编辑:汪 粲 梁睿哲

封面设计:原色设计

责任监印:周治超

出版发行:华中科技大学出版社(中国·武汉)　　电话:(027)81321913

　　　　　武汉市东湖新技术开发区华工科技园　　邮编:430223

录　排:武汉市洪山区佳年华文印部

印　刷:武汉科源印刷设计有限公司

开　本:787mm×1092mm　1/16

印　张:20

字　数:447 千字

版　次:2025 年 1 月第 2 版第 1 次印刷

定　价:56.00 元

前言
Preface

习近平总书记在二十大报告中明确提出"必须坚持科技是第一生产力、人才是第一资源、创新是第一动力"。深化高等学校创新创业教育改革,是国家实施创新驱动发展战略、促进经济提质增效升级的迫切需要,是推进高等教育综合改革、促进高校毕业生更高质量创业就业的重要举措。

高等学校创新创业教育要培养学生的创新精神、创业意识和创新创业能力,要把创新创业教育贯穿人才培养全过程,要把创新创业教育与思想政治教育、专业教育、体育、美育、劳动教育紧密结合,要在更高层次、更深程度、更关键环节深化创新创业教育改革,在新时期打造创新创业教育升级版,高质量地培养德智体美劳全面发展的社会主义建设者和接班人。

本书作为创新创业基础课教材,以立德树人为根本任务,以素质教育理念贯穿教材内容的设计与组织,以培养学生的创新精神、创业意识和创新创业能力为目标,紧扣思政元素,使学生在获取知识、掌握技能的过程中逐步形成创新创业基本素质,为培养学生自觉运用创新创业理念,从创新的角度发掘、思考、分析、解决问题的能力奠定基础,有助于学生加深对创新创业理念及案例的理解,增强学生民族自信的同时激发学生创新创业精神,驱动学生投身创新创业实践,不断提升自身创新创业能力。创新创业教育具有极强的实践性教学特点,故本书按项目教学法编排内容,以更有利于学生自学和教师教学。依据"学会创新技能——形成创新思维——培养创新精神——激发创业意识——掌握创业知识——锻炼创业意志——备战创新创业大赛"的主线编写了"创新与创业""创新技法"等十个模块内容,每个模块分项目编写,每个项目根据"探究与实践过程"学习方式的要求,将内容按"学习目标——活动导入——理论点拨——任务"的顺序依次编写,充分帮助学生通过各种场景理解知识、掌握技能、感悟创业,在探究与体验学习中潜移默化地形成创新创业基本素质,对标中国国际"互联网+"大学生创新创业竞赛,令双创基础课程真正发挥学校创新创业教育体系的基石作用,点燃学生创新创业激情的火种。

本书由姜江、潘丽、吴蔚担任主编。在编写过程中,我们参考了许多专家、学者的研究成果,援引、选用了有关教材、著作及网络资料,并尽可能地对一些引用材料的出处予以注明,在本书的最后列出了相关的参考文献,在此对原作者表示由衷的感谢!

由于水平有限,时间仓促,书中难免存在不足之处,敬请广大读者与专家批评指正。

编者

2024 年 12 月

目录

Contents

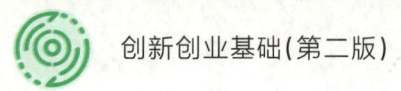

模块九　创业计划

模块十　创新创业大赛

参考文献

模块一　创新与创业

　　创新是创业的基础,创业是一种创新性实践活动。创业者只有具备创新意识和创新思维,才能产生新的富有创意的想法和方案,才能找到新市场、新方向、新模式,最终获得创业的成功。本模块将重点讲解创新的内涵,帮助学生了解创新思维中常见的思维障碍的类型,以便突破思维障碍的禁锢;通过学习创新与创业之间的关系,正确评估自己的创新能力,为创业成功打下基础。

项目一　创新的概念

 学习目标

1. 理解创新的概念。
2. 了解创新的意义。
3. 培养创新意识。
4. 掌握激发创新意识的途径。

活动导入

找　变　化

找一个你身边的学生结成伙伴,两人背对背,在三分钟的时间里各自改变自己身上的三个地方。两人回过头来,彼此找找对方的变化。然后,两人再背对背,这次,要利用三分钟时间在身上做出十个变化。

问题:请学生说出每次背对背后伙伴的变化有哪些?

启示:检验一下你是否具备观察事物、善于发掘事物变化的能力。

 理论点拨

世界上所有的事物(包括自然、社会和人的思维)都有可能成为人们创新的对象,因此,每时每刻,我们都面临着无穷无尽的创新对象,只要我们仔细观察,开动脑筋,对任何一个对象都能进行创新。

创新是人的本能,是与生俱来的能力,是人区别于其他动物的本质属性。人类的文明史,就是一部不断创新的历史。马克思曾指出,整个历史也无非是人类本性的不断改变而已。一个民族想要走在时代前列,就一刻也不能离开创新思维,一刻也不能停止创新。那么,什么是创新呢?

一、创新的概念

创新是指以提出有别于常规或常人思路的见解为导向,利用现有的知识和物质,在特定

的环境中,以满足理想化需要和社会需求为目的,而改进或创造新的事物、方法、元素、路径、环境,并能获得一定有益效果的行为。

创新的内容主要包括创新的主体、创新的客体、创新的过程、创新的核心、创新的结果及创新的作用等。

（1）创新的本质目的:满足人类自身的需要。

（2）创新的主体:创新的主体是指具有创新能力并实际从事创新活动的人或社会组织。

（3）创新的客体:创新的客体是指客观世界（包括自然社会科学、人类自身思维规律、社会环境及生活环境等）。

（4）创新的过程:创新的过程是指不断拓展和改变对客观世界（包括人类）认知与行为的动态活动本身。

（5）创新的核心:创新的核心是创新思维,是指人们的思维不断向有益于个体或组织发展的新方向变化。

（6）创新的结果:创新的结果有两种,一种是物质的,如电脑、洗衣机等,另一种是非物质的,如新思想、新理论和新经验等。

（7）创新的作用:创新的作用就是满足个体或组织生存与发展的需要。

总之,我们想要有所创新,就必须具备创新思维。只有通过创新思维,我们才会有开拓性的创新想法,并付诸实践。

 案例

换个角度思考问题

一个犹太人走进纽约的一家银行,来到贷款部,大模大样地坐下来。

"请问先生有什么事情吗?"贷款部经理一边问,一边打量着来人的穿着:豪华的西服、高级皮鞋、昂贵的手表,还有镶宝石的领带夹子。

"我想借些钱。"

"好啊,你要借多少?"

"1美元。"

"只需要1美元?"

"不错,只借1美元。可以吗?"

"当然可以,只要有担保,再多点也无妨。"

"好吧,这些担保可以吗?"

犹太人一边说着,一边从豪华的皮包里取出一堆股票、国债等证明文件,放在经理的写

字台上。

"总共 50 万美元,够了吧?"

"当然,当然!不过,你真的只要借 1 美元吗?"

"是的。"说着,犹太人接过了 1 美元。

"年息为 6%。只要您一年后归还,我们就可以把您抵押的物品还给您。"

"谢谢。"

犹太人说完,就准备离开银行。

一直在旁边冷眼观看的分行长,怎么也弄不明白,拥有 50 万美元的人,怎么会来银行借 1 美元?他慌慌张张地追上前去,对犹太人说:"啊,这位先生……"

"有什么事情吗?"

"我实在弄不清楚,您拥有 50 万美元,为什么只借 1 美元?要是您想借 30、40 万美元的话,我们也会很乐意的……"

"请不必为我操心。只是我来贵行之前,问过了几家银行,他们保险箱的租金都很昂贵。所以我就准备在贵行寄存这些股票和证券。租金实在太便宜了,一年只需要花 6 美分。"

贵重物品的寄存按常理应放在金库的保险箱里,对许多人来说,这是唯一的选择。但犹太商人没有固于常理,而是另辟蹊径,找到让股票和证券等锁进银行保险箱的办法,从可靠、保险的角度来看,两者确实是没有多大区别的,除了收费不同。

通常情况下,人们是为了借款而抵押,总是希望以尽可能少的抵押争取尽可能多的借款。而银行为了保证贷款的安全或有利,从不肯让借款额接近抵押物的实际价值,所以,一般只有关于借款额上限的规定,其下限根本不用规定,因为这是借款者自己就会管好的问题。能够钻这个"空子",转换角度思考问题,这就是犹太人在思维方式上的"精明"。

善于转换角度思考问题,常能获得更多的成功机会。

用智慧创造财富

很多年以前,在奥斯威辛集中营里,一个犹太人对他的儿子说,"现在我们唯一的财富就是智慧,当别人说一加一等于二的时候,你应该想到大于三。"纳粹在奥斯威辛毒死了几十万人,父子俩却活了下来。

1946 年,他们来到美国,在休斯敦做铜器生意。一天,父亲问儿子一磅铜的价格是多少?儿子答 35 美分。父亲说:"对,整个得克萨斯州都知道每磅铜的价格是 35 美分,但作为犹太人的儿子,应该说成 3.5 美元,你试着把一磅铜做成门把看看。"

20 年后,父亲死了,儿子独自经营铜器店。他做过铜鼓,做过瑞士钟表上的簧片,做过奥运会的奖牌,他曾把一磅铜卖到 3500 美元,这时他已是麦考尔公司的董事长。然而,真正使他扬名的是纽约州的一堆垃圾。

1974 年,美国政府为清理给自由女神像翻新扔下的废料,向社会广泛招标。但好几个月过去了,没人应标。正在法国旅行的他听说后,立即飞往纽约,看过自由女神下堆积如山的铜块、螺丝和木料后,未提任何条件,当即就签了字。

纽约许多运输公司对他的这一举动暗自发笑,因为在纽约州,垃圾处理有严格规定,处理不好会受到环保组织的起诉。就在一些人要看这个犹太人的笑话时,他开始组织工人对废料进行分类。他让人把废铜熔化,铸成小自由女神像;把水泥块和木头加工成底座;把废铅、废铝做成纽约广场形状的钥匙。最后,他甚至把从自由女神像身上扫下来的灰包装起来,出售给花店,不到 3 个月的时间,他让这堆废料变成了 350 万美元,每磅铜的价格整整翻了 1 万倍。

生在犹太家庭里的孩子在他们的成长过程中,负责启蒙教育的母亲们几乎都要求他们回答一个问题:"如果有一天你的房子被烧了,你的财富就要被人抢光,那么你将带着什么东西逃命?"孩子们少不更事、天真无知,自然会想到钱这个好东西,因为没有钱哪能有吃的穿的玩的? 也有孩子说要带着钻石或者其他珍宝出逃,有了它,还愁缺啥? 可这些显然不是母亲们所要的答案。她们会进一步问:"有一种没有形状、没有颜色、没有气味的宝贝,你知道是什么吗?"要是孩子们回答不出来,母亲就会说:"孩子,你要带走的不是钱,也不是钻石,而是智慧。因为智慧是任何人都抢不走的。你只要活着,智慧就永远跟着你。"在聪颖、精明的犹太人眼里,任何东西都是有价的,都能失而复得,只有智慧才是人生无价的财富。

二、创新的类型

美国哈佛大学教授、美籍奥地利经济学家约瑟夫·熊彼特(Joseph Alois Chumpeter,1883—1950)首次从经济领域提出创新理论,他认为"创新"包括以下五种情况:①创造一种新的产品;②采用一种新的生产方法;③开辟一个新的市场;④取得一种新的供给来源;⑤实现一种新的产业组织方式。

创新可以在三个层面上开展,即个人层面、企业层面和社会层面。

其中,个人层面的创新需要整个社会的支持,包括营造创新环境,提供创新机会,使个体有机会在这个环境中进行创新。

在团队基础上的创新,威力十分巨大,远远超过个人基础上的创新,但是这需要企业提供创新的条件或环境来实现团队创新。首先,企业中要形成一种创新文化;其次,要让创新人才面向客户的需求;再次,企业还要建立创新通道,提供创新所需的各种资源,建立创新的奖励机制,企业还要保护创新成果,这可以通过申请知识产权的方式来实现。

企业的创新一般由以下几个阶段构成。

(1)创新思想萌芽出现。

(2)验证这些思想。

(3)对验证的思想进行可行性研究。在本阶段,创新者要思考实施创新的过程中需要解决哪些问题、会冒哪些风险、如何排除这些风险等问题。

(4)产品开发。产品开发通常和客户一起进行,根据客户需求,产品开发人员与客户共同研究客户需要什么样的产品。

（5）引入市场。引入市场主要是研究如何把产品推向社会的。

（6）正式投产。

（7）对创新进行评估。要对所有的创新产品进行总结，一一找出其优点与不足之处，并对不足之处加以改进，使整个过程有反馈和循环。

总之，创新就是利用你的思想来改变这个世界，让新的思想在这个世界扎根。创新包含着创造，但创造不见得是创新。创新包含着一种实用性的思想，创新的最终目的是为人类的生产、生活服务，造福于人类。

三、如何培养创新意识

创新意识是指人们根据社会和个体生活发展的需要，善于思考、敢于标新立异，然后提出新观点、新方法，最终解决新问题和创造新事物的意识。它对一个人创新能力的形成具有十分重要的作用。创新意识是人的大脑产生的一种主动发现问题、积极探索解决问题的思维，是人们进行创造活动的出发点和内在动力，是创造性思维和创造力的前提，也是形成创新能力的基础。

 案例

袁隆平：以科技创新保障国家粮食安全

"习近平总书记给我们 25 位科技工作者代表回信，这体现出总书记对科技创新的重视，使我很受鼓舞。"中国工程院院士袁隆平在接受记者采访时说，"杂交水稻的发展史，本来就是一个技术不断创新发展的历程。围绕国家粮食安全，我们必须长期坚持开展杂交水稻技术研发。"

袁隆平出席湖南农业大学 2019 级新生开学典礼（注：出自"学习强国"）

农业报国,不让老百姓挨饿

习近平总书记的回信中,袁隆平的名字排在第一位。"民以食为天。我是学农的,依靠农业技术提高粮食产量是我的职责所在。尤其经历了三年困难时期那场饥荒,我亲眼看到有人因为饥饿倒在路边、田埂边和桥底下,真是锥心般的刺痛。"袁隆平说。

1953年,从西南农学院遗传育种专业毕业后,袁隆平被分配到湖南安江农校工作。作为新中国培养出来的第一代学农大学生,袁隆平立誓要解决粮食短缺问题,不让老百姓挨饿。

1956年,袁隆平带着学生开始了农学实验。袁隆平发现,水稻中一些杂交组合有优势,认定这是提高水稻产量的重要途径。培育杂交水稻的念头,第一次浮现在他的脑海。

1966年,袁隆平发表论文《水稻的雄性不孕性》,拉开了中国杂交水稻研究的序幕。此后,他与学生李必湖、尹华奇成立"三人科研小组",开始了水稻雄性不孕选育计划。1970年,在海南发现的一株花粉败育野生稻,打开了杂交水稻研究突破口,袁隆平给它取名为"野败"。

各地科研人员聚集到海南,他慷慨地将"野败"分送给大家,又在农场支起了小黑板,给全国各地科研工作者讲课。一场轰轰烈烈的全国攻关大会战打响。1973年,在第二次全国杂交水稻科研协作会上,袁隆平正式宣布籼型杂交水稻三系配套成功,水稻杂交优势利用研究取得了重大突破。

湖南省杂交水稻研究中心办公楼的一间会客室墙上悬挂着一幅照片,金黄色的稻浪翻滚,左上角有袁隆平写下的一行字:湖南溆浦,首次亩产突破1000公斤。

"亩产1000公斤",这是袁隆平80岁时许下的生日愿望,在2014年已经实现。2019年,袁隆平迎来90岁生日。这一次,他的愿望是,"亩产1200公斤"。

从1976年到2018年,杂交水稻在全国累计推广面积约85亿亩,增产稻谷8.5亿吨,为中国人牢牢掌握自己的饭碗做出了突出贡献。

科技创新,从未停歇的脚步

作为实打实的"90后",袁隆平身体不如以往,但他对以科技创新来保障国家粮食安全的迫切愿望却一如既往。他说:"现在,我最关心耐盐碱水稻示范工程、杂交水稻超高产攻关工程等三大工程,期望通过它们,更进一步推动我国乃至世界杂交水稻事业的发展。"

提及海水稻,袁隆平说:"海水稻就是耐盐碱水稻,是指能在沿海滩涂等盐碱地正常生长的特殊水稻,并不是说长在海里,或用海水灌溉的水稻。原来由于耕地面积受限,要提高产量、保证粮食安全,唯一的办法就是通过科技进步提高单位面积产量。我们现在正在研究海水稻,希望通过利用沿海滩涂来扩大水稻种植面积。全国沿海滩涂、盐碱地有十几亿亩,能够种上水稻的有2亿亩。2017年开始,我们计划在3年内研究成功抗盐碱浓度在0.8%左右的海水稻,每亩产量在300公斤以上,如果推广1亿亩,就可以多产300亿公斤粮食,相当于湖南省全年粮食总产量。"

除了解决"吃饱饭",袁隆平还将更多精力放在了"吃得好"和"更健康"上。由他领衔、已实施10多年的超级杂交稻"种三产四"丰产工程从过去强调产量,向兼顾绿色优质目标转变。2017年参与"种三产四"丰产工程的30多个品种中，优质稻占比超过30%，其中不少品种的米质已经达到国家二级标准。

2020年，受国内外疫情形势影响，出于对粮食安全的考量，我国在水稻种植上提倡扩展双季稻种植面积。目前，袁隆平团队已在湖南布置13个示范点，试点双季稻种植，目标为早稻亩产400公斤，晚稻采用第三代杂交稻，攻关亩产800公斤。双季稻亩产共计1200公斤。同时，袁隆平团队还在湖南省内两地及广州黄埔区一地，共计部署三个点，启动双季稻亩产1500公斤攻关。

"创新对于任何一个国家和民族来说都很重要，对于我们这个国家来说尤其如此。"袁隆平说，"我一定会带领团队，朝着新目标，继续奋斗。"

人本主义心理学家马斯洛指出"自我实现的创造性首先强调的是人格，而不是其成就。"他认为，自我实现的创造性强调的是性格上的品质，如大胆、勇敢、自由、自主性、明晰、整合、自我认可，即一切能够造成这种普遍化自我实现创造性的东西，或者说强调的是创造性的态度和有创造性的人。这就是说，创新最重要的不是结果，而是要有强烈的进取精神和勇于探索新事物的思维意识。拥有了这种创新精神，才敢去想别人没有想过的事情，敢去做别人没有做过的事情。那么，创业者（尤其是大学生创业者）怎样才能激发创新意识呢？

（一）重视知识积累

知识积累是培养、激发创新意识的必要条件。要培养大学生的创新意识，首先要增强他们的求知欲，让他们具备勤奋求知的精神，因为，"学而创，创而学"是创新的根本途径。他们只有不断地学习新知识，才能在自主创新创业的过程中发挥主观能动性。

创新知识积累需要具备创新学习的能力。创新学习是接受、优化和构建知识的过程，其实质是知识的增值，是进行创新思维和创新实践的基础。因此，对于创新能力的开发，首先要重视创新学习能力的培养。创新学习能力是获取、继承和重构知识的能力。然后通过创新实践把新的思想和设计变成现实产品，这些产品包括文字产品、艺术产品、技术成果以及工艺、方法、工业产品等。

只有掌握创新的基础知识和基本技能，并遵循创造性规律，了解科技发展和知识更新的动态，形成较强的学习能力和思维能力，才能萌生创新意识。

（二）消除创新的心理障碍

谈到创新，有的创业者有一种天生的抵触和恐惧心理，认为创新是神秘、可望而不可即的，认为那是科学家才能干的事情，而自己没有能力去进行创新，也没有创新的意识。其实，人人都具备创新的潜能，教育家陶行知先生就曾说过"处处是创造之地，天天是创造之时，人人是创造之人。"要具备创新意识，首先需要消除创新的心理障碍，树立创新的信心，拥有"敢为天下先"的勇气。其次，要有首创精神，敢于尝试做别人没有想过、没有做过的事情，拥有强烈的进取精神和勇于开拓的思维意识。首创精神是创新的动力,是培养创新习惯的基础,创业者只有具备首创精神才能敏锐地发现创新点。

创新是一个长久的过程,这一过程中最难的环节就是创新活动前创新意识的产生,一个一闪而过的念头、一件微不足道的小事都可能触发人们去思考,然而这个触发的过程也许并不持久,这就要求人们进一步运用创新意识去挖掘这件小事。

(三)激发好奇心,开发创新潜能

创新需要一定的敏感度,当人们仔细观察、探索和努力思考时,就会产生很多的思维火花,解决许多之前很难解决的问题。同时,创新还需要强烈的好奇心,古今中外有很多真知灼见、发明创造都是通过不断探索才获得的,而人们的探索欲望常常表现为强烈的好奇心。好奇心使人们对某物、某事、某人充满兴趣,这些兴趣促使人们去质疑、探索或刨根问底。这时,思维会变得特别活跃,人的潜能也会在这个过程中得到释放,人的创造性也会随之空前高涨。

(四)参与创新实践活动

培养创新意识是一种严肃且严谨的创造性活动,不能把创新意识的培养简单化或表象化,否则会降低创新精神的科学性和严肃性。创业者在培养创新意识的过程中,一定要注意树立科学的创新理念,明确创新的真实含义,要防止把创新仅仅当作一个响亮的口号,只是局限于一些没有实质意义的新名词和新举措,而不能解决实际问题。

在培养科学的创新意识的过程中,"一心只读圣贤书"的方式是无法适应社会日新月异的发展的。大学生创业者应该积极参与创新实践活动。创新实践活动可以是创新创业培训,也可以是创新创业比赛;可以是理论性的,也可以是操作性的。

人的一生中会经历许许多多的事,有时其实你已经接近创新的边缘了,然而却没有把握住创新的机会。作为大学生,一定要激发自己的创新意识,学会思考、怀疑与探索,并结合自己所掌握的知识加以实践。

21世纪是一个高速发展的时代,如果一味追随别人的脚步,只能落后于人。所以,我们需要培养良好的创新思维,以推动社会和生活的发展。

英国物理学家、数学家、天文学家、自然哲学家牛顿少年时期就有很强的好奇心,他常常在夜晚仰望天上的星星和月亮。星星和月亮为什么挂在天上?星星和月亮都在天空运转着,它们为什么不相撞呢?这些疑问激发着他的探索欲望。后来,经过专心研究,他终于发现了万有引力定律。

意大利物理学家、天文学家伽利略则始于对亚里士多德"物体依本身的轻重而下落有快有慢"的结论的怀疑,他凭着"自信的直觉"和多次实验,证明了物体下落的速度与物体的重量无关,进而动摇了亚里士多德长期在物理学中的统治地位,引起了极大的震动。

中国数学家、语言学家周海中教授在探究梅森素数分布时就遇到不少困难,有过多次失败,但他并不气馁。由于追求创新的欲望和坚持不懈的努力,他终于找到了这一难题的突破口。1992 年他给出了描述梅森素数分布的精确表达式。目前这项重要成果被国际上命名为"周氏猜测"。

案例

节 能 建 筑

在资源极度紧张的今天,节能物品在随之发展。提到节能环保,你又能想起多少节能物品呢,节能灯、太阳能热水器、太阳能充电板、节能建筑等都是节能物品。节能建筑作为其中极为重要的一部分,能在建筑创新中发挥很高的作用。

节能建筑案例一:北京中关村地区的大厦

这栋节能建筑是由国际上著名的建筑设计大师赫尔佐格、德梅隆主持设计的,该建筑的生态智能系统的设计是由世界上著名的德国超日建筑能量公司设计的,其中五合国际受委托参与了 TPT 大厦前期高科技与生态智能技术及双层玻璃幕墙设计技术咨询,该建筑建成后将是中国首栋采用高科技生态节能技术的大型办公建筑。该建筑的设计理念是创新建筑形象、塑造生态节能、打造舒适健康办公环境等。优美的外观,大气的结构,舒适的环境,这栋节能建筑办公场所将是各个办公人员的梦之园。

节能建筑案例二:英国伦敦的瑞士再保险总部大楼

该保险大楼在外观设计上采用螺旋式,顶部尖细,其造型可谓是独具一格;在修建上,福斯特事务所采用了很多的节能技术,尽可能地利用自然采光和通风,配有电脑控制的百叶窗,可根据自然条件情况自动开启或关闭百叶窗。由于其独特的造型与完美的建筑艺术,在2004 年,该大楼获得 RTBA 斯特林大奖。

四、创新的意义

(一) 创新是民族进步的灵魂,是一个国家兴旺发达的不竭动力

创新是一个民族进步的灵魂,是一个国家兴旺发达的不竭动力,也是一个政党永葆生机的源泉。创新就要不断解放思想、实事求是、与时俱进。实践没有止境。我们要突破前人,后人也必然会突破我们,这是社会前进的必然规律。当今国际竞争,说到底就是人才的竞争,是民族创新能力的竞争。对此,想不想创新,敢不敢创新,能不能创新,关系到整个建设有中国特色社会主义事业的兴衰成败。要求青年提高创新能力,做到有所发现、有所创造、有所前进。创新的希望在于青年。

　| 案例

王岩:追逐"星辰大海"的清华少年

在清华大学建校110周年校庆日之际,中共中央总书记、国家主席、中央军委主席习近平来到清华大学考察,在总书记完成考察内容后,王岩作为清华大学十名学生代表之一,向总书记汇报了自己的毕业去向。

少年时期播种航天梦想种子

王岩是清华大学能源与动力工程系2021年应届博士毕业生,毕业后前往航天五院北京空间飞行器总体设计部(以下简称"航天五院总体部")工作。先前频繁上热搜的"天和一号"空间站核心舱、"天问一号"火星探测器,便是由航天五院总体部主要负责的。

王岩从小就关注国家航天航空与国防事业,上初中时,每天午休时间他都会捧着航天航空的杂志阅读,每每看到国家因为仍然缺少自己的导航系统而受制于人,他总是心绪难平。这样简单朴素的感情如同一颗航天报国的种子在他心中生了根,成为他选择动力相关专业并最终选择航天五院工作的初心。

恩师润物无声栽培种子发芽

保研进入清华大学时,王岩师从国家两机专项重型燃气轮机总设计师顾春伟教授,希望能够在祖国航天航空动力领域发挥自己的价值。王岩说,顾老师对于指导学生总是倾尽全力,坚持周末晚上对所有研究生一对一当面指导。

"每次和顾老师交流,总给我一种'高山仰止,景行行止'之感,(顾老师)年过半百依然不

断砥砺奋进、孜孜学习新知,他的劲头让我这个二十多岁的年轻人暗自感叹,鞭策我不能放松。"王岩谈起恩师,眼神里满是钦佩,"担任两机总师不到半年时间,我就发现顾老师头发白了一片,但是他却更加精神焕发、眼光如炬,让我感觉到他找到了一条为国家奉献、艰难但幸福的道路。"

正是恩师的精神面貌让王岩感受到一个工科人的真正价值:有事业可以奋斗,再累也幸福。恩师的谆谆教导在潜移默化中影响着他,促使他坚定选择了航天五院的工作。

社工经历助力航天梦茁壮成长

清华大学优秀共产党员、优秀党建工作者……王岩在社工岗位上收获了不少荣誉,而最让他有成就感的瞬间,是对同学们产生切实影响的时刻。

王岩担任2018级研究生新生带班助理期间,为了能够更好地联系同学,他与所有研究生新生当面交流。"不了解中国共产党的同学,在和我交流过之后开始认真考虑向组织靠拢、递交入党申请书的时候;对行业发展认识有偏差的同学,在和我交流过之后开始重新考虑能源动力行业未来的发展前景,最后选择了专业相关领域就业,这些瞬间都让我感受到了自己的价值。"

为了能够更清楚地记录每个同学的信息并梳理工作思路,每天和大家交流过后,他总是在回到办公室后的第一时间记录下今天与同学们交流的基本信息和想法心得。经过长时间的积累,形成了上万字的工作笔记。这项工作也实现了对清华大学能动系2018级近百名研究生新生的覆盖。

清华大学社工系统的长期锻炼给王岩留下了深刻思想烙印。"人是不能脱离国家和社会而存在的。一个人的价值往往是在与他人、与社会产生联系的时候才能体现出来。"这样的价值观在王岩求职时发挥了很强的指导作用,促使他积极响应国家需求,为社会创造更多价值。

王岩再一次回忆给总书记汇报毕业去向时的情景:"当总书记听到我说毕业后前往航天五院时,他微笑点头、挥手致意。在我理解,这不但是对于选择航天报国的同学们的认可和鼓励,更是对于几代航天人为国家航天事业默默奉献的认可,我感受到极大的鼓舞。"

"探索浩瀚宇宙,发展航天事业,建设航天强国,是我们不懈追求的航天梦。"王岩时刻牢记总书记的期望,"能够加入五院总体部,参加国家重大项目,是我作为一个工科博士、一名共产党员的荣幸。希望未来可以带着总书记的期望,传承顾老师的优良作风,在航天系统里面做一点实实在在的事情。"

（二）创新是推动人类社会向前发展的重要力量

创新是多方面的,包括理论创新、体制创新、制度创新、人才创新等,但科技创新的地位和作用十分显要。我国是一个发展中大国,目前正在大力推进经济发展方式转变和经济结构调整,正在为实现"两个一百年"奋斗目标而努力,必须把创新驱动发展战略实施好。

实施创新驱动发展战略,是编制"十四五"规划的一条主线,核心是推动科技创新与经济社会发展深度融合,关键是提升自主创新能力,基础是提高全民科学素质水平,路径是建设符合中国国情的国家创新体系,目标是在 2035 年进入创新型国家行列。

(三)时代发展呼唤创新

创新已经成为世界主要国家发展战略的重心。在激烈的国际竞争中,唯创新者进,唯创新者强,唯创新者胜。

(四)创新发展是中华民族复兴的国运所系

一个国家是否强大不仅取决于经济总量、领土幅员和人口规模,更取决于它的创新能力。近代以来,世界经济中心几度转移,其中有一条清晰的脉络,就是科技创新一直是支撑经济中心地位转移的强大力量。领先科技和尖端人才流向哪里,发展的制高点和经济的竞争力就转向哪里。近代以来,世界经历了数次科技革命,一些欧美国家抓住了蒸汽机革命、电气革命和信息技术革命等重大机遇,一跃而成为世界大国和世界强国;反之,我国却由全球经济规模最大的国家沦为落后挨打的半封建半殖民地国家,其中一个很重要的原因就是与科技革命失之交臂。面向未来,我国改革开放事业进入攻坚克难的关键时期,更加呼唤改革创新的时代精神。只有真正用好科学技术这个最高意义上的革命力量和有力杠杆,走出一条从人才强、科技强到产业强、经济强、国家强的发展路径,才能实现中华民族伟大复兴的中国梦。

 任务

一、课后独立完成

请学生提前准备彩色小球若干个、秒表一只、一位计时员并将全班分成若干个 8 人组,每组推荐一名组长,每个小组向主持人领取彩色小球一只。

主持人宣布游戏规则:每个组员都要接球,但前后接球人不可以是相邻者,以每个成员均接过球时间最短的组为胜。计时员用秒表为各个组计时,完成一轮计时后,请各小组做演示。

通过本次活动,请学生写下 1~2 条自己的活动收获和体会,并写下 1~2 个有关的问题来考一考别人。

二、课堂小组讨论

1. 请学生在小组中讲解自己完成任务后的体会。

2. 请学生在小组中提出 1~2 个问题考一考别人。

三、师生互动

1. 请用时最少的前三个小组的学生在全班作心得分享发言。

2. 全班学生向教师自由提问,并由教师引导学生对下列两个问题进行反思与总结。

(1) 如何才能更快更好地取得游戏的胜利?

(2) 学生们用到了哪些创新的方法?这些方法的灵感来自哪里?

项目二　创新的思维障碍

 学习目标

1. 了解思维定式的概念。
2. 了解创新思维障碍的概念。
3. 掌握创新思维障碍的类型和特点。
4. 培养突破思维障碍的意识。

活 动 导 入

有趣的心理测试

请用文字描述图片上人物的相貌。

问题:推测一下此人的职业是什么?

启示:我们习惯用已有的知识和经验来推测和分析问题。

 ▌**理论点拨**

思维定式是一种"惯性",是由先前的活动而造成的一种特殊的心理准备状态。在环境不变的条件下,定势使人能够应用已掌握的方法迅速解决问题。而在情境发生变化时,它则

会妨碍人采用新的方法。此外,由于我们每个人都有局限性,这种局限性不仅是自我认知方面的局限,还包括外界赋予我们的局限。

思维定式从某种程度上是对规律性的深刻认识,可以指导我们的工作和生活。但任何事物都有利弊,定势同样能扼杀你的创新思维。我们需要做的是尊重经验,但不能墨守成规,要敢于打破局限、突破定势,实现创新。

一、思维定式的定义

思维定式是我们长期生活在某个环境中,反复思考同类问题所形成的思维习惯,是过去思维对当前思维的影响。思维定式可分为积极思维定式和消极思维定式。

积极思维定式:积极思维定式对人们思考惯常问题有一定的帮助,它能省去许多思考步骤,节省大量的时间,有助于我们举一反三、触类旁通。据统计,定势思维可以帮助人们解决每天所碰到的90%以上的问题。

消极思维定式:面临新情况新问题,需要开拓创新时,消极思维定式就会变成枷锁,极大地影响创造性思考,使人难以跳出思维定式的框框。

贝弗里奇在《科学研究的艺术》一书中解释了惯性思维,他认为,如果我们的思想多次采取特定的一种路径,下一次采取同样的思路的可能性就越大。在一连串的思想中,一个个观念之间形成了联系,这种联系每利用一次,就变得越加牢固,直到最后,这种联系紧紧地建立起来,以致它们的连接很难被破坏。这样,如同形成条件反射一样,个人的思考受到了条件的限制。

 案例

半杯水

著名的美国汽车大王——亨利·福特十分重视对员工创新思维的开发,经常会出一些小问题来考考员工。在一次会议上,他突然举起桌上的半杯水,问在座的员工:"你们看这杯水,能从中得出什么结论?"

马上有人回答:"水已经被喝了一半了,杯子空了一半。"

另一个人答道:"杯子里有一半的水可以喝。"

亨利·福特听后,对大家说道:"你们说的都对,但我的思维方式和你们不同。"看到大家都不明白,他接着说:"我看到的是,这个杯子的容积是水的两倍。"这说明了什么?说明,装这半杯水,只要用一个小的杯子就够了。

亨利·福特认为,用一只大杯子来做一只小杯子能做到的事,这是对资源的浪费。通过这个小小的问题,他不仅告诉了员工,节约资源的重要性;更启发了大家,要换一个方向来思考问题,这样才能打破思维的常规习惯,创造不同的价值。

思维定式适合于人们遇到同类或相似问题的时候,但对于创造性问题来说却是十分不利的,因为它会让人的思维活动逐渐变成一种既定的方向和模式,形成思维惯性,逐渐成为一种本能反应,使人的创造性思维受到束缚。

对于创新者来说,突破思维定式是十分重要的。我们在思考问题时,可以从以下几个方面来打破常规的思维模式。

(1)这个问题还能用其他的方式来表示吗?

(2)可以将问题颠倒过来看看。

(3)能不能用另一个问题来替换目前的问题?

(4)将自己的思考方向转换一下。

(5)将思考问题时我们脑中出现的想法记录下来,并认真思考。

(6)把复杂的问题转换为简单的问题。

(7)把自己生疏的问题转换为熟悉的问题。

二、创新思维障碍的定义

创新思维障碍是指我们用一种固定的思维模式来思考问题的习惯,他会使人的思维沿一定的方向、一定的秩序思考,使思维受到限制,从而阻碍新观点、新想法的产生。思维障碍对创新思维是非常不利的,如果要进行创新,就要了解创新思维障碍。

 案例

有笼必有鸟——心理图式

一位心理学家和乔打赌说:"如果给你一个鸟笼,并挂在你的房中,那么你就一定会买一只鸟。"

乔同意打赌。因此,心理学家就买了一只非常漂亮的瑞士鸟笼给他,乔把鸟笼挂在起居室桌子边。结果很多人走进来时就问:"乔,你的鸟什么时候死了?"乔立刻回答:"我从未养过一只鸟。""那么,你要一只鸟笼干嘛?"乔无法解释。

后来,只要有人来乔的家里,就会问同样的问题,乔的心情因此很烦躁,为了不再让人询问,乔干脆买了一只鸟装进了空鸟笼里。

心理学家后来说,去买一只鸟比解释为什么他有一只鸟笼要简便得多,人们经常是首先在自己头脑中挂上鸟笼,最后就不得不在鸟笼中装上些什么东西。

三、常见的创新思维障碍的类型

(一)习惯性思维障碍

所谓习惯性思维障碍就是人们不自觉地用某种习惯了的思维方式去思考已经变化的问

题。形成习惯性思维障碍的原因有两个:① 观念固定,这是由经验和知识构成,沉积于心底的固定的观念的一种思维定式;② 思路固定,这是沉淀在头脑中,遇到类似问题,习惯用已经熟悉了的和习惯的顺序,固定的路线和确定的方式进行思考而排斥其他思路的一种思维定式。

 **案例**

阿西莫夫的故事

阿西莫夫是美籍俄国人,世界著名的科普作家。他曾经讲过这样一个关于自己的故事。

阿西莫夫从小就很聪明,年轻时多次参加"智商测试",得分总在 160 分左右,属于"天赋极高"之人。有一次,他遇到了一位汽车修理工,是他的老熟人。

修理工对阿西莫夫说:"嗨,博士,我来考考你的智力,出一道思考题,看你能不能正确回答。"阿西莫夫点头同意。修理工便开始出题:"有一位聋哑人,想买几枚钉子,就来到五金商店,对售货员做了这样一个手势:左手食指立在柜台上,右手握拳做出敲击的样子。售货员见状,先给他拿来一把锤子,聋哑人摇摇头。于是售货员明白了,他想买的是钉子。"

"聋哑人买好了钉子,刚走出商店,接着进来一位盲人。这位盲人想要一把剪刀,请问,盲人将会怎么做?"

阿西莫夫顺口答道,"盲人肯定会这样"——他伸出食指和中指,做出剪刀的形状。

听了阿西莫夫的回答,汽车修理工开心地笑起来:"哈哈,答错了吧! 盲人想买剪刀,只需要开口说'我买剪刀'就行了,他干吗要做手势啊?"

阿西莫夫只得承认自己回答得很愚蠢。而那位汽车修理工在考问前就认定他肯定答错,因为阿西莫夫"所受的教育太多了,不可能很聪明"。

哥伦布巧妙回应嘲讽

1492 年,哥伦布发现了新大陆。从海上回来,他成了西班牙人民心目中的英雄。国王和王后也把他当作上宾,封他做海军上将。可是有些贵族瞧不起他,他们用鼻子一哼,说:"这有什么稀罕? 只要坐船出海,谁都会到那块陆地的。"

在一次宴会上,哥伦布又听见有人在讥笑他。"上帝创造世界的时候,不是就创造了海西边的那块陆地了吗? 发现,哼,又算得了什么!"哥伦布听了,沉默了好一会儿,忽然从盘子里拿个鸡蛋,站了起来,提出一个古怪的问题:"女士们,先生们,谁能把这个鸡蛋竖起来?"

鸡蛋从这个人手上传到那个人手上,大家都把鸡蛋扶直了,可是一放手,鸡蛋立刻倒了。最后,鸡蛋回到哥伦布手上,满屋子鸦雀无声,大家都要看他怎样把鸡蛋竖起来。

哥伦布不慌不忙,把鸡蛋的一头在桌上轻轻一敲,敲破了一点儿壳,鸡蛋就稳稳地直立在桌子上了。

"这有什么稀罕?"宾客们又讥笑起哥伦布来了。"本来就没有什么可稀罕的,"哥伦布说,

"可是你们为什么做不到呢?"宾客们一个个强词夺理:"鸡蛋都破了,那算什么呢?"哥伦布继续说:"我在刚开始定条件时,曾有说过不允许把鸡蛋敲破?"哥伦布离席而去时还留下了一句令人回味的话:"我能想到你们想不到的,这就是我胜过你们的地方。"宾客们一时哑口无言。

有时费尽唇舌,也不如借一个竖鸡蛋一样简单的游戏能轻易化解争执。这可谓四两拨千斤,轻轻一挥就能化解敌人的攻势于无形。

创新从本质上是一种对新思想、新角度、新变化采取的欢迎态度,它也表现为看问题的新角度。很多时候,人们会说,这也算是创新吗?原来我也知道啊!创新就这么简单,关键在于你敢不敢想,肯不肯做。

(二) 权威型思维障碍

权威型思维障碍是指迷信权威,不敢质疑,一切按权威意见办事的一种思维方式。其实权威人物也是人,他们的意见具有时间和空间的局限性。无数的创新成果都是在克服了对权威的无条件崇拜、打破了迷信的思维障碍后取得的。

权威型思维障碍的形成主要有两种途径:①儿童在走向成年的过程中所接受的"教育权威";②由于社会分工的不同和专业技能的差异所导致的"专业权威"。

案例

世界著名指挥家小泽征尔勇于挑战权威

小泽征尔是世界著名的音乐指挥家。一次他去欧洲参加指挥家大赛,在进行前三名决赛时,他被安排在最后一个参赛,评判委员会交给他一张乐谱。小泽征尔以世界一流指挥家的风度,全神贯注地挥动着他的指挥棒,指挥一支世界一流的乐队,演奏具有国际水平的乐章。正演奏中,小泽征尔突然发现乐曲中出现不和谐的地方。开始,他以为是演奏家们演奏错了,就指挥乐队停下来重奏一次,但仍觉得不自然。这时,在场的作曲家和评判委员会权威人士都郑重声明乐谱没问题,而是小泽征尔的错觉。现场十分尴尬。在这庄严的音乐厅内,面对几百名国际音乐大师和权威,他不免对自己的判断产生了动摇,但是,他考虑再三,坚信自己的判断是正确的,于是,大吼一声:"不!一定是乐谱错了!"他的喊声一落,评判台上那些高傲的评委们立即站立向他报以热烈的掌声,祝贺他大赛夺魁。

(三) 从众型思维障碍

从众型思维障碍是指人们不假思索地盲从众人的认知与行为的一种思维方式。从众型思维障碍是在判断、解决问题时出现的少数服从多数、人云亦云、缺乏独立思考、无主见、无创新意识的一种思维定式。

 **案例**

毛毛虫试验

法国心理学家约翰·法伯曾经做过一个著名的实验——毛毛虫实验:把许多毛毛虫放在一个花盆的边缘上,使其首尾相接,围成一圈,在花盆周围不远的地方,撒了一些毛毛虫喜欢吃的松叶。毛毛虫开始一个跟着一个,绕着花盆的边缘一圈一圈地走,一小时过去了,一天过去了,又一天过去了,这些毛毛虫还是夜以继日地绕着花盆的边缘在转圈,一连走了七天七夜,它们最终因为饥饿和精疲力竭而相继死去。约翰·法伯在做这个实验前曾经设想:毛毛虫会很快厌倦这种毫无意义的绕圈而转向它们比较爱吃的食物,遗憾的是毛毛虫并没有这样做。导致这个悲剧的原因就在于毛毛虫的盲从。

(四)直线型思维障碍

一就是一,二就是二,或"A＝B,B＝C,则 A＝C",这样的思维方式就是直线型思维方式。一旦养成了直线型思维习惯,就不善于从侧面、反面或迂回地去思考问题,不免会陷入思维的误区。

在现实生活中直线型思考问题是屡见不鲜的。因为我们就生活在"线条文化"中,书本、笔记本都是一条条的;教室、影剧院的桌椅都是一排排的;顺序是明晰的,从 A—B—C……直线型的教育处处皆是。直线型与超越思维、立体思维、逆向思维、迂回思维、侧向思维格格不入。直线型思考是与创新性思考最无缘的。因为直线型思考总是在两种或几种比较中见长短、轻重和利弊,束缚天马行空的灵感,使我们的思考受局限、被定型。对一件事情我们应该有各个角度的不同看法,只有跨越直线型思考的障碍,才会获取成功,创造巨大的财富。

 任务

一、课后独立完成

将左右十个手指头交叉在一起,你发现你的左手大拇指在上还是右手大拇指在上?

二、课堂小组讨论

1. 为什么有的人会左手大拇指在上,有的却是右手大拇指在上? 你从这个不同之处得到什么样的结论? 你们平时还有哪些固有的习惯?

2. 请学生在小组中讲解自己完成任务后的体会。

3. 请学生在小组提出 1～2 个自己不懂的问题,请其他学生解答。

三、师生互动

全班学生向教师自由提问,并由教师引导学生对下列两个问题进行反思与总结。

(1) 你是否能够定期检查自己固有的习惯?

(2) 当某种习惯影响到你的学习时,你能否加以改正?

项目三 创新与创业的关系

 **学习目标**

1. 理解创新与创业之间的内在联系。
2. 培养创新创业能力。

活动导入

美丽景观

将学员分组,每10人一组,然后发给每组一套材料(A4纸、胶带、剪刀、彩笔),要求他们在15分钟内建造一处景观,要求景观美丽,有创意。

问题:

(1) 你们组的创意是怎样来的?

(2) 在建造景观时,你们的合作过程如何?大家沟通协调如何?

(3) 每个成员都扮演什么角色,这一角色和他平时的形象相符吗?

启示:

(1) 创意的优劣关系到景观的成败。如果一开始的思路就是错的,或者根本没有明确的目标,就会在以后的工作中面临越来越多的问题,例如时间管理、资源分析等。

(2) 在想到足够好的创意后,每个人根据自己不同的特长选择不同的任务。

(3) 对于组员来说,你的创意,一定要跟其他人交流,让他们明白你的意思,并让大家评议你的点子是否可行。

(4) 团队创意是一个团队取得成功的根本前提,而个人创意是团队创意不可或缺的部分,所以作为团队的领导者,一定要明白他的小组成员的特点并加以利用。

 理论点拨

创新是创业的基础,创业则是一种创新性实践活动。创业者只有在创业的过程中具有创新思维和创新意识,才能产生新的富有创意的想法和方案,才能找到新市场、新方向、新模式,最终获得创业的成功。

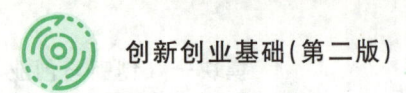

创新与创业有各自明确的定义。创业是指创业者对自己拥有的资源进行优化整合,从而创造出更大经济价值或社会价值的过程。

创新不等于创业,创业也不等于创新,但两者有着不可分割的内在联系,两者相互交叉、相互渗透,具体表现在以下四个方面。

一、创新是创业的动力和源泉

创业通过创新拓宽商业视野,获取市场机遇,整合独特资源,推进企业成长。要进行创业必须具备一定的条件,包括创新能力、技术、资金、创业团队、知识和社会关系等,其中创新能力是最重要的创业资本。

二、创新的价值体现在于创业

从某种程度上讲,创新的价值就在于将潜在的知识、技术和市场机会转化为现实生产力,实现社会财富增长,造福人类社会,而实现这种转化的根本途径就是创业。

三、创业的本质是创新

创业的本质是创新,是变革。创业是具有创业精神的个体与有价值的商业机会的结合,是开创新的事业,其本质在于把握机会,创造性地整合资源并超前行动。创新不仅包括技术创新,还包括制度创新和管理创新。在现代经济中,创业企业必须进行有效的自主创新,只有不断地进行生产技术革新和再创造,才能使所创立的企业与时俱进,并保持持久的活力,从而达到技术创新成果的商品化和产业化,获得利润和价值。

四、创业推动并深化创新

创业可以推动新发明、新产品或新服务的不断涌现,创造出新的市场需求,从而进一步推动和深化科技创新,进而提高企业或者整个国家的创新能力。

总之,如果把创业比作推动经济发展的发动机,那么创新就是发动机的气缸,它带动了重大发明和新技术的产生,推动人类社会的不断进步。

 **案例**

从"精英"走向"草根"

近年来,世界各地的旅行者们开始使用 Airbnb 网站来预订、安排自己外出旅行时的食宿。这个中文名为"爱彼迎"的服务型网站,其用户遍布 190 个国家。2011 年,Airbnb 服务增长了 800%,2015 年,这家网站正在进行新一轮的融资,估值将达到 200 亿美元。

Airbnb 成立于 2008 年 8 月，总部位于加利福尼亚州旧金山市。Airbnb 是一个旅行房屋租赁社区，用户可通过网络或手机应用程序，发布、搜索度假房屋租赁信息并完成在线预订程序。Airbnb 是联系旅游人士和家有空房出租的房主的服务型网站，它可以为用户提供各式各样的住宿信息，并从成交金额中提取 10% 的服务费作为公司主要的盈利来源。这种简单的商业模式使 Airbnb 的盈利在 7 年中迸发出惊人的增长速度。

Airbnb 的创始人 Brian 没有很好的家庭背景，完全是白手起家，他毕业于罗德岛设计学院，学的是美术专业，毕业不久就失业了，最穷的时候，Brian 连房租都交不起，险些露宿街头。

2007 年，Brian 和他的同窗好友 Joe Gebbia（Airbnb 联合创始人之一）已经失业多时了，他们手头正紧张的时候，房主又来催租金。二人经历了失业和创业失败，心灰意冷，只好跑出去喝酒消愁，饮酒过程中，Brian 说"要是有人帮咱付房租就好了"。两人一愣，随即一拍大腿，对呀，找人来交房租呀。当时，城里正举办一个大型的商品展览，很多慕名而来的参展商和游客都租不到称心的旅馆房间。他们决定把自己租来的房间的客厅腾出来给游客住，再用游客交的住宿费来交房租。说干就干，Gebbia 从壁橱里拉出了几个被束之高阁的充气床垫儿，Brian 在当地网站上发出了招租广告。

就在那个周末，三个前来参展的年轻人成功入住他们的客厅，这个月的房租就此有了着落。捞了第一桶金后，他们的"生意"越做越大。几个月后，他们共同的朋友 Nathan 也前来寻求合作。就这样，Airbnb 有了最初的雏形。

Airbnb 的商业模式并不"高大上"，其主要业务是给旅游人士和家有空房出租的房主提供联系平台，在全世界范围内将资源和需求进行对接。但就是这样贴近普通民众生活的事业，获得了快速的成长和发展。在中国，也已经开始有诸如"小猪短租"之类的服务平台，努力拓展着自己的业务。

Airbnb 短租是众多"草根"创业的典型。在今天"互联网＋"的环境中，社会为每个想创业的人提供的机会越来越多。所以，创业离我们并不遥远。

 ## 任务

一、课后独立完成

有一家效益相当好的大公司，为扩大经营规模，决定高薪招聘营销主管。广告一打出来，报名者云集。

面对众多应聘者，招聘工作的负责人说："相马不如赛马，为了选拔出高素质的人才，我们出一道实践性的试题，就是请各位想办法把木梳尽量多地卖给和尚。"

绝大多数应聘者感到困惑不解，甚至愤怒：出家人要木梳何用？这不明摆着拿人开涮吗？于是纷纷拂袖而去，最后只剩下三个应聘者：甲、乙和丙。

负责人交代:"以 10 日为限,届时向我汇报销售成果。"

假定你是那三个应聘者之一,请你独自思考卖梳子的方案。

二、课堂小组讨论

1. 分小组讨论"如何把梳子卖给和尚",看哪个小组提出的方案能卖给和尚的梳子最多,并在实际生活中具有一定的可操作性。

2. 请学生在小组中讲解自己完成任务后的体会。

3. 请学生在小组中提出 1~2 个自己不懂的问题,请其他学生解答。

三、师生互动

1. 教师抽选小组代表就小组的方案进行简要发言。

2. 全班学生向教师自由提问,并由教师引导学生对以下三个问题进行反思与总结。

(1) 在小组讨论过程中遇到了哪些困难?

(2) 在推销梳子的过程中有什么感受?

(3) 在推销过程中还有哪些地方可以加以改进?

项目四　创新能力与创新能力评估

 **学习目标**

1. 理解创新能力的概念。
2. 学习创新能力评估的维度。
3. 掌握自我评估创新能力的方法。
4. 培养创新能力。

活动导入

高空飞蛋

活动需要每组(以4~5人一组为宜)准备鲜鸡蛋两只、报纸两张、塑料袋、胶带纸、细绳子。活动场地设置在室外而且在三层楼以上高处的活动场所。

老师把上述材料发给每个小组,让学生们在15分钟之内用所给的材料设计完成保护装置。每组留一位学生在三楼放鸡蛋,其他学生可以在楼下空地上等待并检查落下的鸡蛋是否完好;鸡蛋完好的小组是优胜组,可以进入决赛,决赛可以提高难度,如从四楼或五楼放下鸡蛋。

问题: 让学生们记录下探索的过程,在实践活动中他们如何不断改进、创新和突破。

启示: 本活动体现了小组成员的团队合作精神,帮助学生克服思维定式,在探究中寻找快乐,创造中体验成就感。

 理论点拨

近年来,党和国家非常重视创新创业,各地也不同程度地开展了免费的创新创业培训,大学生创业者应该积极地向当地政府部门、就业部门了解这些培训活动并积极参与,从而提升自己的创业意识和能力。

创业者是否拥有突破旧认知、摒弃旧事物并勇于探索、创造有价值的新事物的能力,已经成为创业者能否创业成功的关键之一。这种能力就是创新能力。创新能力是一个包含发现问题、分析问题、提出假设、论证假设、解决问题及在解决问题的过程中进一步发现新问题,从而不断推动事物发展变化的能力。简而言之,创新能力源于"提出并解决问题"。

一、创新能力的定义

创新能力是指每个正常人或群体在支持的环境下运用已知的信息,发现新问题,并对问题寻求答案,以及产生某种新颖而独特、有社会价值的物质或精神产品的能力。

创新能力是由两部分组成的。一部分是智力,包括知识和能力。知识学得越多、学得越活,这个人的创新能力就越强。创新能力还体现在人在面对复杂的局面时,能否迅速抓住要害,找出办法来,具体可以概括为以下几个方面:一是感知的能力,创新能力最初体现为敏锐的观察力;二是变通的能力,指不拘于定理;三是沟通的能力,指交流中出现思想火花;四是前瞻的能力;五是诊断问题并找出解决办法的能力;六是利用信息的能力。

 案例

圆珠笔漏油困扰

最早的圆珠笔是匈牙利人拜罗发明的,圆珠笔的前面滚珠,后面是活塞式,里面是个笔管可以加墨,但是由于漏油,圆珠笔在 20 世纪 40 年代基本被废掉了。后来圆珠笔的漏油问题怎么解决呢?有人想到了滚珠替代品:宝石、不锈钢等,但是还是漏油。

还有什么更好的办法?换个思维想想,漏油是由于使用过多滚珠磨损掉了,如果从控制油量入手就可以解决这个问题。日本的发明家中田藤三郎提出在圆珠笔写到 20000 字时开始漏油,于是我们把油量减少到 15000 字时刚好用完,使圆珠笔恢复了很强的生命力。

不同的人寻求不同方式来解决问题,结果也是不同的。前者的解决方法是我们习惯性的,实际上这种思维方式的本质就是通过学习——记忆和记忆迁移的方法来解决问题;后者控制油量的解决办法,属于创造性思维,是在已有经验的基础上,寻求另外的解决途径,从某些事实中探求新思路,发现新关系,创造性地解决问题。

二、创新能力评估的维度

(1)学习能力。学习能力即获取和掌握知识,方法和经验的能力,包括阅读、写作、理解、表达、记忆、搜索资料,使用工具、对话和讨论等能力。

(2)分析能力。分析能力即把事物的整体分解为若干部分进行研究的本领,做到由表及里、由浅入深、由易到难地认识事物和问题。分析能力与个人的知识、经验和禀赋、分析工具和方法水平、共同讨论与合作研究的品质有关。

（3）综合能力。综合能力即把研究对象的各个部分结合成一个有机整体进行考察和认识的技能和本领。综合能力包括思维统摄与整合的能力、积极吸收新知识的能力和研究分析的能力。

（4）想象能力。想象能力即以一定知识和经验为基础，通过直觉、形象思维或组合思维，不受已有结论、观点、框架和理论的限制，提出新设想、新创见的能力。

（5）批判能力。批判能力即在学习吸收已有知识和经验时，批判性地吸收和接受的能力。在研究和创新时，质疑和批判是创新的起点，重大创新成果通常都是在对权威理论进行质疑和批判的前提下得到的。

（6）创造能力。创造能力即首次提出新的概念、方法、理论、工具、解决方案、实施方案等的能力，是创新人才的禀赋、知识、经验、动力和毅力的综合体现。

（7）解决问题的能力。解决问题的能力即针对问题，能够调动已有的经验、知识和方法，创造性地组合已有的方法乃至提出新方法来予以解决的能力。

（8）实践能力。实践能力即社会实践能力，是为实现创新目标进行的各种社会实践活动的能力。

（9）组织协调能力。组织协调能力即合理调配系统内的各种要素，发挥系统的整体功能，通过沟通、说服、资源分配和荣誉分配等手段来组织协调各方以最终实现创新目标的能力。

（10）整合多种能力的能力。创新才能把多种才能有效地整合在一起发挥作用。通过学习，实践和历练，才能具有整合多种能力的能力。

三、创新能力的自我评估

下面是 10 个题目，如果符合你的情况，则回答"是"，不符合的则回答"否"，拿不准的则回答"不确定"。

1. 你认为那些使用古怪和生僻词语的作家，纯粹是为了炫耀。
2. 无论什么问题，要让你产生兴趣，总比让别人产生兴趣要困难得多。
3. 对那些经常做没把握事情的人，你不看好他们。
4. 你常常凭直觉来判断问题的正确与错误。
5. 你善于分析问题，但不擅长对分析结果进行综合、提炼。
6. 你审美能力较强。
7. 你的兴趣在于不断提出新的建议，而不在于说服别人去接受这些建议。
8. 你喜欢那些一门心思埋头苦干的人。
9. 你不喜欢提那些显得无知的问题。
10. 你做事总是有的放矢，不盲目行事。

评分：

题号	"是"评分	"不确定"评分	"否"评分
1	−1	0	2
2	0	1	4
3	0	1	2
4	4	0	−2
5	−1	0	2
6	3	0	−1
7	2	1	0
8	0	1	2
9	0	1	3
10	0	1	2

评价：

得分22分及22分以上，则说明被测试者有较高的创造思维能力，适合从事环境较为自由，没有太多约束，对创新性有较高要求的职位，如美编、装潢设计、工程设计、软件编程等职位。

得分11～21分，则说明被测试者善于在创造性与习惯做法之间找出均衡，具有一定的创新意识，适合从事管理工作，也适合从事其他许多与人打交道的工作，如市场营销工作。

得分10分及10分以下，则说明被测试者缺乏创新思维能力，属于循规蹈矩的人，做人总是有板有眼，一丝不苟，适合从事对纪律性要求较高的职位，如会计、质量监督管理等职位。

 任务

一、课后独立完成

6个人为一组，领取材料：一副扑克牌、100根吸管，其中20根带弯头的、20只回形针；要求在20分钟内利用现有材料搭建有高度的作品，并且为其命名；各组派一个学生讲解搭建原理，根据最后的高度及综合结果(外形的美观、结构的稳固、用材的科学、创意的新奇等)，评选出如"最高""最美观""最省材""最稳固""最新奇"等最佳作品。

请每位学生记录下完成任务的过程，并说明自己小组在完成任务过程中是如何用巧妙的方法完成搭建的，是如何创新的，创新的原理是什么等。

二、课堂小组讨论

1. 请学生在小组中讲解自己完成任务后的体会。

2. 请学生在小组中提出 1～2 个问题考一考别人。

3. 请学生在小组中提出 1～2 个自己不懂的问题请其他学生解答。

三、师生互动

1. 教师抽取小组代表就小组讨论内容作简要发言,教师进行点评。

2. 各组派出一个学生组成"评委组",分别到各组征求意见并评定最佳作品。

项目五 案例展示及分析 1

案例

技术变革和创新创业发展

彼得·荣根(Peter Jungen)是德国彼得·荣根控股公司创始总裁,欧洲企业研究所主席,欧洲天使投资联盟联合创始主席,德意志银行顾问委员会董事。

新型冠状病毒对世界经济造成了严重影响:世界经济在此前经历一段较长的增长期后,遭遇缩水。对许多欧洲国家来说,这是二战之后最严重的经济萎缩。如果政府在抗疫方面不采取审慎政策,且在重启经济、放松限制和保持国际贸易方面不持谨慎态度,那么世界经济很有可能长时间处于萎缩状态。产业链断裂并非病毒造成,而是由于政府停摆,因此在短时间内影响重大。

由于疫情对人们生活方式和行为产生长期影响,政府决定大幅限制人际接触,为此以各种方式减少或暂停交通流动,这直接导致航空、航运和一般交通运输业的萎缩。这肯定会影响人们交流,也肯定会影响社会的经济行为和生产方式。我们必须确保今后能有更充分的准备来应对此类紧急情况,因此,必须对政府多年前制定的抗疫计划进行重新评估(如提高对金融机构的资本要求等),以期其发挥更大的缓冲作用。

就疫情期间的公共卫生系统需求而言,曾出现过非常短暂的资源短缺。实际上,全球经济是能够灵活应对这一挑战的。世界舞台上的主要角色都应该在应急产品供给与需求方面做好缓冲工作。未来全球肯定更需要国际合作,也就是全球化。可以设想,当前世界经济各个领域的结构性调整将加快速度。汽车行业的重组因受能源价格下跌影响,有可能减缓。应对像新型冠状肺炎这样的流行病,最重要的一个方法就是创新。世界经济是以创新为基础、以创新为动力的,满怀创业激情、勇于冒险投资之人,方可收获创新之果。此次疫情带给我们最重要的教训之一,就是要促进创新,以改善全球健康状况,防止疾病蔓延,并提高生活的便利度。因此,疫情可以加速技术变革,加强创新和创业。

从历史角度看,人类社会曾经处理过不少重大危机。虽然新型冠状肺炎带来的危机非同寻常,但全球并非对其无计可施。未来几年机遇频频,届时某些行为方式将发生变化。例如,全球经济数字化和各国经济数字化都将突飞猛进。或许,疫情能为加快经济数字化进程吹响号角。

全球化进程和区域一体化进程可能会倒退。至于其倒退的程度,基本上取决于政府的决策。因此,我们鼓励欧盟、美国和中国以及 G20 竭力加快全球化进程。毕竟,在发展、福祉、扶贫、长寿以及人口健康状况改善方面,全球化给世界带来的益处,比人类经历的任何事件都要多。倘若全球化进程倒退,并不一定意味着会出现新的全球化版本,这可能是各国政府试图通过阻碍全球贸易来限制全球化进程而犯的最大错误。所以,我认为,疫情对国家治理体系的影响,不会小于对区域体系(如贸易集团)和经济集团(如欧盟)的影响。

(节选自光明日报)

问题:

1. 这次疫情可能会给创业市场带来哪些影响?

2. 疫情背后有哪些创业创新的机会?

3. 结合我国疫情的实际情况,请谈谈如何利用创新思维来推动创业?

模块二 创 新 思 维

创新思维是人类思维活动中最积极和最活跃的一种思维形式。如果人类没有创新思维，也许今天仍生活在茹毛饮血、刀耕火种的蒙昧时代。从钻燧取火到大规模使用火种，从驱赶牲畜到驾驶汽车，从农业经济社会到创意经济时代，人类之所以能够一步步走到今天，靠的就是基于创新思维的各种创新活动。

项目一 发散思维与收敛思维

 **学习目标**

1. 了解发散思维与收敛思维的概念。
2. 掌握发散思维与收敛思维的特征。
3. 养成创新思维的良好习惯,提升发散思维能力。

活动导入

看 图 说 话

看到这样的一个图形,你能想到什么?

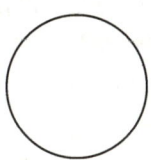

问题:

(1) 请说出家中既发光又发热的东西,并找出它们的共同点。

(2) 鸽子、蝴蝶、蜜蜂与苍蝇有什么相同之处?

启示:

(1) 对问题从不同角度进行思维探索,从不同层面进行分析,从正反两极进行比较,因而视野开阔,思维活跃,可以产生大量的独特的新思想。

(2) 将思维集中于同一方向,使思维条理化、简明化、逻辑化、规律化。

 理论点拨

一、发散思维

发散思维(Divergent Thinking),又称辐射思维、放射思维、扩散思维或求异思维,是指大脑在思维时呈现的一种扩散状态的思维模式(见图 2-1)。它表现为思维视野广阔,思维呈现出多维发散状,如"一题多解""一事多写""一物多用"等方式,培养发散思维能力。很多心理学家认为,发散思维是创造性思维的最主要的特点,是测定创造力的主要标志之一。

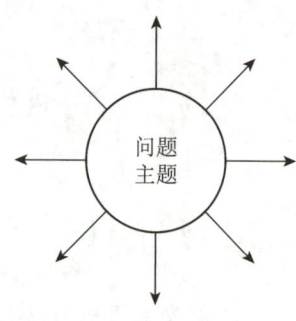

图 2-1 发散思维图

发散思维具有的四个基本特征如下。

(1)流畅性。通过发散思维,在短时间内能连续地表达出多种观念和设想,这是发散思维"量"的指标。在发散思维的进程中,过程流畅,没有阻碍,在短时间内能得到较多的思维结果。

(2)变通性。变通性是较多层次的发散特征,即培养自己从不同的角度灵活考虑问题的良好品质。例如,在自己所写出的包含"木"字的汉字中有上下结构、左右结构、独体字、包含结构、半包含结构,如果所有结构的汉字都存在,说明一个人的变通性较好。

(3)新颖性。新颖性是发散思维的最高层次,也是求异的本质所在。新颖性是指一个人提出的观点和产生的想法的创新性。

(4)精细性。精细性是指考虑问题时是否可以做到不仅面面俱到,而且分门别类,从而达到科学归纳、不遗漏细节的目的。

二、收敛思维

收敛思维又叫求同思维、聚合思维、集中思维、辐集思维,是一种从众多答案或方案中寻求唯一的正确答案或最佳方案的思维方式(见图 2-2)。收敛思维始终将思维集中于同一方向,使思维条理化、简明化、逻辑化、规律化。收敛思维与发散思维,如同一个钱币的两面,是对立的统一,具有互补性。

收敛思维的主要特征有以下几种。①封闭性。如果说发散思维的思考方向是以问题为原点指向四面八方的,具有开放性,那么,收敛思维则是把许多发散思维的结果由四面八方集合起来,选择一个合理的答案,具有封闭性。②连续性。发散思维是一种跳跃式的思维方式,从一个设想到另一个设想,可以没有任何联系,具有间断性。收敛思维则相反,

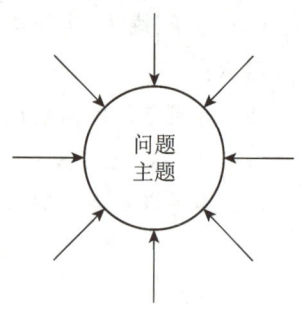

图 2-2 收敛思维图

是一环扣一环的,具有较强的连续性。③求实性。收敛思维对发散思维的设想进行筛选,被选择出来的设想或方案按照实用的标准来决定取舍,因此,收敛思维具有较强的求实性。收敛性思维能力的高低,取决于一个人的分析、比较、综合、抽象、概括、判断和推理的能力的高低。

案例

聪明的高尔基

高尔基童年时在一家食品店干杂活,曾碰到过一位十分习钻的顾客,顾客订九块蛋糕,但要求高尔基将其装在四个盒子里,而且每个盒子里至少要装三块蛋糕,聪明的高尔基想到了一个办法:先将九块蛋糕分装在三个盒子里,每盒三块,然后再把这三个盒子一起装在一个大盒子里,用包装袋扎好。高尔基对"每个盒子里至少要装三块蛋糕"进行发散思维,想到把三个盒子一起装在一个大盒子里同样满足"每个盒子里至少要装三块蛋糕"的顾客要求。

活动

第一次世界大战期间,法国曾和德国交战。法军一个旅司令部在前线构筑了一座极其隐蔽的地下指挥部。

当时,德军的一个参谋人员在观察战场时发现:每天早上八九点钟,都有一只小猫在法军阵地后方的一座坟包上晒太阳;猫的栖身处就在坟包附近;这只猫是相当名贵的波斯品种。

请使用收敛思维,思考并讨论,从这些线索当中你能获得什么结论?

三、发散思维与收敛思维的关系

发散思维和收敛思维在思维过程中是相辅相成、互为补充的。发散是收敛的前导,收敛是发散的归宿。发散思维可以帮助我们突破思维定式、开阔思路,产生多种解决问题的可能方案或途径;收敛思维则是帮助我们整合思绪,在解决问题的众多方案中,经过分析、比较、归纳、判断,最后优选出一个最佳方案。

如果只有思维的发散过程而无收敛过程,虽然可以迸发出许多闪光的智慧火花,但由于不能统一起来形成集中的思维力量,就会使思维失去控制而陷入混乱的无序状态。如果发散无边,还会出现幻想、空想和乱想,思维就不会获得所期望的成果。如果只有思维的收敛过程而无发散过程,则必然会抑制思维的活跃发展而导致思想的呆板和僵化。人类的思维将踏步不前而滞留在一个水平上,其结果就不会有所发现、有所创新。因此,只有两者的有机结合,才有利于创新思维的发展。实际上,创新思维一般是先发散而后集中的。在解决问题的早期,发散思维起着主要作用,而在解决问题的后期,收敛思维则扮演重要角色。人的思维往往需要经过多次反复的发散和收敛,才能最终整合出满意的创新方案。

任务

一、课后独立完成

在建筑和装修方面,屋顶一直承担着三大功能:一是防御自然界的风、雨、雪、太阳辐射热和冬季低温等;二是承受自重及风、沙、雨、雪等荷载及施工或屋顶检修人员的活荷载;三是屋顶是建筑物的重要组成部分,对建筑形象的美观起着重要的作用,即承重、围护、装饰作用。

请结合发散思维的四个基本特征,试讨论,你见过屋顶还可以有哪些更新颖、更时尚的作用和建造的方法? 你觉得还有什么可以进一步改进的地方吗?

二、课堂小组讨论

1. 请学生在小组中结合自己的思考,讲1~2条自己深有感悟的体会。

2. 请学生出1~2个有关的问题考一考小组成员。

3. 请学生对自己不懂的问题向小组成员请教。

三、师生互动

1. 教师抽选小组代表就小组讨论内容作简要发言。

2. 全班学生向教师自由提问,并由教师引导学生对下列两个问题进行反思与总结。

(1) 发散思维与收敛思维有何特征?

(2) 如何提高发散思维与收敛思维能力?

项目二　求同思维与求异思维

 学习目标

1. 了解求同思维与求异思维的概念。
2. 掌握求同思维与求异思维的特征。
3. 养成创新思维的良好习惯,提升求同求异思维能力。

 **活动导入**

想　象　力

发挥你的想象力,提出自行车与其他什么事物结合,能使自行车的构造和功能发生新变化的创意。

问题:你可以想出多少个创意? 障碍是什么?

启示:在不同的事物中,可以寻找结合点,从而使事物在性质、形态上发生变化,形成新的事物。同时,在相同或相似的两个以上事物中找出不同之处,形成新事物。

 理论点拨

一、求同思维

求同思维是指在各种不同事物或现象中寻找某种相同或相似的特点或因素,从而发现某些共性,进而认识事物之间相似规律的一种思维形式。

人们要创新,就必须善于从复杂多变的万象之中,发现那些包含着某种相同或相似的共性因素,即认识事物之间的相似规律。

我们知道,许多发明是人们通过类比、借鉴得到启示而创造出来的。例如,科学家模仿蝙蝠夜间探路,给飞机装上了雷达。雷达的发明就是由于认识了"事物之间所共通的相似规律",通过求同思维而实现的。

求同思维的基本规则是"如果被考察的两个或多个事例只有一个共同点,那么此共同点就是该现象的原因（或结果）"。运用求同思维可以按以下步骤进行：① 在各种不同的场合中找出可能与被研究对象的存在原因相关的情况；② 把出现该现象的几种不同场合进行比较，排除各场合中不同的情况，找出不同场合中的唯一共同情况，从而确定被研究对象存在的原因。

 案例

身体好的原因

在日常生活中我们常常发现一些人身体很好，很结实。其原因是什么呢？他们的情况各不相同，如职业不同、年龄性别不同、工作条件、生活条件、学习条件也各不相同等；有的原来体质较好，有的原来体质较差……但发现他们有一个共同的情况：他们都持之以恒地锻炼身体。由此，我们可以得出结论，持之以恒地锻炼身体是他们身体好的原因，至少是身体好的部分原因。这里就体现了求同思维的应用。

甲状腺肿大的原因

在 19 世纪，人们还不知道为什么某些人的甲状腺会肿大，后来人们对甲状腺肿大盛行的地区进行调查和比较时发现，这些地区人口、气候、风俗等状况各不相同，然而有一个共同情况，即土壤和水流中缺碘，居民的食物和饮水也缺碘，由此得出结论：缺碘是引起甲状腺肿大的原因。

以上两个案例说明求同法是这样一种方法，当我们发现某一现象出现在几种不同的场合，而在这些场合里，只有一个条件是相同的（其他条件均不相同）时，我们就可以推断这个相同条件就是各个场合出现的共同现象的原因。

应用求同法所得到的认识（即找出的原因）并不都是正确的。因为在不同场合里存在的共同条件可能不止一个，而作为真正原因的某一共同条件可能正好被忽视了。通过求同法所得到的认识，应当通过实践或用其他方法来进一步检验。

但是，求同法能帮助我们发现不同事物或现象之间的某些共性，进而认识"事物之间所共通的相似规律"，并能为我们提供找到现象背后的原因的线索，了解现象中的因果联系，所以，在科学研究和日常生活中经常被人们所使用。

二、求异思维

求异思维是当今众说纷纭的一个概念，从字面上看，求异就是寻找不同、探求差异。因为事物的不同和差异是多方面的，因而求异思维的表现形式也会多种多样。

求异思维是在思维活动中克服思维定式，突破常规，标新立异，寻求用奇异独特、与众不同的方法解决问题的一种思维模式。人们在认识客观世界的过程中，求异思维实际上是一种十分普遍的思维方式。我国古代的"曹冲称象""明修栈道，暗度陈仓"等历史故事，以及童话"乌鸦喝水"等，就是启发人们要克服思维定式、用求异思维去解决问题。

在科技发展历程中，大多数发明创造者都运用了求异思维。他们在别人司空见惯、习以为常、不认为有问题的地方能发现问题，表现出了具有常中见奇、标新立异的能力。简单地说，这种求异思维，就是你无论看到什么东西，都可能会想到还会有别的形式存在，还有更好的方法和方案可采用。求异，往往要求对权威性理论、传统的观念持怀疑、分析、批判的态度，另辟蹊径地去看问题。

 案例

即时贴的发明

1964年，美国3M公司的一位化学家斯宾塞·希尔弗希望研究出一种世界上最黏的黏胶，结果研制出的黏胶虽具有较大黏性，但却不易固化，用它来粘贴东西，即使过了很长时间也能轻易地揭下来。当时人们认为这种黏胶的研究是失败的，因为它不会有什么用途。

后来，很凑巧，3M公司的另一位化学工程师阿特·弗雷是教会唱诗班的成员，他在星期天参加教堂唱诗班活动时，习惯在歌本里夹一张纸片以作记认，但纸片容易滑落，他常要弯腰从地上捡起来，十分麻烦。有一天弗雷在唱诗时忽然想到，要是有一种用时能牢牢地黏在纸上，不用时又能轻易揭去的"书签"就好了。于是他便萌发了要发明一种"不会掉落的书签"的念头。发明这种"书签"的关键是要有一种既能够牢牢地黏着，必要时又能够轻易撕去的黏合剂。

后来，弗雷找到希尔弗，两人"一拍即合"。经过一年半时间的研究和改良，一种黏揭自如的黏贴纸便诞生了。1980年，3M公司正式将这种具有革命性的产品命名为"Post it"，并投入市场。时至今日，它已风行全球，且被评为20世纪改变人类生活方式的十大发明之一。

这个案例告诉我们，在一般常规思维方式中，胶就应该具有很强的黏性，否则就等于废品。然而，用求异思维来思考，换一个角度看问题，就开辟了常规以外的新用途，这种黏性不强的胶，便从"废品"变成了深受人们欢迎的新产品。

 活动

泡泡糖怎样打开市场

直到1991年，日本的泡泡糖市场还被一家称为劳特公司的生产商所垄断。日本的江琦公司成立了由技术人员和销售人员组成的市场开发小组，研究怎样抢占市场。他们分析了劳特公司产品的缺点：只有小孩吃的，没有大人吃的；只有条形的，没有其他形状的；只有果味的,没有其他味道的;只有1100日元一块的,没有其他价位的。于是他们决定开发大人吃的泡泡糖,各种形状和味道的均有,而且有两种价格:500日元的和1000日元的,买时不用找零钱。之后,江琦公司泡泡糖的市场占有率由0上升到了25%,销售额达150亿元。

问题:

(1) 江琦公司在劳特公司垄断市场的情况下,能够找出对手的弱点,这体现了怎样的指导思想和思维方式?

(2) 你能够找出我国奶糖的名牌产品"大白兔"的缺点,开发一种新的奶糖品牌吗?

 任务

一、课后独立完成

近些年社会上出现很多中介服务行业,如婚姻介绍、房屋租赁服务、国外留学服务、职业介绍服务、大型会议服务、旅馆介绍服务、人才交流服务、技术转让中介服务等。请思考,还可以根据社会需要成立哪些与上述服务内容不同的中介性质的公司。

拓展思考:有个专门生产大小书包的企业,想扩大书包的品种,你能否运用求异思维,从功能方面提出一些新设想。

二、课堂小组讨论

1. 请学生在小组中讲解自己完成任务一后的体会(1~2条)。

2. 请学生在小组中出1~2个问题考一考别人。

3. 请学生在小组提出1~2个自己不懂的问题,请其他学生解答。

三、师生互动

1. 教师抽选小组代表就小组讨论内容作简要发言。

2. 全班学生向教师自由提问,并由教师引导学生对下列两个问题进行反思与总结。

(1) 求同思维与求异思维有何特征。

(2) 如何提高求同思维与求异思维能力?

项目三　逆向思维

 **学习目标**

1. 了解逆向思维的概念。
2. 掌握逆向思维的特征。
3. 养成创新思维的良好习惯,提升逆向思维能力。

活动导入

头 脑 风 暴

(1) 如果逛街走不动了,你还有哪些方法可以达到目的地?

(2) 小孩掉进水里怎么办?

问题:

(1) 人们进行逆向思维的主要障碍是什么?

(2) 怎样才能运用逆向思维?

启示:人们习惯于沿着事物发展的正方向去思考问题并寻求解决办法。其实,对于某些问题尤其是一些特殊问题,从结论往回推,倒过来思考,从求解回到已知条件,反过去想或许会使问题简单化,使解决问题变得轻而易举,甚至因而有所发现,这就是逆向思维和它的魅力。

 理论点拨

一、逆向思维

逆向思维是为解决某一常规思路难以解决的问题,而采取反向思维寻求解决问题的一种方法。逆向思维会对司空见惯的、似乎已成定论的事物或观点进行反过来思考,通过反其道而思之,从问题的相反面深入地进行探索,来寻求解决办法。有人落水,常规的思维模式是"救人离水",而司马光面对紧急险情,运用了逆向思维,果断地用石头把缸砸破,"让水离人",救了小伙伴的性命。

逆向思维的特征有以下几种。① 批判性。逆向思维是对传统、惯例、常识的反叛,是对常规的挑战。它能够克服思维定式,破除由经验和习惯造成的僵化的认识模式。② 新颖性。逆向思维克服了习惯性思维障碍,结果往往出人意料,给人以耳目一新的感觉。③ 普遍性。逆向思维应用非常广泛,在各种活动、各个领域中都有其适用性。

 | 案例

不知道你是否看过电影《头号玩家》,其中的一个片段,为了争夺第一把钥匙,所有玩家拼命前冲无数次,去突破一重重封锁,战胜一个个 BOSS,历尽艰险、过关斩将,但是到最后都逃不过大猩猩金刚的巨掌獠牙。

男主角韦德反复失败后得出了结论:大猩猩金刚这一关不可能过去的,也不一定非要硬闯。后来,他进入头号玩家的图书馆,观看纪录片中的"绿洲"创始人哈利迪对话的情景,他从中悟出了一个关键的想法:反向而行。

然后,他在起点上开始往反方向加速开车,竟然一直畅通无阻,最终到达终点,成功获得了第一把钥匙,成为绿洲里的第一名人。

可见,《头号玩家》里的韦德善于运用逆向思维思考问题。

清朝的曾国藩曾多次率领湘军同太平军打仗,可总是打一仗败一仗,特别是在鄱阳湖口一役中,连自己的命也险些送掉。他不得不上疏皇上表示自责之意。在上疏书里,其中有一句是"臣屡战屡败,请求处罚。"但有个幕僚建议他把"屡战屡败"改为"屡败屡战"。这一改,果然成效显著,皇上不仅没有责备他屡打败仗,反而还表扬了他。

有时候,我们用逆向思维来说一句话,会表达出截然不同的意思。

一般话术:臣屡战屡败,请求处罚。

逆向话术:臣屡败屡战,请求处罚。

"屡战屡败"强调每次战斗都失败,成了常败将军;"屡败屡战"却强调自己对皇上的忠心和作战的勇气,虽败犹荣。

1964 年 6 月,王永志第一次走进戈壁滩,执行发射中国自行设计的第一代中近程火箭的任务。由于天气炎热,火箭推进剂温度高,密度变小,导致能量不足,要对发动机的节流能进行调节。

专家们考虑如何增加推进剂密度,增加推进剂数量,提高推进能量。而年轻中尉王永志提出相反的观点,他说:"经过计算,要是从火箭体内卸出 600 公斤燃料,这枚导弹就会命中目标。"专家们没有人理睬他的建议,认为"本来火箭能量就不够,你还要往外卸?"他并不甘心,在火箭发射前,走进了技术总指挥钱学森的住房。听了王永志的意见,钱学森眼睛一亮,高兴地喊道:"马上把火箭的总设计师请来。"钱学森指着王永志对总设计师说:"这个年轻人

的意见对,就按他说的办!"果然,卸出一些推进剂后,火箭的射程变远了,连打 3 枚导弹,发发命中目标。

在中国开始研制第二代导弹的时候,钱学森建议让王永志担任总设计师。几十年后,总装备部领导看望钱学森,钱学森还提起这件事说:"我推荐王永志担任载人航天工程总设计师没错,此人年轻时就崭露头角,他大胆逆向思维,和别人不一样。"

 ## 任务

一、课后独立完成

利用逆向思维,想一想,如果产品要做推广,除了出资请广告商通过报纸、电视、电台等新闻媒体进行宣传,或者进行传统的宣传、推广、促销等营销方法外,还有哪些新的方式?

二、课堂小组讨论

1. 请学生在小组中讲解自己完成任务一后的体会(1～2 条)。
2. 请学生在小组中出 1～2 个问题考一考别人。
3. 请学生在小组提出 1～2 个自己不懂的问题,请其他学生解答。

三、师生互动

1. 教师抽选小组代表就小组讨论内容作简要发言。
2. 全班学生向教师自由提问,并由教师引导学生对下列两个问题进行反思与总结。
(1) 逆向思维有何特征。
(2) 如何提高逆向思维能力?

项目四　横　向　思　维

 学习目标

1. 了解横向思维的概念。
2. 掌握横向思维的特征。
3. 养成创新思维的良好习惯,提升横向思维能力。

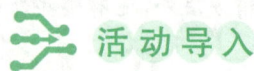 **活动导入**

被偷的灯泡

在美国的一个城市里,地铁里的灯泡经常被偷。窃贼常常拧下灯泡,这会导致安全问题。被任命处理此事的工程师,也没有多少预算,如果你是这位工程师,请问你能想到什么解决方案呢?

问题:在面对看似难以解决的问题的时候,我们可以从哪些方面去解决问题?

启示:或许我们可以把眼光挪开,从事物或问题的其他侧面、角度来看问题——换几个角度看问题。

 理论点拨

横向思维也叫"侧向思维",即向思考的事物及问题的侧面伸展思维触角,以求获得新的思维成果,这是发散思维中最常使用的一种方法。

例如,中国的传统食物包子,从外形上看,大致有圆形和椭圆形两种,是否能再变换几种?从面皮料上看主要是小麦,是否可以改用别的面皮料?从馅料上看,常见的有蔬菜、猪肉和牛肉,能否增加馅料的品种?要解决上述问题便离不开横向思维。

 **案例**

白石子与黑石子

甲向乙借了一笔高利贷,无力偿还,得去坐牢;乙借机想娶甲的女儿做老婆来抵债,姑娘至死不从。

乙提出了一个解决办法,乙对姑娘说:"现在我从地上捡起一块白石子、一块黑石子,装进口袋里由你来摸。如果你摸出白石子,你父亲的债就一笔勾销;如果你摸出的是黑石子,那你就得和我成亲。"

说完,乙就从地上捡起两块黑石子放进了口袋。乙的这个动作却被姑娘发现了。

如果你就是甲的女儿,你会怎么办? 通常的办法有以下几种。

(1)拒绝摸石子;然而问题得不到解决,甲还得去坐牢。

(2)揭穿乙捡起两块黑石子的诡计,问题仍然得不到解决。

(3)不得已,随便抓出一块黑石子,违心地同乙结婚。

当姑娘的眼光从口袋移到地面时,她想到乙的两块石子是从地上捡起来的。

于是她伸手到口袋里抓起一块石子,在她拿出口袋的一刹那故意将其失落在地上。这时她对乙说:"呀! 我真不小心,把石子掉在地上了。我抓出的那一块石子是黑是白已经无法知道了,但这也无关紧要,看看你口袋里剩下的那一块,肯定与掉在地上的那一块不一样……"乙的口袋里无疑是一块黑石子。乙不能承认自己的欺骗行为,只好无可奈何地承认姑娘取出的是一块白石子。就这样,姑娘巧妙地实现了大逆转。

 活动

去雅典旅游的游客有时会从帕特农神庙的古法老立柱上砍下一些碎片,雅典当局对此非常关心,虽然这种行为是违法的,但是这些游客仍旧把它当作纪念品带走,当局如何才能阻止这种行为呢? 请谈谈你的想法。

 任务

一、课后独立完成

托拉斯测试法

这是根据美国著名心理学家托拉斯的研究成果编成的,简称托拉斯测试法。

它要求对下面20种情况做出判断,如果符合自己的情况就在( )里打上"√",如果不符合就打"×"。

1. 在做事、观察事物和听人说话时,我能专心一致。(　　)

2. 我说话、写作文时经常用类比的方法。(　　)

3. 我能全神贯注地读书、书写和绘画。(　　)

4. 完成老师布置的作业后,我总有一种兴奋感。(　　)

5. 我不大迷信权威,常向他们提出挑战。(　　)

6. 我很喜欢(或习惯)寻找事物的各种原因。(　　)

7. 观察事物时,我向来很精细。(　　)

8. 我常从别人的谈话中发现问题。(　　)

9. 在进行带有创造性的工作时,我经常忘记时间。(　　)

10. 我总能主动地发现一些问题,并能发现和问题有关的各种关系。(　　)

11. 除了日常生活,我平时差不多都在研究学问。(　　)

12. 我总对周围的事物保持着好奇心。(　　)

13. 对某一些问题有新发现时,我精神上总能感到异常兴奋。(　　)

14. 通常,我对事物能预测其结果,并能正确地验证这一结果。(　　)

15. 即使遇到困难和挫折,我也不会气馁。(　　)

16. 我经常思考事物的新答案和新结果。(　　)

17. 我有很敏锐的观察能力和提出问题的能力。(　　)

18. 在学习中,我有自己选定的课题,并能采取自己独有的发现方法和研究方法。(　　)

19. 遇到问题,我经常能从多方面来探索它的解决办法而不是固定在一种思路上或局限在某一方面。(　　)

20. 我总有些新的设想在脑子里涌现,即使在游玩时也常能产生新的设想。(　　)

这里列出的20道题是一个高创造性学生所具有的个性心理特征。如果你的情况符合的条数越多(打"√"的题目越多),则证明你的创造心理越好,也就标志着你的创造力可能很高。

如你打"√"的数目占总数(20题)的90%以上,说明你的创造心理特征很好;如在80%左右(即打"√"的有14～17道题),则说明你的创造心理特征良好;如在50%左右(即打"√"的有10～13道题),则说明你的创造心理特征一般;如在30%以下则说明你的创造心理特征比较差。

测试结果:你"√"的数量比例为(　　)。

二、课堂小组讨论

1. 请学生在小组中讲解自己完成任务一后的体会(1～2条)。

2. 根据测试结果你认为你应当在你哪些方面提高,如何提高?

三、师生互动

1. 教师抽选小组代表就小组讨论内容作简要发言。

2. 全班学生向教师自由提问,并由教师引导学生对下列两个问题进行反思与总结。

(1) 横向思维有何特征。

(2) 如何提高横向思维?

项目五　案例展示及分析 2

案例

【案例一】　AI＋玩偶：儿童市场的新风口还是智能硬件的老泡沫？

近年来，AI 技术与儿童玩具的结合引发了市场关注，一批智能化、可互动的 AI 玩偶相继出现，比如科大讯飞的"AI Kids"、经典 IP"喜羊羊"的智能铃铛娃娃，以及 FoloToy 的跳舞仙人掌等。这些产品不仅吸引了孩子们的兴趣，也引发了家长的关注，使 AI 儿童玩具成为一个新的创业风口。

全球市场研究数据显示，AI 玩具市场正在迅速崛起，预计到 2030 年市场规模将从 87 亿美元增长至 351 亿美元，年复合增长率超过 16％。广阔的市场前景吸引了大批创业者入局，他们试图通过 AI 赋能玩具，为儿童提供更具交互性和教育价值的产品。

许多创业者的起点来自生活中的洞察，比如发现孩子与传统玩具互动方式过于简单，缺乏持久吸引力，于是萌生了让玩具"活起来"的想法。例如，跃然创新推出的 BubblePal 挂件，通过外接 AI 大模型为普通毛绒玩具赋予智能互动功能，无需改变玩具本身，即可实现"开口说话"。此外，FoloToy 则开发了八爪鱼 AI 开发套件，将硬件智能化门槛大大降低，让更多玩具具备个性化互动功能，形成可 DIY 的创意产品。

AI 玩偶的发展路径主要围绕两种模式：挂件模式和内置模式。挂件模式的优势在于快

速实现智能化,满足市场对低成本、高效率的需求。内置 AI 功能的玩偶则是未来的发展方向,通过结合知名 IP 卡通形象,既提升了玩具的外观吸引力,也增强了与儿童的情感互动。此外,技术方面,许多公司通过接入通用 AI 大模型(如 GPT)或精细化训练开源模型(如 Llama 2),以便更好地适配儿童的语言和情绪交流需求。

尽管市场潜力巨大,但 AI 儿童玩具依然面临诸多挑战,如技术成本高、市场竞争激烈、用户持续使用率低等问题。如何平衡产品的快速落地与深度优化,如何将 AI 与教育、陪伴等价值结合,成为创业者们需要解决的关键问题。

AI 玩偶究竟是儿童市场的新风口,还是智能硬件的又一泡沫? 目前来看,这条赛道尚处于初步发展阶段,产品创新与市场需求之间存在巨大的探索空间。那些能够在技术、IP联名、用户体验等方面不断迭代的企业,将有机会成为智能玩具行业的领先者。

【案例二】 编程猫:用游戏方式教小朋友在线学编程

成立于 2015 年的"编程猫",是一家专注研发适合 4～16 岁青少儿编程教学体系的教育科技企业,一直以技术驱动教育革新,以"为下一代提供更有价值的教育"为使命,全面培养孩子编程思维、逻辑思维和创造性思维。

自成立之初,"编程猫"就立足自主创新,坚持自研编程工具产品矩阵,成为国内首家免费提供多款国产自研工具的少儿编程企业,并陆续实现编程工具的全面国产化,在编程工具、自主创新层面已具有全球竞争力。

编程猫的自主知识产权图形化编程 Kitten 工具简单易用、学习难度低,在走进中小学课堂、NCT 全国青少年编程能力等级测试后,成为"第二十一届全国中小学电脑制作活动"及"第二十二届全国学生信息素养提升实践活动"的官方指定创作工具。

寓教于乐的教学方式让青少年能轻松创作出充满奇思妙想的软件、动画、互动游戏等创

新作品,塑造成为具备编程思维、逻辑思维、创造性思维的未来创作者。

凭借在技术及内容层面的创新实力,"编程猫"成为首批获中国质量认证中心在线教育服务 5A 级认证证书的四家头部优质企业之一。

【案例三】 茶颜悦色:超 4 万人排队的网红品牌

前段时间,茶颜悦色快闪店在深圳开业,超 4 万人排队,一杯奶茶更是被炒到 500 元。有人透露,不少小伙伴凌晨 4 点就开始排队。更夸张的是,为买上一杯,竟然还有人出 1500元请代买,就为了喝一口茶颜悦色。

顾客热情甚至催生了一种新型"暴富业务"——代排队。据新闻媒体报道,在茶颜悦色开业前夜,就出现大批黄牛代购,网络上已流出的黄牛号炒到了 200 至 500 元人民币不等。

一杯小小的奶茶，竟然火到这个地步，茶颜悦色凭什么让年轻人如此上瘾？

首先，这次茶颜悦色在深圳并不是永久营业，而只是开的快闪店，期限仅3个月。时间的限期，无疑制造了购买的紧迫感，再加上本身茶颜悦色扎根长沙7年，去年才走入武汉，更是将这种饥饿营销效应无限放大。

早有研究表明，在排长队氛围侵染中，会让消费者对产品信心大增。再者，通过千辛万苦买到的一个稀缺产品，会自我营造出某种优越感，满足了用户心理上的幻觉满足感。很多年轻人排长队，其实就是冲着能在朋友圈发个照片。

在流量越发昂贵的当下，从众心理和网红效应能够让消费者成为品牌传播媒介，主动为品牌发声，不仅营销成本低，而且流量更容易产生裂变。

茶颜悦色是如何打造自身网红品牌的？

首先是离不开产品和服务的好底子，茶颜悦色主打"茶＋忌廉奶油""茶＋奶沫"两种，不仅在产品上形态上制造了新奇的体验，而且创造了"一挑、二搅、三喝"新鲜喝法，赋予喝茶仪式感。此外，茶颜悦色在门店和品牌包装上追求一种古典优雅的中国风，以差异化的视觉冲击力，撬动年轻人的注意力，并且为品牌注入传统文化的内涵。

此次深圳快闪店，依然保持了古色古香的装修风格，和喜茶、奈雪的茶保持着差异化风格，形成独特印记。在当今时代，包装意味着传播力，意味着能否有机会成为网红饮品。

茶颜悦色能够频繁上热搜，还有一个至关重要的原因，就是他们的社交营销做得不错。这集中体现在公众号上，年轻人的幽默坦诚、略带调侃的言语风，使它更加有亲和力和诙

谐力。

例如,老板自称卖茶的怪叔叔,设计师们叫"鸡仔一、二、三号",公众号运营小伙伴则称自己为摸鱼侠。每个人的人设都很接地气,并且公众号推送也是让人感觉真实可爱。

问题:

1. 你能从这些案例中获得什么启发?

2. 创新一定是一个全新的产品吗?

3. 如果给你一个杯子,通过所学的创新思维,你可以从哪些方面去创新它?

模块三　创 新 技 法

　　创新技法是创造学家对大量成功的创新实例进行研究分析后，总结、归纳出的创新原理、技巧和方法。本模块介绍了常用的六种创新技法，如果把创新思维和创造性活动比喻为过河，那么创新技法就是过河的船，只要我们认真学习、掌握常用创新技法，并不断将其应用于生活、学习、工作的各个方面，我们的创新思维能力就会在潜移默化中逐步提高，我们的创新能力就会不断增强，使创新成为我们的习惯，为个人的持续发展注入强劲的驱动力。

项目一　思维导图法

 学习目标

1. 理解思维导图的基本要素。
2. 掌握思维导图绘制的方法。
3. 培养在日常工作、生活、学习中自觉运用思维导图的能力。

 **活动导入**

记 录 生 活

请按自己最常用的方法记录、整理过去一周的生活。

问题： 要如何快速、全面地整理自己的思维并直观形象地呈现？

启示： 一图胜千言。

 理论点拨

一、思维导图的由来

英国著名教育学家托尼·巴赞（Tony Buzan）在大学时代遇到过信息吸收、整理及记忆等困难，他前往图书馆希望能找到帮助自己的方法，却惊讶地发现图书馆里没有一本关于有效利用大脑的相关书籍，于是他开始思索新的方法。通过研究心理学、神经生理学等学科，他发现人类头脑的每一个脑细胞及大脑的各种技巧如果能被和谐而巧妙地运用，将比彼此分开工作产生更大的效率。以放射性思考（Radiant Thinking）为基础的收放自如方式，如渔网、河流、树、人和动物的神经系统、管理的组织结构等，逐渐地形成整个架构。

1971 年他开始将他的研究成果结集成书，慢慢形成了放射性思考和思维导图的概念。

放射性思考是人类大脑的自然思考方式，每一种进入大脑的资料，不论是感觉、记忆或是想法——包括文字、数字、符号、食物、香气、线条、颜色、意象、节奏、音符等，都可以成为一个思考中心,并由此中心向外发散出成千上万的关节点,每一个关节点代表与中心主题的一个联结,每一个联结又可以成为另一个中心的主题,再向外发散出成千上万的关节点,这些关节点的联结可以视为个人的记忆,也就是个人数据库。

思维导图是一种将放射性思考具体化的方法,所以思维导图又称脑图、心智地图、脑力激荡图、灵感触发图、概念地图、树状图、树枝图或思维地图。作为图像式思维的工具,它能最大限度地使用左右脑功能的思维方式,利用色彩、图画和代码等图文并茂的形式来增强记忆效果,使人们关注的焦点清晰地集中在中央图形上,增强了我们的记忆力和创造力,也让思维更轻松有趣且具有个人特色。

二、思维导图的基本要素

(一) 图像

比起抽象的文字符号,人类大脑对图像和场景更敏感,印象也更深刻。因为图像刺激的是右脑。我们有时可以无意识地、不费力地在相应的场景中学会知识。

思维导图作为梳理知识和计划的工具,应尽可能地使用图像来表达或替代文字,用图像刺激大脑,能使记忆更加牢固、清晰。

(二) 颜色

将颜色和形状与物体特征相结合,容易让人产生联想、方便记忆。所以在绘制思维导图时,可以画一些辅助的小简图,并填充上漂亮的色彩。大脑偏爱色彩,记忆起来也更容易,同时还能让导图变得更美、更生动。

(三) 线条

思维导图的线条包括主干和分支,主干是一级分支。主干(或者叫一级分支)的线条一般粗一些、长一些,二级分支、三级分支的线条一般短一些、细一些。

思维导图里的线条都是曲线,而且是末端平滑的曲线,要避免用直线。之所以用曲线是因为曲线非常灵活,当你想要添加新的内容的时候,可以引一道曲线出来,而且思维导图的组织形式,使得纸张或平面上空白的地方很多,方便用曲线添加内容。之所以末端是平滑的曲线,是因为线条上面要放关键词。

(四) 关键词

关键词即提取我们学习的内容的关键信息的词语,一般写在主干和分支的线条上。

爱因斯坦曾经说过:"如果你不能简单地解释一个事物,那说明你还没有真正理解它。"想要简单地把一个物体解释清楚,必然需要我们理解其中的关键。

三、思维导图的绘制

（一）绘制思维导图的工具

思维导图就是借助文字和图形，将自己的想法"画"出来，思维导图的绘制工具如下。

（1）一张 A4 纸大小（或者更大尺寸）的白纸。

（2）彩色水笔和铅笔数支。

（3）你的大脑。

（4）你的想象。

在绘制过程中，还可以准备更适合自己习惯的绘图工具，例如，成套的软芯笔，色彩明亮的涂色笔或者钢笔等。

（二）绘制思维导图的七个步骤

（1）从一张白纸的中心开始画图，周围留白。思维导图属于发散思维。从中心开始画图，可以使你的思维向各个方向自由发散，能更自由、更自然地表达你的想法。

（2）在白纸的中心用一幅图像表达你的中心思想。"一图胜千言"，图像不仅能刺激你的创意性思维，帮助你运用想象力，还能强化记忆。

（3）尽可能多地使用不同的颜色。因为颜色和图像一样能让你的大脑兴奋。颜色能够给你的思维导图增添跳跃感和生命力，为你的创造性思维增添巨大的能量。

（4）将中心图像和主要分支连接起来，然后把主要分支和二级分支连接起来，再把二级分支和三级分支连接起来，以此类推。

（5）让思维导图的分支自然弯曲，不要画成一条直线。过多的直线会让大脑感到厌烦。美丽的曲线和分支，就像大树的树杈，也似人的大脑构造，更能吸引你的眼球。

（6）在每条线上使用一个关键词。所谓的关键词，是表达核心意思的字或者词，可以是名词或者动词。关键词应该是具体的、有意义的，这样才有助于回忆。

（7）自始至终使用图形。思维导图上的每一个图形就像中心图形一样，可以胜过千言万语。

以上是思维导图绘制的七步法。但是在绘制过程中，你可以不断总结，掌握新的技巧，运用你的想象力，不断改进你的思维导图。

四、思维导图的应用

思维导图是一种全新的思维模式，是一种发挥个人智力潜能的方法，它结合了全脑的概念，包括左脑的逻辑、顺序、条例、文字、数字，以及右脑的图像、想象、颜色、空间、整体等，可提升思考技巧，大幅增进阅读速度、记忆力、组织力与创造力。这种简单而有效的思维工具，使得思维可视化，可以广泛应用在学习、生活及工作各个方面，有效提升学习、生活和工作效率。图 3-1 所示的是思维导图的示例。

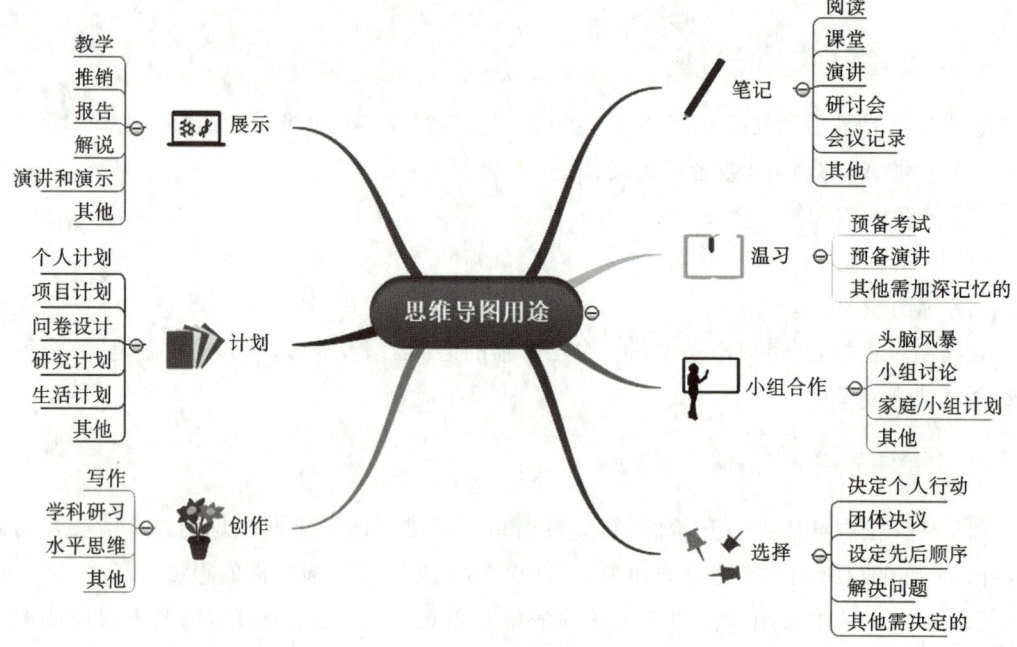

图 3-1 思维导图示例

 任务

一、课后独立完成

1. 以自己的名字为中心主题词手绘思维导图。
2. 观看《创新中国》第一集,以创新中国为中心主题词手绘思维导图。

二、课堂小组讨论

1. 请学生在小组中结合自己的手绘思维导图,讲 1～2 条自己深有感悟的体会。
2. 请学生写出 1～2 个有关思维导图概念的问题考一考小组成员。
3. 请学生对自己不懂的问题向小组成员请教。

三、师生互动

1. 教师抽选小组代表就小组讨论内容作简要发言。
2. 全班学生向教师自由提问,并由教师引导学生对下列两个问题进行反思与总结。
(1) 思维导图的绘制与应用中常出现什么问题?
(2) 思维导图总结。

项目二　5W2H 分析法

 学习目标

1. 理解 5W2H 分析法的具体内容。
2. 掌握 5W2H 分析法的应用程序。
3. 熟练应用 5W2H 分析法，增强创新能力。

 **活动导入**

企业培训

某建筑公司经过几十年的发展，已经成为当地知名的建筑龙头企业。为了更长远的发展，该企业意识到要逐渐转变观念，建立现代企业制度，苦练内功。提高自身，培训是先导。所以打算请几个知名专家，采用所有员工参加、上大课的形式进行培训。

问题： 你如何评价这种培训？

启示： 我们要努力做一个勤于思考、善于提问的人。

 理论点拨

有些人对问题不敏感，看不出什么问题，这和平时不善于提问有很大的关系。对于一个问题刨根问底，才有可能发现新的知识和新的疑问。所以，从根本上说，学会发明或设计首先要学会提问、善于提问。提出疑问对于发现问题和解决问题都是极其重要的。创造力强的人，通常具有善于提问题的能力。众所周知，提出一个好的问题，就意味着问题解决了一半。提问题的技巧高，可以发挥人的想象力；相反，有的问题则会挫伤我们的心理。

发明者在设计新产品时，常常会用 5W2H 分析法提问。5W2H 分析法又叫七何分析法，是第二次世界大战中美国陆军兵器修理部首创。这种方法简单、方便，易于理解、使用，富有启发意义，广泛用于企业管理和技术活动，对于决策和执行性的活动措施也非常有帮助，有助于弥补考虑问题的疏漏。

一、5W2H 分析法的具体内容

发明者用五个以 W 开头的英语单词和两个以 H 开头的英语单词进行设问,发现解决问题的线索,寻找发明思路,进行设计构思,从而研究出新的发明项目,这就叫作 5W2H 法。5 个 W 和 2 个 H 的单词如图 3-2 所示。

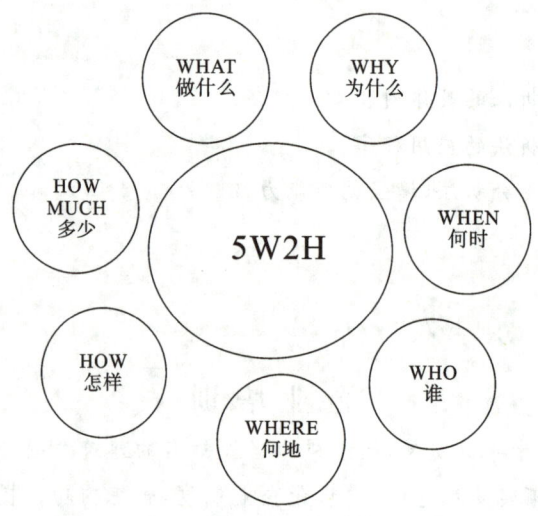

图 3-2 5W2H 分析法

(1) WHAT —— 是什么? 目的是什么? 做什么工作?

(2) WHY —— 为什么要做? 可不可以不做? 有没有替代方案?

(3) WHO —— 谁? 由谁来做?

(4) WHEN —— 何时? 什么时间做? 什么时机最适宜?

(5) WHERE —— 何地? 在哪里做?

(6) HOW —— 怎样做? 如何提高效率? 如何实施? 方法是什么?

(7) HOW MUCH —— 多少? 做到什么程度? 数量如何? 质量水平如何? 费用产出如何?

二、5W2H 法的应用程序

下面以检查原产品的合理性为例,说明 5W2H 法的应用程序。

(一) 检查原产品的合理性

1. 为什么(WHY)。

为什么采用这个技术参数? 为什么不能有响声? 为什么停用? 为什么变成红色? 为什么要做成这个形状? 为什么采用机器代替人力? 为什么产品的制造要经过这么多环节? 为什么非做不可?

2. 做什么(WHAT)。

条件是什么? 哪一部分工作要做? 目的是什么? 重点是什么? 与什么有关系? 功能是什么? 规范是什么? 工作对象是什么?

3. 谁(WHO)。

谁来办最方便? 谁会生产? 谁可以办? 谁是顾客? 谁被忽略了? 谁是决策人? 谁会受益?

4. 何时(WHEN)。

何时要完成? 何时安装? 何时销售? 何时是最佳营业时间? 何时工作人员容易疲劳? 何时产量最高? 何时完成最为适宜? 需要几天才算合理?

5. 何地(WHERE)。

何地最适宜某物生长? 何处生产最经济? 从何处买? 还有什么地方可以作为销售点? 安装在什么地方最合适? 何地有资源?

6. 怎样(HOW)。

怎样做省力? 怎样做最快? 怎样做效率最高? 怎样改进? 怎样得到? 怎样避免失败? 怎样求发展? 怎样增加销路? 怎样达到效率? 怎样才能使产品更加美观大方? 怎样使产品用起来方便?

7. 多少(HOW MUCH)。

做了多少? 做到什么程度? 质量如何? 费用多少?

(二) 找出主要优缺点

如果现行的做法或产品经过七个问题的审核已经无懈可击,便可认为这一做法或产品可取。如果七个问题中有一个答复不能令人满意,则表示这方面有改进余地。如果哪方面的答复有独创的优点,则可以扩大产品这方面的效用。

(三) 决定设计新产品

克服原产品的缺点,扩大原产品独特优点的效用。

"5W2H"的思维方式,换一种说法,就是管理的精确化、数字化,这不只限于执行工作指令时有用,还可以运用到管理的一切方面。在你做任何事情的时候,头脑中都有如此精确化、数字化的概念,才能避免你在工作中的盲目冲动或感情用事。

 ## 任务

一、课后独立完成

为增进学生间的友谊,使大家尽快更好地融入新的班级,请你用5W2H分析法设计一个班级活动。

二、课堂小组讨论

1. 请学生在小组中结合自己设计的活动,讲1~2条自己深有感悟的体会。

2. 请学生写出1~2个有关的问题考一考小组成员。

3. 请学生对自己不懂的问题向小组成员请教。

三、师生互动

1. 教师抽选小组代表就小组讨论内容作简要发言。

2. 全班学生向教师自由提问,并由教师引导学生对下列两个问题进行反思与总结。

(1) 5W2H 分析法的要素有哪些?

(2) 5W2H 分析法的使用中有什么注意事项?

项目三　奥斯本检核表法

学习目标

1. 理解奥斯本检核表法的由来、作用、要素和注意事项。
2. 掌握奥斯本检核表法的实施过程。
3. 培养用奥斯本检核表法进行创新并选出可行性方案的素质。

 活动导入

身边的物品

请列举几样你在学习、生活中常见或常用的物品,如桌椅、手表、眼镜等,谈谈自己使用的感受。

问题:你认为这些物品有没有让你不满意并可以改进的地方?

启示:创新可以从改进身边的小事做起。有没有能够引导我们突破思维的局限,进行有效的提问并产生大量设想的创新技法呢?

 理论点拨

一、奥斯本检核表的由来和作用

爱因斯坦说:"提出一个问题往往比解决一个问题更重要,因为解决一个问题也许只是一个数字上或实验上的技能而已。而提出新的问题、新的可能性,从新的角度去看旧的问题,却需要创造性想象力,而且标志着科学的真正进步。"所以提问本身就是一种创新。如何通过提问题来达到发明创新的目的,这便是方法和技巧的问题。巧妙的设问可以启发想象、开阔思路,激发人们的思维热情和创新才能。

1941 年,美国创新技法和创新过程之父亚历克斯·奥斯本出版了世界上第一部创新学专著《创造性想象》,提出了奥斯本检核表法。

奥斯本认为:"针对一项任务或一个新的产品,应事先制定很多提问要点,通过这些要点逐个核对,就可以全面地、系统地考虑各种解决办法的可能性,从中获得解决问题的方法和

创造性设想,进而选定改进及创新的方向。"所以奥斯本检核表实际上是一张人为制定的从各个不同的角度来启迪思路的分类提问表,对各个不同的创造对象及不同的创造目标,都可以列出解决问题应思考的方方面面,以便于按拟定的问题来展开全面、周密、多方位的思考,从而完善地解决问题。

创新发明最大的敌人是思维的惰性。大部分人的思维总是自觉或不自觉沿着长期形成的思维模式来看待事物,对问题不敏感,即使看出了事物的缺陷和毛病,也懒得去进一步思索和动脑筋。奥斯本检核表法是一种具有较强启发创新思维的方法,因为它强制人去思考,有利于突破一些人不愿提问题或不善于提问题的心理障碍,使人的思维角度、思维目标更丰富。

此外,比起海阔天空式的随机遐想,奥斯本检核表法采用顺藤摸瓜式的自问自答,使创造性设想的方向性更强、目的性更明确、成功的可能性更大。它灵活地运用了强制性的一面,十分有效地促进概念化的形成,在很大程度上简化了我们的思维,并相应提高了思维的效率,是帮助人们提高思维灵活性和概括性能力的最简捷、最直接、最易懂的一种方法。

利用奥斯本检核表法可以产生大量的原始思路和原始创意,它对人们发散思维有很大的启发作用。

二、奥斯本检核表的要素和实施过程

奥斯本检核表的核心是改进,通过变化来改进。该表共有 9 类 75 个问题,它的实质就是从 9 个方面的 75 个角度,启发我们提出问题和思考问题,使思路沿着正向、侧向、逆向及合向发散开来,就好像有 9 个人从 9 个角度帮助你思考,你可以把 9 个思考点都试一试,也可以从中挑选一条或两条集中精力深思。

奥斯本检核表的基本做法是首先选定一个要改进的产品或方案;然后面对一个需要改进的产品或方案,或者面对一个问题,从下列角度提出一系列的问题,并由此产生大量的思路;最后根据第二步提出的思路,进行筛选和进一步思考、完善。

奥斯本检核表法的实施步骤:①根据创新对象明确需要解决的问题;②根据需要解决的问题,参照表中列出的问题,运用丰富想象力,强制性地一个个核对讨论,写出新设想;③对新设想进行筛选,将最有价值和创新性的设想筛选出来。

奥斯本检核表里的 75 个问题不是奥斯本凭空想象的,而是他在研究和总结大量近、现代科学发现、发明、创造事例的基础上归纳出来的,其基本内容如下(见表 3-1)。

表 3-1　奥斯本核验表

序号	检核项目	含　义
1	能否他用	现有事物除了我们大家公认的功能之外,是否还有其他的用途
2	能否借用	能否将其他事物中的原理、结构、方法、材料等方面移植过来,为我所用

续表

序号	检核项目	含　义
3	能否改变	改变现有的形状,改变制作工艺,改变物品的结构,如把原来方形的改成圆形的,把直的改成弯的,把红色的改成蓝色的,把无味的改成有味的等
4	能否扩大	现有事物能否扩大面积、扩大声音、扩大距离、延长时间、延伸长度、加高高度、增加数目等
5	能否缩小	现有事物能否缩小、缩短、减少、减轻、分解、折叠、卷曲、删减
6	能否替代	现有事物能否用其他物品、材料、元件、结构等代替
7	能否调整	现有事物或事物的一部分能否变换排列顺序、位置、型号、材料等
8	能否颠倒	现有事物能否从功能、结构、原理、里外、上下、左右、前后、横竖、因果等角度颠倒过来用
9	能否组合	能否与其他的事物进行组合,可以按照原理、材料、功能等方面进行

(1) 现有的东西(如发明、材料、方法等)有无其他用途? 保持原状不变能否扩大用途? 稍加改变,有无别的用途? 例如,某个东西,"还能有其他什么用途?""还能用其他什么方法使用它?"…… 这能使我们的想象活跃起来。当我们拥有某种材料时,为扩大它的用途、打开它的市场,就必须善于进行这种思考。德国有人想出了 300 种利用花生的实用方法,仅仅用于烹调,他就想出了 100 多种方法。橡胶有什么用处? 有家公司提出了成千上万种设想,如用它制成:床毯、浴盆、人行道边饰、衣夹、鸟笼、门扶手、棺材、墓碑等。炉渣有什么用处? 废料有什么用处? 边角料有什么用处? ……当人们将自己的想象投入这条广阔的"高速公路"上时,就会以丰富的想象力产生出更多的好设想。

(2) 能否从别处得到启发? 能否借用别处的经验或发明? 外界有无相似的想法,能否借鉴? 过去有无类似的东西,有什么东西可供模仿? 谁的东西可供模仿? 现有的发明能否引入其他的创造性设想之中? 当伦琴发现 X 光时,并没有预见到这种射线的任何用途。因而当他发现 X 光具有广泛用途时,他感到吃惊。通过联想借鉴,现在人们不仅已用 X 光来治疗疾病,外科医生还用它来观察人体的内部情况。同样,电灯在开始时只用来照明,后来改进了光线的波长,发明了紫外线灯、红外线加热灯、灭菌灯等。科学技术的重大进步不仅表现在某些科学技术难题的突破上,也表现在科学技术成果的推广应用上。一种新产品、新工艺、新材料,必将随着它的越来越多的新应用而显示其生命力。

(3) 现有的东西是否可以做某些改变? 改变一下会怎么样? 可否改变一下形状、颜色、音响、味道? 是否可改变一下意义、型号、模具、运动形式? 改变之后,效果又将如何? 如汽车,有时改变一下车身的颜色,就会增加汽车的美感,从而增加销售量。又如面包,给它裹上一层芳香的包装,就能提高嗅觉诱力。据说妇女用的游泳衣是婴儿衣服的模仿品,而滚柱轴承改成滚珠轴承就是改变形状的结果。

（4）现有的东西能否扩大使用范围？能不能增加一些东西？能否添加部件、拉长时间、增加长度、提高强度、延长使用寿命、提高价值、加快转速？在自我发问的技巧中，研究"再多些"与"再少些"这类有关联的成分，能给想象提供大量的构思设想。使用加法和乘法，便可能使人们扩大探索的领域。

"为什么不用更大的包装呢？"——橡胶工厂大量使用的黏合剂通常装在一加仑的马口铁桶中出售，使用后便扔掉。有位工人建议黏合剂装在五十加仑的容器内，容器可反复使用，节省了大量马口铁。"能使之加固吗？"——织袜厂通过加固袜头和袜跟，使袜的销售量大增。"能改变一下成分吗？"——牙膏中加入某种配料，成了具有某种附加功能的牙膏。

（5）缩小一些怎么样？现在的东西能否缩小体积、减轻重量、降低高度、压缩、变薄？能否省略，能否进一步细分？前面一条沿着"扩大""增加"而通往新设想的渠道，这一条则是沿着"缩小""省略或分解"的途径来寻找新设想。袖珍式收音机、微型计算机、折叠伞等就是缩小的产物。没有内胎的轮胎，尽可能删去细节的漫画，就是省略的结果。

（6）可否由别的东西代替，由别人代替？用别的材料、零件代替，用别的方法、工艺代替，用别的能源代替？可否选取其他地点？如在气体中用液压传动来替代金属齿轮，又如用充氩的办法来代替电灯泡中的真空，使钨丝灯泡提高亮度。通过取代、替换的途径也可以为想象提供广阔的探索领域。

（7）能否更换一下先后顺序？可否调换元件、部件？是否可用其他型号，可否改成另一种安排方式？原因与结果能否对换位置？能否变换一下日程？更换一下，会怎么样？重新安排通常会带来很多的创造性设想。飞机诞生的初期，螺旋桨安排在头部，后来，将它装到了顶部，成了直升机，喷气式飞机则把它安放在尾部，说明通过重新安排可以产生种种创造性设想。商店柜台的重新安排，营业时间的合理调整，电视节目的顺序安排，机器设备的布局调整……都有可能导致更好的结果。

（8）从相反方向思考问题，通过对比也能成为萌发想象的宝贵源泉，可以启发人的思路。倒过来会怎么样？上下是否可以倒过来？左右、前后是否可以对换位置？里外可否倒换？正反是否可以倒换？可否用否定代替肯定？这是一种反向思维的方法，它在创造活动中是一种颇为常见和有用的思维方法。第一次世界大战期间，有人就曾运用这种"颠倒"的设想建造舰船，建造速度也有了显著的加快。

（9）组合起来怎么样？能否装配成一个系统？能否把目的进行组合？能否将各种想法进行综合？能否把各种部件进行组合？例如把铅笔和橡皮组合在一起成为带橡皮的铅笔，把几种部件组合在一起变成组合机床，把几种金属组合在一起变成种种性能不同的合金，把几件材料组合在一起制成复合材料，把几个企业组合在一起构成横向联合，等等。

三、奥斯本检核表的应用

自行车的检核表如表 3-2 所示。

表 3-2　自行车的检核表

序号	检核项目	创造性设想
1	能否他用	其他功能：健身、举重、竞赛
2	能否借用	能在水中行驶、飞翔的自行车、滑雪自行车
3	能否改变	不同颜色的自行车、三轮自行车、方轮车、三角车轮自行车
4	能否扩大	双人自行车、多人自行车
5	能否缩小	独轮车、自行车模型玩具、儿童自行车
6	能否替代	用木材制作自行车、复合材料自行车
7	能否调整	变速自行车、折叠自行车、变形自行车
8	能否颠倒	反着骑的自行车、背靠背的自行车、慢骑的自行车、跳跃的自行车
9	能否组合	带音响的自行车、带伞的自行车、带车棚的自行车、打扫垃圾的自行车

电扇的检核表如表 3-3 所示。

表 3-3　电扇的检核表

序号	检核类别	创造性设想
1	能否他用	1. 湿气干燥装置。 2. 吸气除尘装置。 3. 风洞试验装置
2	能否借用	1. 仿古电扇。 2. 借用压电陶瓷制成的无翼电扇
3	能否改变	1. 方形电扇。 2. 立柱形电扇。 3. 其他外形奇异的电扇
4	能否扩大	1. 可吹出冷风的电扇。 2. 可吹出热风的电扇。 3. 驱蚊电扇
5	能否缩小	1. 微型吊扇。 2. 直流电微型电扇。 3. 太阳能微型电扇
6	能否替代	1. 玻璃纤维风叶的电扇。 2. 遥控电扇。 3. 定时电扇。 4. 声控或光控电扇

续表

序号	检核类别	创造性设想
7	能否调整	1. 模拟自然风的电扇。 2. 保健电扇
8	能否颠倒	1. 利用转栅改变送风方向的电扇。 2. 全方位风向的电扇
9	能否组合	1. 带灯电扇。 2. 带负离子发生器的电扇。 3. 对转风叶的电扇

四、使用奥斯本检核表法的注意事项

使用奥斯本检核表法进行检核时,要注意以下事项。

(1) 它是改进型的创意产生方法,必须先选定一个有待改进的对象,然后在此基础上设法加以改进。它虽然不是原创型的,但有时候,也能够产生原创型的创意。

(2) 要联系实际一条一条地进行核检,不要有遗漏。

(3) 要多核检几遍,效果会更好,或许会更准确地选择出所需创新、发明的方面。

(4) 在检核每项内容时,要尽可能地发挥自己的想象力和联想力,产生更多的创造性设想。进行检索思考时,可以将每个大类问题作为一种单独的创新方法来运用。

(5) 核检方式可根据需要,一人核检也可以,二至八人共同核检也可以。集体核检可以互相激励,产生头脑风暴,更有希望创新。

(6) 针对某一对象进行检核时,有时候没有 75 个创新设想,有些方面的确没有答案或暂时没有答案,因此不必在答不上来的问题上纠缠不休。

(7) 检核表技法比较强调创造发明主体的心理素质的改变,较为忽略对技术对象的客观规律性的认识,很可能带来新的思维框架。因此,检核表法仅能提供一个大概的思路,还需进一步与其他具体的创造技法结合,才能完成有实用价值的发明。

 任务

一、课后独立完成

以奥斯本检核表为主题,手绘思维导图。

二、课堂小组讨论

1. 请学生在小组中讲解自己完成任务后的体会。

2. 以小组为单位,选择一个改进的对象,利用所学的奥斯本检核表法对其进行检核,并最终形成 3～5 种最佳的可行性方案(要求:①每位学生都要积极发言,参与讨论;②组长详细记录各位组员的发言)。

3. 请学生对自己不懂的问题向小组成员请教。

三、师生互动

1. 教师抽选小组代表就小组讨论内容作简要发言,教师点评。

2. 全班学生向教师自由提问,并由教师引导学生对下列两个问题进行反思与总结。

(1) 奥斯本检核表法有何特点、要素和作用?

(2) 奥斯本检核表法有何使用技巧和注意事项?

项目四　六顶思考帽法

学习目标

1. 理解六顶帽子的概念、特点、作用和价值。

2. 掌握六顶帽子分别代表的思维方式。

3. 培养系统运用六顶思考帽法进行平行思维的能力,激发个体创新思维,提高解决问题的效率。

 活动导入

几号车位

16	06	68	88		98

问题:该车停在几号车位?

启示:站在不同的角度,能得出不同的答案,这就是思考的魅力。

 理论点拨

一、六顶思考帽法概述

你可曾有过这样的经历?在思考解决某个问题时,各种想法一起涌上心头,不知所措;在同一时间做太多事情时,情绪失控;和团队一起讨论问题时,各执一词,争论不休,毫无结果。殊不知,思维混乱就是思考最大的问题。

针对这些问题,被尊为"创新思维之父"的心理学家爱德华·德·博诺(Edward de Bono)博士开发了一种思维训练模式,即六顶思考帽法。

六项思考帽法是一个全面思考问题的模型。它提供了"平行思维"的工具,避免将时间浪费在互相争执上。它强调的是"能够成为什么",而非"本身是什么",是寻求一条向前发展的路,而不是争论谁对谁错。运用德·博诺的六项思考帽法,将会使混乱的思考变得更清晰,使团队中无意义的争论变成集思广益的创造,使每个人变得富有创造性。

六项思考帽法是管理思维的工具,人际沟通的操作框架,也是提高团队智商的有效方法。六项思考帽法是一个操作简单、经过反复验证的思维工具,给人以热情、勇气和创造力,让每一次会议、每一次讨论、每一份报告、每一个决策都充满新意和生命力。这个工具能够帮助人们:①提出建设性的观点;②聆听别人的观点;③从不同角度思考同一个问题,从而创造高效能的解决方案;④用"平行思维"取代批判式思维和垂直思维;⑤提高团队成员的集思广益能力,为统合综效提供操作工具。

 案例

六项思考帽法获认可

1984 年首次个人承办奥运会成功,并获得 1.5 亿美元巨额利润的美国商人彼德·尤伯罗斯,将自己的超凡成就归功于水平思考法引发的新观念和新想法。他曾参加过德·博诺博士举办的青年总裁组织(Younger President Organization)六项思考帽法培训班。1996 年的美国联邦法律大会邀请德·博诺讲授六项思考帽法,听众是来自 52 个联邦国家和被邀请国家的 2300 多名高级律师、法官和知名人士。美国军方也认识到德·博诺博士以六项思考帽法为代表的创新思维工具的价值。

二、六项思考帽法中各种帽子的思考方法

六项思考帽实际上是六种不同颜色的帽子,它们代表六种思考问题的角度,每一种颜色都会引起人的一种联想,每一种颜色都对应着一种思考问题的角度。

(一)白色思考帽:白色,让人联想到白纸一张

白色是中立而客观的,不带有任何感情色彩,它关注事物本来的样子,代表信息、事实和数据。努力发现信息和加强信息基础是思维的关键部分;使用白帽思维时将注意力集中在平行地排列信息上,要牢记三个问题:① 我们掌握了什么信息? ② 我们还需要什么信息? ③ 我们怎么得到所需要的信息?

这些信息的种类包括确凿的事实、需要验证的问题,也包括坊间的传闻以及个人的观点等。如果出现意见不一致的情况,可以简单地将不同的观点平行排列在一起;如果说这个有冲突的问题尤其重要,也可以在稍后对它进行检验。

白色思维可以帮助你做到像电脑那样提出事实和数据;用事实和数据支持一种观点;为某种观点搜寻事实和数据;信任事实和检验事实;处理两种观点提供的信息冲突;评估信息的相关性和准确性;区分事实和推论;明确弥补事实和推论之间的差距所需的行为。

 活动

1. 请你介绍一下你的一位好友。在介绍过程中,请其他学生关注,哪些信息属于带白色思考帽提供的信息。

2. 请你用白色思维介绍自己的家乡。

(二)黑色思考帽:黑色,让人联想到严肃、庄重

黑色是逻辑上的否定,象征着谨慎、批评以及对风险的评估。使用黑帽思维的主要目的有两个:发现缺点,做出评价。

使用黑色思考帽时,我们关注的是:① 思考中有什么错误? 这件事可能造成的结果是什么? ② 它符合规律和原理吗? ③ 有任何风险和问题吗?

黑帽思维有许多检查的功能。我们可以用它来检查证据、逻辑、可能性、影响、适用性和缺点。通过黑色思维也可以让你做出最佳决策;指出遇到的困难;对所有的问题给出合乎逻辑的理由;当用在黄色思维之后,它是一个强效有力的评估工具;在绿色思维之前使用黑色思维,可以提供改进和解决问题的方法。总而言之,黑帽子问的是"哪里有问题"。

 活动

1. 流浪狗又脏又容易得传染病,应该把流浪狗都扔到郊外去。请用黑色思考帽考虑这个问题。

2. 学校里发生了盗窃事件,丢失了大量的东西。学校贴出告示:悬赏缉拿小偷。你认为这是个好主意吗?请用黑色思考帽考虑。

(三)黄色思考帽:黄色让人联想到阳光和快乐

黄色代表事物合乎逻辑性、积极性的一面;黄色思维追求的是利益和价值,是寻求解决问题的可能性。在使用黄色思维时,要时刻想到这些问题:① 有哪些积极因素? 有哪些优势? ② 存在哪些有价值的方面? ③ 这个理念有没有什么特别吸引人的地方? ④ 这样可行吗? 可行的理由有哪些?

通过黄色思维的帮助,可以让我们做到深思熟虑,强化创造性方法和新的思维方向。当说明为什么一个主意是有价值的或者是可行的,必须给出理由。黄帽的问题是"优点是什么"或"利益是什么"。

活动

1. 每个人都应该不断地去尝试结交新朋友。请用黄色思考帽思考这句话。

2. 请用黄色思维和黑色思维来评价下雨天。

（四）红色思考帽：红色让人想到火焰，表达热烈与情绪

红色思考帽是对某种事或某种观点的预感、直觉和印象；它既不是事实也不是逻辑思考；它与不偏不倚的、客观的、不带感情色彩的白帽思维相反。红帽思维就像一面镜子，反射人们的一切感受，即让情感参与到思考中来。

使用红色思维时无须给出证明，无须提出理由和根据。红色思维可以帮你做到：你的情感与直觉是什么样，你就怎么样将它们表达出来。在使用红帽思维时，将思考时间限制在30秒内就给出答案。红帽的问题是：我对此的感觉是什么？

 活动

1. 请列出你最喜欢和不喜欢的事物。

2. 有个小孩踢球时打破了邻居的窗玻璃，邻居和这个小孩吵了起来，请你分别代表邻居和小孩戴着红色思考帽提出三个观点。

（五）蓝色思考帽：蓝色让人想到天空，有纵观全局的气概

蓝色思维是"控制帽"，是对思考的指挥和控制，安排思考的程序和方法，掌握思维过程本身，被视为"过程控制"，并不时地进行总结，是组织者、指挥者和总结者。

蓝色思维常在思维的开始、中间和结束时使用。我们能够用蓝帽来定义目的，制订思维计划，观察和做结论，决定下一步。使用蓝色思维时，要时刻想到这些问题：①我们的议程是怎样的？②我们下一步怎么办？③我们现在使用的是哪一种帽子？④我们怎样总结现有的讨论？⑤我们的决定是什么？

蓝色思维可以让你发挥思维促进者的作用；集中和再次集中思考；处理对特殊种类思考的需求；指出不合适的意见；按需要对思考进行总结，将所有人的心智集中在某个点上；促进团队做出决策。

 活动

1. 父母和孩子发生了争论，争论的原因是孩子认为功课太多、太累，没有玩的时间，要求减少功课；父母则意见相反。戴上蓝色思考帽，应该怎样进行这个辩论？

2. 你和你的好朋友生气了，但事后想和好。戴上蓝色思考帽，对这个问题设计一个思考程序，考虑先使用哪个帽子，再使用什么帽子，第三顶帽子又是什么？

（六）绿色思考帽：绿色是有生命的颜色，让人联想到生机勃勃

绿色思维属于创意思维，不需要以逻辑性为基础，允许人做出多种假设，使我们提出新的创意。使用绿色思维时，要时刻想到这些问题：①我们还有其他方法来做这件事吗？②我们还能做其他什么事情吗？有什么可能发生的事情吗？③什么方法可以克服我们遇到的困难？

绿色思维可以帮助寻求新方案和备选方案，修改和去除现存方法的错误；为创造力的尝试提供时间和空间。它是激发行动的指导思想，提出解释，预言结果和新的设计。使用绿色思维，可以帮助我们寻找各种可供选择的方案以及新颖的念头。用一句话来说，与绿色思维密切相关的就是"可能性"。"可能性"也许就是思维领域中最重要的词语。可能性包括在科学领域使用假设的工具。可能性为人类感知的形成、观点与信息的排列提供了一个框架，包括不确定性的存在。可能性也允许想象力的发挥。绿色思维提出了"我们有什么样的想法"的问题。

 活动

1. 假设你的房间太小了，没有足够的空间来放书籍，现有的书架已经满了。使用绿色思维，能想到什么办法解决这个问题？

2. 如何交到更多的朋友？戴上绿色思考帽，你能想到什么办法？

三、六顶思考帽的应用

（一）如何使用六顶思考帽

六顶思考帽使用普遍的规则如下。

（1）只有戴蓝色帽子的主持人可以决定使用什么颜色的思考帽，其他成员不允许随意更改思考帽，以免引起争论。

（2）六顶思考帽不是对思考者的分类，而是对参与者思考方式的分类。

（3）每个参与者都应该会使用所有的帽子。

（4）在使用六顶帽子的时候，不能提及它们的功能。

（5）每顶帽子都有限定的时间，不能无限制地使用。

（6）帽子可以单独使用，也可以系统地进行使用、多次使用。

（二）六顶思考帽可以单独使用

单独使用六顶思考帽时，请务必注意不同颜色思维的作用。

（三）六项思考帽可以综合运用

（1）综合运用的使用原则：没有绝对正确的使用顺序；六项帽子在序列中可多次使用或不使用；需要正确使用初始序列、中间序列和结尾序列（见表3-4）；充分使用简单的短序列。

表 3-4　初始序列、中间序列、结尾序列中使用过的思考帽

思 考 过 程	关 注 点	思 考 帽
初始序列	我该如何解决这个问题 你怎么看这个问题 我有什么可用的信息 让我们先看这个观点对我们有利的地方	蓝色思考帽 红色思考帽 白色思考帽 黄色思考帽
中间序列	替代方案是什么 我们看看它有什么价值 有什么缺点 与我们所知道的信息是不是相符	绿色思考帽 黄色思考帽 黑色思考帽 白色思考帽
结尾序列	总结一下我们的思考 这能达到预期的结果吗 我们该如何处理这个方案 我们现在觉得如何	蓝色思考帽 黑色思考帽 绿色思考帽 红色思考帽

（2）如何使用简单的短序列。在创意思考过程的不同阶段，可以采用不同的思考帽序列，如表3-5所示。

表 3-5　创意思考过程的思考帽序列

实 施 阶 段	实 施 方 式
初步方案	黄色思考帽：思考的任务是什么 白色思考帽：对这个情况我们都知道什么 绿色思考帽：我们能提出什么主意
快速评价	黄色思考帽：优点是什么 黑色思考帽：缺点是什么 蓝色思考帽：我们能总结这些优缺点吗
改进	黑色思考帽：缺点是什么 绿色思考帽：如何克服这些缺点
设计	蓝色思考帽：设计任务是什么 绿色思考帽：可能的设计是什么 绿色思考帽：我们如何看每种可能的设计

任务

一、课后独立完成

以六顶思考帽法为主题,手绘思维导图。

二、课堂小组讨论

1. 请学生在小组中讲解自己完成任务一后的体会。

2. 请学生以小组为单位,用本项目所学的六顶思考帽法继续思考"奥斯本检核表法"中筛选出来的3~5种可行性方案(要求:(1) 每位学生都要积极发言,参与讨论;(2) 组长进行组织协调并详细记录各位组员的发言)。

3. 请学生对自己不懂的问题向小组成员请教。

三、师生互动

1. 教师抽选小组代表就小组讨论内容作简要发言,教师进行点评。

2. 全班学生向教师自由提问,并由教师引导学生对下列两个问题进行反思与总结。

(1)"六顶思考帽"的内涵和作用是什么?

(2)"六顶思考帽"的应用方法和注意事项是什么?

项目五　头脑风暴法

学习目标

1. 理解头脑风暴法的概念和原理。
2. 掌握头脑风暴法的实施步骤和技巧。
3. 培养自觉运用头脑风暴法分析和解决问题的能力。

活动导入

昨 日 重 现

观看图片或视频,在播放完后,请学生回答所给出的有关图片或视频的细节问题,并将答案依次写在题板上。答对得十分,答错不扣分,分高者获胜。

问题:请回答关于图片或视频的相关细节问题。

启示:人脑是世界上最精密、最敏感的器官,蕴含着无数待开发的资源。在日常生活中我们要有意识地锻炼自己的脑力和反应速度,培养自己的敏捷思维和记忆能力,通过日积月累的冥思苦想,在不知不觉中锻炼自己的思维能力。

理论点拨

一、头脑风暴法的概念和原理

中国有句俗话叫集思广益。在创造发明活动中,应用"集思广益"的例子屡见不鲜。

案例

最佳方案的诞生

日本三菱树脂公司随着发展,急需研制一种新型净化池。公司领导召集十余名技术人员,在短短的半天里就提出了 70 种方案,并从中选了 10 种最优方案。然后公司将根据 10 种最优方案设计的净化池的结构画成图纸,贴在黑板上,再将各人对新方案提出的改进设想写在纸条上,贴在净化池结构图的相应部位,通过公司内部科技人员的评审最后得出研制新型净化池的最佳方案。

集思广益是一种有效的创造方法。在此基础上,美国创造学家奥斯本于 1939 年首次提出了头脑风暴法。头脑风暴法又称智力激励法,是指利用特定的会议形式,使与会者产生联想和创造性设想,激发灵感,以获得大量的创新性设想的创新技法。这种技法一方面能够给与会者的大脑较多的信息刺激,促进与会者的大脑把已有知识和所得信息围绕着要解决的问题重新安排,形成多种新的组合,从而产生大量的新设想;另一方面能够造成一种鼓励与会者大胆思考和提出新设想的氛围,提高与会者的创新积极性。

实施头脑风暴法的最终目的是激发人类大脑的创新思维,并由此产生新的想法和新的概念。它得以实现主要是基于以下几点因素。

(1)联想反应。在集体讨论问题的过程中,每提出一个新的观念,都能引发他人的联想,相继产生一连串新的观念,形成新观念堆,为创造性解决问题提供更多的可能性。

(2)热情感染。在不受限制的情况下,集体讨论问题能激发人的热情。

(3)竞争意识。人人争先恐后,竞相发言,不断开动脑筋,力求有独到见解。心理学原理告诉我们,人类有争强好胜的心理,在有竞争意识的情况下,人的心理活动效率可增加至少 50%。

(4)个人欲望。实施头脑风暴法有一条原则,不得批评仓促的发言,甚至不许有任何怀疑的表情、动作、神色等。这使得人人都能不用避讳,畅所欲言。

二、头脑风暴法的要求、实施步骤和技巧

(一)头脑风暴法的要求

1. 制定会议目标。

研究会议主题,弄清楚问题的实质,找到问题的关键,设定解决问题所要达到的目标,千万不要无的放矢。

2. 设置组织形式。

(1)参加人数一般为 5~10 人(课堂教学也可以班为单位)。人员的专业构成要合理:大多数所涉领域的专家和少数交叉领域的专家。在同一次会议中,与会者的知识水准、职务、资历等应大致相当。

(2)会议时间控制在 1 小时左右。

(3)设主持人一名。头脑风暴法的主持人,最好由对决策问题的背景比较了解并熟悉头脑风暴法的处理程序和处理方法的人担任。主持人要有一定的组织能力,并能灵活处理会议中的各种情况,保证会议按照预定程序进行到底。而且,主持人的发言应能激起参加者的思维"灵感",促使参加者感到急需回答会议提出的问题。

（4）设记录员 1～2 名。记录员要认真将每一个与会者的每一个设想不论好坏都完整地记录下来。

（5）明确会议类型。① 设想开发型：这是为获取大量的设想、为课题寻找多种解题思路而召开的会议，要求参与者善于想象，语言表达能力强。② 设想论证型：这是为将众多的设想归纳转换成实用型方案召开的会议，要求与会者善于归纳、善于分析判断。

（二）头脑风暴法的实施步骤

1. 准备阶段。

（1）明确会议主题。将会议的时间、地点、要讨论的问题、可供参考的材料和设想、需要达到的目标等一并提前几天告诉与会者，让大家做好充分准备。

（2）设主持人一名。主持人要熟悉并掌握该技法的要点和操作要素，摸清主题现状和发展趋势。

（3）参与者的适量培训。参与者要有一定的训练基础，懂得该会议提倡的原则和方法；会前可进行柔化训练，即对缺乏创新锻炼者进行打破常规思考、转变思维角度的训练活动，以减少思维惯性。

2. 热身活动。

通常在"头脑风暴"开始时，主持人可用 5～10 分钟，先说明会议规则，再谈一些有趣的话题或问题，让参与者思维处于轻松活跃的状态，所谈的问题与会议主题相关则更好，有利于顺利地导入主题。

3. 正式会议。

（1）明确问题。主持人介绍有待解决的问题，介绍问题时不可过于详细，因为过多的信息会限制人的思维。

（2）自由畅谈。主持人的主持活动也集中在会议开始之时，一旦参加者的思维变得活跃以后，新的设想就会源源不断地涌现出来。这时，主持人只需根据"头脑风暴"的原则进行适当引导即可。发言量越大，意见越多种多样，所论问题越广越深，出现有价值设想的概率就越大。

（3）重整问题。经过几轮讨论后，大家对问题有了较深的理解。此时，主持人需要整理大家的发言，通过记录的整理和归纳，找出有创意的见解，给出具有启发性的表述，开启新一轮的思考。

（4）整理筛选。会议结束后一两天，主持人可向与会人员了解会后的新想法、新思路，补充会议记录。再将会议记录整理成若干方案，去粗取精、优中择优，选出几个最佳方案。如果还有悬而未决的事情，可以继续召开下一轮头脑风暴会议。

（三）运用头脑风暴法的注意事项

在运用头脑风暴法时，为保证与会者畅所欲言，达到较高效率，须注意以下事项。

（1）禁止批评和评论，也不要自谦。对别人提出的任何想法都不能批评、不得阻拦。即使自己认为是幼稚的、错误的，甚至是荒诞离奇的设想，亦不得予以驳斥；同时也不允许自我批评，在心理上调动每一个与会者的积极性，彻底防止出现一些"扼杀性语句"和"自我扼杀语句"。诸如"这根本行不通""你这想法太陈旧了""这是不可能的""这不符合某某定律""我提一个不成熟的看法""我有一个不一定行得通的想法"等语句，禁止在会议上出现。只有这样，与会者才可能在充分放松的心境下，在别人设想的激励下，集中全部精力开拓自己的思路。

（2）目标集中，追求设想的数量越多越好。在头脑风暴法实施会上，不限制大家提设想，越多越好。会议以谋取大量设想为目标。

（3）鼓励巧妙地利用和改善他人的设想。这是激励的关键所在。每个与会者都要用他人的设想激励自己，从中得到启示，或补充他人的设想，或将他人的若干设想综合起来提出新的设想等。

（4）与会人员一律平等，各种设想全部记录下来。与会人员，不论是该方面的专家、员工，还是其他领域的学者，以及该领域的外行，一律平等；各种设想，不论大小，甚至是最荒诞的设想，记录人员也要认真地将其完整地记录下来。

（5）主张独立思考，不允许私下交谈，以免干扰别人的思维。

（6）提倡自由发言，畅所欲言，任意思考。会议提倡自由奔放、随便思考、任意想象、尽量发挥，主意越新、越怪越好，因为它能启发好的观点。

（7）不强调个人的成绩，应以小组的整体利益为重，注意和理解别人的贡献，人人创造民主环境，不以多数人的意见阻碍个人新的观点的产生，激发个人追求更多更好的主意。

（8）主持人使场面轻松活跃而又不失脑力激荡的规则：以赏识激励的词句语气和微笑点头的行为语言，鼓励与会者多出设想，比如说"对，就是这样！""太棒了！""好主意！这一点对开阔思路很有好处！"等；禁止使用下面的话语："这点别人已说过了！""实际情况会怎样呢？""请解释一下你的意思。""就这一点有用。""我不赞赏那种观点。"等；遇到人人皆才穷计短、出现暂时停滞时，可采取一些措施，如休息几分钟，可自选休息方法，散步、唱歌、喝水等，再进行几轮脑力激荡。

三、运用头脑风暴法分析和解决问题

 **案例**

坐飞机扫雪

20世纪50年代，有一年美国北方格外严寒，大雪纷飞，华盛顿州输电线上积满了冰雪，

大跨度的电线常被积雪压断,严重影响通信。这一难题多年都未得到解决。为解决这一难题,电信公司经理于是召开了一次头脑风暴座谈会,参加会议的是不同专业的技术人员,经理要求他们必须遵守以下原则。

第一,自由思考。即要求与会者尽可能解放思想,无拘无束地思考问题并畅所欲言,不必顾虑自己的想法是否"离经叛道"或"荒唐可笑"。

第二,延迟评判。即要求与会者在会上不要对他人的设想评头论足,不要发表"这主意好极了!""这种想法太离谱了!"之类的"捧杀句"或"扼杀句"。至于对设想的评判,留在会后组织专人考虑。

第三,以量求质。即鼓励与会者尽可能多而广地提出设想,以大量的设想来保证质量较高的设想的存在。

第四,结合改善。即鼓励与会者积极进行智力互补,在增加自己提出的设想的同时,注意思考如何把两个或更多的设想结合成另一个更完善的设想。

按照这种会议规则,大家七嘴八舌地议论开来,有人提出设计一种专用的电线清雪机;有人想到用电热来化解冰雪;也有人建议用振荡技术来清除积雪;还有人提出能否带上几把大扫帚,乘直升机去扫电线上的积雪。对于这种"坐飞机扫雪"的想法大家心里尽管觉得滑稽可笑,但在会上也无人提出批评。相反,有一位工程师在百思不得其解时,听到用飞机扫雪的想法后,大脑突然受到冲击,一种简单可行且高效率的清雪方法冒了出来。他想,每当大雪过后,出动直升机沿积雪严重的电线飞行,依靠调整旋转的螺旋桨即可将电线上的积雪迅速扇落。他马上提出"用干扰机扇雪"的新设想,顿时又引起其他与会者的联想,有关用飞机除雪的主意一下子又多了七八条。不到一小时,与会的 10 名技术人员共提出 90 多条新设想。

会后,公司组织专家对设想进行分类论证。专家们认为设计专用清雪机,采用电热或电磁振荡等方法清除电线上的积雪,在技术上虽然可行,但研制费用大,周期长且难以见效。那种因"坐飞机扫雪"激发出来的几种设想,倒是一种大胆的新方案。如果可行,将是一种既简单又高效的好办法。

经过现场试验,发现用直升机扇雪真能奏效,一个久悬未决的难题,终于在头脑风暴会中被解决了。

 ## 任务

一、课后独立完成

以头脑风暴法为主题,手绘思维导图。

二、课堂小组讨论

1. 请学生在小组中讲解自己完成任务后的体会(1~2条)。

2. 请按6~8人一组,根据以下主题之一,组织头脑风暴会议。

(1)设计一种大学校园内使用的理想化交通工具。

(2)桥梁建设是城市建设发展的重要组成部分。随着物质文明的进步,人们对环境品质的要求越来越高,对桥梁景观的要求也日益提高,各种桥的造型越来越有新意。但是,在大雪天,积雪在桥梁的悬索上堆积,对大桥也造成了安全隐患,如何有效消除桥梁上的积雪呢?

三、师生互动

1. 教师抽选小组代表就小组讨论内容及制订方案作简要发言。

2. 全班学生向教师自由提问,并由教师引导学生对下列两个问题进行反思与总结。

(1)头脑风暴法的操作程序是怎样的?

(2)使用头脑风暴法有什么技巧与注意事项?

项目六　TRIZ 法

学习目标

1. 理解 TRIZ 理论及其核心思想。
2. 掌握 TRIZ 理论的发明原理和使用方法。
3. 培养运用 TRIZ 理论分析和解决问题的能力。

 活动导入

管理的艺术

欧洲一鞋业公司在东南亚某国的分厂生产某知名品牌的运动鞋。在生产过程中,管理者发现少数当地工人有偷盗鞋子的行为。

问题: 如果你是管理者,你会如何处理这个问题?

启示: 找准主要矛盾是解决问题的关键。

 理论点拨

一、TRIZ 理论概述

TRIZ 来源于俄文"发明问题的解决理论",是由苏联发明家阿奇舒勒于 1946 年创立的。阿奇舒勒当时在苏联里海海军专利局工作,在处理世界各国著名的发明专利过程中,他发现任何领域的产品改进、技术变革、创新和生物系统一样,都存在产生、生长、成熟、衰老、灭亡的过程,是有规律可循的。在以后的数十年中,他致力于研究解决各种技术矛盾和物理矛盾的创新原理和法则,进而构建了一个由解决技术问题、实现创意思考和创新开发的各种算法组成的综合理论体系,即建立起 TRIZ 理论。TRIZ 理论运用跨学科的方法,帮助人们打破思维定式,加速创意思考和技术创新的进程。

相对于传统的思考方法,TRIZ 理论揭示了创意思考和创新的内在规律和基本原理,从系统中存在的内在矛盾出发,不逃避矛盾,而是以完全解决矛盾为目标,具有鲜明的特点和优势。

二、TRIZ 理论的核心思想及解决发明问题的方法

TRIZ 的核心思想是,无论是一个简单产品还是复杂的技术系统,其核心技术都处于进化之中,其发展都遵循着客观的规律演变,各种技术难题、冲突和矛盾的不断解决是推动这种进化过程的动力。

解决发明问题的方法如下。

(1)使用物场分析等方法将待设计的物理产品问题表达为通用问题。

(2)利用 TRIZ 中的原理和工具,如发明原理等,求出该通用问题的通用解决办法。

(3)根据通用解决方法的提示,参考各种已有的知识,设计待定问题的创新解决方法。

TRIZ 理论包括 40 条发明原理,具体如表 3-6 所示。

表 3-6　TRIZ 理论中的 40 条发明原理

序号	原　　　理	序号	原　　　理
1	分割原理	21	快速运作原理(减少有害作用的时间)
2	抽取原理	22	变害为利原理
3	局部质量改善原理	23	反馈原理
4	增加不对称性原理	24	借助中介物原理
5	组合原理	25	自服务原理
6	一物多用性原理	26	复制原理
7	嵌套原理	27	廉价物品替代原理
8	重量补偿原理	28	机械系统替代原理
9	预先反作用原理	29	气压和液压结构替代原理
10	预先作用原理	30	柔性壳体或薄膜结构替代原理
11	预置防范原理	31	多孔化原理
12	等势原理	32	色彩化原理
13	反向作用原理	33	同质化原理
14	曲线、曲面化原理	34	自生自弃原
15	增强动态性原理	35	改变物理或化学参数原理
16	部分达到或超越原理	36	相变原理
17	多维化原理	37	热膨胀原理
18	机械振动原理	38	加速氧化原理
19	周期性运动原理	39	惰性环境原理
20	有效持续运作原理	40	复合材料原理

下面我们对十个典型的发明原理作简要阐述。

（一）分割原则（分离法）

1. 原则。

（1）将物体分成独立的部分。

（2）使物体成为可拆卸的。

（3）增加物体的分割程度。

2. 实例。

分类垃圾箱、组合家具、百叶窗、分体式冰箱等。例如，将垃圾箱分割成可回收和不可回收部分；电冰箱分成冷藏室和冷冻室，并分多层；火车车厢，分离成一个个的单独车厢；用卡车加拖车构成大卡车；分体式电子琴可以拆为互相独立的部分，既可以单独用又可以联合使用。

（二）抽取原则（提取法或抽取法）

1. 原则。

（1）从物体中抽出产生负面影响（即"干扰"）的部分或属性。

（2）从物体中抽出必要的部分或属性。

2. 实例。

避雷针、空调压缩机、食品真空包装、打印机墨盒。例如，避雷针利用金属导电原理，将可能对建筑物造成损害的雷电引入大地，以消除雷电对建筑物的损害；把彩喷打印机里的墨盒分离出来以便更换；用狗的叫声做警报而不用真养一条狗。

（三）多功能原则（一物多用法）

1. 原则。

使一个物件、物体具有多项功能以取代其余部件。

2. 实例。

可以坐的拐杖，可当作 U 盘使用的 MP3 ，多功能螺丝刀等。如：数码摄像机兼有摄像、照相、录音、硬盘存储功能。

（四）反重量原则（巧提重物法）

1. 原则。

（1）将物体与具有上升力的另一物体结合以抵消其重量。

（2）将物体与介质（最好是气动力和液动力）相互作用以抵消其重量。

2. 实例。

热气球、使广告条幅在空中飘荡的氢气球、快艇等。例如，热气球利用燃烧形成的热空气升空。

（五）预先作用原则(预先作用法)

1. 原则。

(1) 预先完成要求的作用(整个的或部分的)。

(2) 预先将物体安放妥当,使它们能在现场和最方便的地点立即完成所起的作用。

2. 实例。

透明胶带架、超市中成卷状的保鲜袋;建筑商使用的预制件;易拉罐拉环处的压痕便于拉开;企业里的岗前培训;在停车场安置的缴费系统、公路上的指示牌;电话的预存话费等。例如,灭火器在易于发生火灾的地点安放好,用来快速消除火灾发生时的不利影响。

（六）预先应急措施原则(预置防范法)

1. 原则。

以事先准备好的应急手段补偿物体的低可靠性。

2. 实例。

安全气囊,降落伞的备用包,防掉落的耳机,汽车的备胎,电梯的应急按钮,各种预防疾病的安全教育产品外包装上的有毒、易碎等特殊标志,电闸上的保险丝等。例如,事先给汽车安放安全气囊,在发生交通事故时,将驾驶员的伤害降到最低。

（七）反向作用原则(逆向法)

1. 原则。

(1) 用于原来相反的动作代替常规动作,达到相同的目的。

(2) 使物体或外部介质的互动部分成为不动的,而使不动的成为可动的。

(3) 将物体或过程进行颠倒。

2. 实例。

酒芯巧克力、跑步机、模拟飞行器、直接饮水器等。例如,制作酒芯巧克力时,先冷冻内部的酒芯,再蘸外部的巧克力;为了松开套紧的两个元件,不是加热外部部件,而是冷冻内层部件;模拟飞行器,用传感器和虚拟场景变换来让人产生身临其境的感受;直接饮水器从下往上喷水便于人们饮用。

（八）自服务原则(自助法)

1. 原则。

(1) 物体应当为自我服务,完成辅助和修理工作。

(2) 利用废弃的资源、能量和物质。

2. 实例。

可以自己充电的机器人、自补充饮水机、自动搅拌杯、自助餐、用食物或野草等有机废物做的肥料、利用电厂余热供暖等。例如，大部分计算机都具有自我更新、自我修复的功能，这样能够避免烦琐复杂的劳动和可能犯下的错误，节约时间。

（九）多孔材料原则(孔化法)

1. 原则。

（1）将物体做成多孔的或利用附加多孔元件（镶嵌、覆盖等）。

（2）如果物体是多孔的，事先用相应物质填充空孔。

2. 实例。

空心砖、生活中用的纱窗、录音棚用的隔音板、枪械中用的消声器、医用脱脂棉、活性炭等。例如，空心砖利用多孔减轻重量；医用脱脂棉吸附药液；活性炭吸收有害物质；渗入了液体冷却剂的多孔粉末钢，在机器工作时冷却剂蒸发，因而保证了短时、有力和均匀的冷却。

（十）变色原则(色彩法)

1. 原则。

（1）改变物体或外部介质的颜色。

（2）改变物体或外部介质的透明度或可视性。

（3）为了观察难以看到的物体或过程，利用染色添加剂。

（4）如果已采用了这种添加剂，可借助采光物质。

2. 实例。

红绿灯、彩色荧光棒、在街道上经常看见的荧光灯、随着光线改变的眼镜片、测试酸碱度的 pH 试纸、验钞、发光斑马线等。例如，交通警察的警服通常添加了明显标志和荧光粉，便于在黑暗的环境中让警察变得醒目从而确保其人身安全；紫外线笔可辨别真伪钞；发光斑马线让夜间通行更有安全性；炼钢厂使用彩色水帘保护工人免遭紫外线伤害。

 任务

一、课后独立完成

请运用 TRIZ 理论解决以下问题，并形成书面报告。

1. 家庭装修中，如何让厨房墙面上的两块瓷砖高度相等？

2. 圆珠笔有什么用途？

二、课堂小组讨论

1. 请学生在小组中讲解自己完成任务后的体会。

2．请学生出 1～2 个有关的问题考一考小组成员。

3．请学生对自己不懂的问题向小组成员请教。

三、师生互动

1．教师抽选小组代表就小组讨论内容作简要发言。

2．全班学生向教师自由提问，并由教师引导学生对下列两个问题进行反思与总结。

（1）TRIZ 理论的核心思想是什么？

（2）TRIZ 理论的主要原则有哪些？

项目七　案例展示及分析 3

 | 案例

思维技法的应用

案例背景

随着市场竞争环境的日趋激烈,面对各行业产品严重同质化现象,许多企业在产品成本控制、质量提高、供货及时性等方面的潜能几乎已发挥到极致。于是,越来越多的企业把"提高客户满意度"作为企业经营的宗旨和竞争的重点。"换个角度思考"立足于客户需求,获得充分认同和满意,进而提升客户忠实度,为企业长期稳定的发展奠定良好的市场基础。

某涂料系统是全球领先的液体与粉末涂料供应商,为整车生产商和汽车修补、交通运输、通用工业以及特定的建筑和装饰业客户提供所需产品。在一百多年的发展过程中,它一直致力新产品新技术研发,寻求通过创新性产品和解决方案,支持相关产业的绿色革新和可持续发展。目前,由于新 office 的成立给各职能部门之间的相互合作带来了挑战,即使在业内已有丰富的成功经验也无法发挥出最大优势,执行力和反应速度不能满足市场需求,致使客户满意度不高。

运用六顶思考帽工具确立解决问题的焦点和思考序列,通过平行思考减少不满情绪,找到问题根源和解决方案,进而提升客户满意度。

焦点:如何提高客户满意度

思考工具:六顶思考帽

白帽:

● 目前 20 个客户品牌里抱怨率占 30%;

● 200 个经销商的抱怨率为 40%;

● 产品质量稳定性不佳;

● 部分产品价格高于对手 5% 左右;

● 竞争对手反应速度快。

黑帽:

● 存在客户更换供应商的风险;

● 经销商积极性不高;

● 市场份额减少。

绿帽:

- 销售人员积极与客户沟通,推荐最合适的产品;
- 定期做客户拜访,听客户的反馈;
- 适当安排外方专家的现场支持。

黄帽:

- 提高产品质量,可以提高份额,减少市场流失;
- 商务政策可以完善网络;
- 优化流程可以节约成本;
- 赢得客户口碑。

红帽:

- 技术部门改进产品质量、性能;
- 给经销商更多商务支持;
- 提高反应速度,优化流程;
- 安排培训提高员工专业技能及增强服务意识。

蓝帽:

- 执行时间:1周内提交各部门改进方案;
- 技术部总监1个月内提交产品改进方案;
- 市场部1周内提交市场营销改进方案;
- 物流部1周内提交物流改进计划;
- 行政部根据现阶段情况做好培训计划。

效果及评价

新office成立不久,市场、跨部门合作等都有不少挑战,而客户和经销商只关注产品的实用性,因此我们内部解决问题时就会涉及很多利益相关方,运用六帽思考能够让问题清晰、全面,同时"平行思考"问题时不伤及同事之间的关系,能够让大家一起客观地面对和解决问题。

问题:

请思考在该案例中,各项思考帽代表的思考角度是什么?这几顶帽子的顺序是如何安排的?这样安排有什么好处?你有没有其他的建议?

模块四　创新能力

　　创新能力是为实现某一目标,运用创新思维创造具有社会价值或经济价值的精神或物质产品的能力。创新能力可以在学习、工作与生活中通过不断增强提问、观察、交际、实验和联系等五种技能培养起来,其中提问与联系技能尤显重要。本模块将重点讲解提问与联系技能的内涵和学习方式,帮助学生树立创新意识,通过不断践行创新技能,应对各种挑战,提升创新能力。

▶ 项目一　提问技能
▶ 项目二　联系技能
▶ 项目三　案例展示及分析 4

项目一　提 问 技 能

**学习目标**

1. 理解提问的概念。
2. 掌握问题形成原因的主要类型和提问技能的主要方法。
3. 培养在日常学习、工作与生活中自觉运用提问技能的意识。

活动导入

阅读与思考

在第二次世界大战期间,苏联军队为利用黑夜隐蔽进攻,计划在指定的夜晚向德军发起偷袭,但在发起进攻的夜晚,月光明亮,德军能把阵地前发起进攻的苏军看得一清二楚,危急时刻苏军将领急中生智,命令开启所有的探照灯,照向德军阵地,德军被强烈的灯光照射得睁不开双眼,根本无法看清前方的苏军,结果被打得溃不成军。

问题:请问在该案例中"隐蔽"的本质是什么?

启示:解决问题的第一步是界定问题。

理论点拨

什么是问题? 问题就是造成现有状态与目标状态之间差距的各种因素。爱因斯坦曾经说过:"提出一个问题往往比解决一个问题更重要。"培养创新能力就是培养独立提出问题和创造性地解决问题的能力。在创新过程中,提问是通过向他人发问或自问自答的形式进行探究的思维活动。通过提问使问题的本质进一步明晰,提出问题的过程就是发现问题本质并界定问题的过程。提问发现问题本质继而创新解决问题这一过程就是培养创新意识的过程,因此要重视提问能力的培养。要尝试从各个方面质疑问题,通过逐渐深入地提问使自己不断加深对问题的理解,最终发现问题本质。我们可以把提问按其目的大致分为两类:基于界定问题的提问和基于创意的提问。

一、基于界定问题的提问

解决问题的第一步是要找出问题的本质即界定问题。只有清楚地界定问题才能有效地解决问题,才能找准创新解决问题的方向。而要界定问题可以从问题的成因入手,通过逐步提问逼近问题本质,使问题的本来面目逐渐清晰起来,达到界定问题的目的。产生问题的原因众多,但日常工作、生活和学习中遇到的 90% 的问题产生的原因大致可以归纳为三种类型:① 问题的构成要素不全;② 问题构成要素的表述不准确;③ 问题的本质没有被发掘出来。

根据问题的形成原因种类,就可以结合实际情况和已掌握的信息,有选择地按以下顺序进行提问,在提问过程中不断界定问题,使问题的本质清晰起来。基于界定问题的提问可分为以下三类。

(一)使问题构成要素完整的提问

5W2H 分析法中将一个问题的构成要素分为以下七个。

(1) WHAT——是什么?目的是什么?做什么工作?……

(2) WHY——为什么要做?可不可以不做?有没有替代方案?……

(3) WHO——谁?由谁来做?……

(4) WHEN——何时?什么时候做?……

(5) WHERE——何处?在哪里做?……

(6) HOW——怎么做?如何提高效率?如何实施?方法是什么?……

(7) HOW MUCH——多少?做到什么程度?数量如何?质量水平如何?费用产出如何?……

在创新过程中由于提出的问题不完整,使创新者一开始就不能全面把握了解问题,在进行创新思维时就有可能会沿着狭隘的思路方向思考,因此界定问题首先要通过提问使问题的构成要素完整起来,达到对问题的整体把握。对问题构成要素进行提问通常按照 5W2H 分析法,在提问前首先要分析问题的构成要素,再根据自己掌握的信息,确定其中未知的问题要素,结合自己要达到的目的,决定提问哪些问题,然后逐一提问。

 案例

出 差 通 知

上午 9 点,刚到公司上班不久的小李的手机突然响起,小李一接电话,电话里就传来张经理的声音:"小李,你明天出发,赶到上海与老张碰头参加正在举行的上海进出口博览会业务洽谈。"小李高兴极了,刚上班不久就能被安排这样的美差,于是赶紧问,"张经理,可以乘什么交通工具?"经理说,"乘飞机。"小李说完"好"后兴奋地结束了通话,但忽然觉得还有问题没问,于是赶紧又打电话问经理飞机目的地是浦东还是虹桥,他应该几点钟到上海?经理告诉他上午 10 点前到虹桥机场。打完电话后小李突然又想起没问经理要带什么资料,在上海要住几天,以便准备适量的换洗衣服,于是又给经理打电话,这次经理答复的语气中显然透着不满。

在本例中提问前先要按 5W2H 分析法考虑为什么要你去(WHY),该业务的情况以及你去做什么(WHAT),要求什么时间到,什么时间结束(WHEN),洽谈业务的具体地址,去了住哪儿(WHERE),与哪些人谈业务(WHO),乘坐什么交通工具去(HOW),预算是多少(HOW MUCH),然后再根据已掌握的信息和要达到的目的,有选择地提问,使自己全面把握问题要素,更好地做好相关准备,顺利完成工作任务。

(二) 使问题构成要素被准确描述的提问

表述问题时,不仅要尽量使问题构成要素齐全,还要对问题要素表述准确。有时问题的构成要素诸如时间、空间、高低、快慢、轻重等需要以量化形式表述,以免不准确,这就需要通过提问进一步明确,便于发掘问题本质,为寻找解决方案提供客观依据。例如,"如何寻找需要很高温度才能融化的金属材料?"这样表述问题显然满足不了下一步解决问题需要的信息量。因此,要通过提问将问题中的部分内容以量化的表述进一步明确。

如果你刚到一家公司担任人力资源总监。上班第一天,老板对你说:"公司目前存在员工流动率高的问题,请你拟定一个解决问题的方案。"你会怎么做呢?也许你会从员工工作态度、公司工资待遇、工作环境等因素开始着手分析和思考解决问题的方案。但且慢!在你解决问题前,你思考过问题中的"员工流动率高"的量化表述是什么吗?因为不同的老板对"员工流动率高"的定义不同。假如你的老板是一位偏完美主义的管理者,即使 1 年内 100 位员工中离职 5 位,他也会觉得员工流动率高。但如果你的老板是一位纯结果导向的管理者,一年内 100 位员工中离职 20 位,他并不觉得员工流动率高。因此老板说的员工流动率高的问题,要通过向老板发问后才能确定。譬如你可以这样问:"总经理,请问将公司每年正常的人员流动率定为不大于 10% 是否合适?"然后根据老板的明确答复再确定公司员工流动率高低的标准,这样使流动率高的问题得到准确表述,为进一步拟定解决方案提供了基础。

 **案例**

桥 梁 垮 塌

每到夏季,某县暴雨成灾,洪水频发,一天县办公室值班人员突然接到紧急传真,内容为

"7月6日15时,凤溪桥被一辆货车压垮塌。"值班人员赶快打电话过去问"伤亡人数多少(WHAT),桥上有几辆货车(WHAT),货车上有几人(WHAT),桥下是否有洪水(HOW)。"对方说"只有一辆货车,司机死亡,一位同车人员受重伤,货车为5顿载重量的空车,桥下有洪水通过。"值班人员根据已掌握的凤溪桥年久失修和过桥货车并未超载的实际情况,推断是因为桥梁不牢固,在洪水冲击下导致桥梁失衡垮塌,于是紧急起草灾情报告上报。内容为"7月6日凤溪镇凤溪桥垮塌,一辆空货车坠落,一死一伤,初步推断垮塌原因为被洪水冲垮。"

值班人员通过对问题中有关内容的量化提问,进一步推断出桥垮塌的原因。

(三) 挖掘问题本质的提问

1. 透过表象找问题本质的提问。

在创新过程中,许多问题是以表象形式出现,必须要从问题表象中挖掘出问题本质,才能从根本上解决问题。挖掘问题本质可以利用"5why"分析法,避开主观或自负的假设和逻辑陷阱。"5why"分析法从结果着手,沿着因果关系链条,顺藤摸瓜,直至找出原有问题的根本原因。

"5why"分析法,又称"5问法",通过对一个问题点连续以5个为什么来提问或自问,以追究其真正的原因。虽是5个为什么,但使用时不限定只做"5次为什么的探讨",主要是必须找到真正原因为止,有时可能只要3次,有时也许要10次。这种方法最初是由丰田佐吉提出,后来,丰田汽车公司在发展完善其制造方法学的过程之中也采用了这一方法。

"5why"实施方法可从三个层面来展开:①为什么会发生,从"制造、设计、环境、交流"的角度;②为什么没有发现,从"检验、检查、观察、预警"的角度;③为什么没有从系统上预防事故,从"体系、流程、机制、程序"的角度。

每个层面连续5次或N次的询问,得出最终结论。经过以上三个层面的问题探寻就能发现根本问题,并寻求解决方案。

 案例

机器为什么会停

丰田汽车公司前副社长大野耐一曾举了一个例子来找出机器停机的真正原因。

问题一:为什么机器停了?

答案一:因为机器超载,保险丝烧断了。

问题二:为什么机器会超载?

答案二：因为轴承的润滑不足。

问题三：为什么轴承会润滑不足？

答案三：因为润滑泵失灵了。

问题四：为什么润滑泵会失灵？

答案四：因为它的轮轴耗损了。

问题五：为什么润滑泵的轮轴会耗损？

答案五：因为杂质跑到里面去了。

经过连续五次不停地问"为什么"，才发现问题的真正原因，同时也找到了解决的方法，在润滑泵上加装滤网。

如果员工没有以这种追根究底的精神来发掘问题，他们很可能只是换根保险丝草草了事，而真正的问题并没有得到解决。

 活动

阅读下列材料，模仿工程师自问自答并给出最后一步的解决方案。

对冰淇淋"过敏"的汽车

通用汽车公司黑海汽车制造厂总裁收到一封关于汽车的抱怨信："尊敬的总裁先生：这是第二次给你写信，我们最近购买你们公司的车，但遇到了奇怪的问题。每次我开车从商店买完香子兰冰淇淋准备开车时，汽车却发动不了。但我买其他种类的冰淇淋后，汽车却能正常发动，难道你们的汽车对香子兰冰淇淋"过敏"？我希望你们能帮我解决这个问题。"总裁对这封来信感到迷惑不解，于是派了一位工程师前去调查。这位工程师调查后发现情况属实，于是工程师心里冒出第一个"为什么"的疑问：为什么车主买香子兰冰淇淋后返回车内，车启动不了？难道香子兰冰淇淋在车里会影响车辆发动。于是他开始实验，把香子兰冰淇淋放入车辆后再发动汽车，实验结果证明：汽车对香子兰冰淇淋不"过敏"，可以正常发动，汽车不能发动与购买的冰淇淋种类无关。工程师自问既然汽车不能发动与购买的冰淇淋种类无关，那与什么因素有关呢？为找出原因，工程师开始系统测试，把车开到商店门口，每买一种冰淇淋后，就返回车内启动车辆，每次他都做详细记录，记载日期、所用的汽油类型、从进商店到放回车内的时间等各种数据，经过对数据分析后发现买香子兰冰淇淋所花的时间比买其他冰淇淋所花的时间要短，于是他又在心里问道"为什么买香子兰冰淇淋所花的时间比买其他冰淇淋所花的时间短，车就启动不了？"后来工程师突然意识到买香子兰冰淇淋所花的时间比买其他冰淇淋所花的时间短就意味着车辆停车时间短，于是又在心里问道"为什么停车时间很短，就启动不了？"工程师进一步调查发现该型汽车停车后要使汽车气锁耗散尽才能发动，工程师幡然醒悟，原来车主买完香子兰冰淇淋时间较短，汽车引擎还很热，所产生的汽锁耗散不掉，因而汽车启动不了。找到问题本质后，汽车公司顺利解决了汽车对香子兰冰淇淋"过敏"的问题。

2. 透过解决方案找问题本质的提问。

解决问题需要设计解决问题的方案并不断优化方案,但在探索方案的过程中,往往容易陷入方案本身,忽视了方案要解决的问题本质,把探索解决问题方案的过程当成了问题本身,这是最容易犯的错误。因此,在探索解决方案的过程中,要经常自问"我最终要解决的问题是什么?"需时时提醒自己跳出方案本身,紧紧聚焦问题本质,由此才可能会产生新的解决办法。

3. 透过隐含科学逻辑找问题本质的提问。

许多问题都隐含着科学逻辑,通过对问题中隐含的科学逻辑发问,能引导人们发掘下意识中忽略的问题本质。因此遇到问题时可以自问道:"×××隐含的科学逻辑是什么?"并沿着问题展开思路,寻找问题本质,发现解决办法。

 案例

冰 的 熔 点

在雪地里,科学家携带的两根用来做实验的细玻璃管被冰紧紧冻在一起,怎样把两根细玻璃管分开? 科学家首先想到使两根细玻璃管分开就需要将冰融化,如何将冰融化呢? 于是科学家在脑海中对这个问题中隐含的科学逻辑进行思考并自问自答:

"冰的熔点是 0 ℃隐含的科学逻辑是什么? 一是冰是 100％不含杂质的纯冰;二是在标准大气压下。"

"如果在冰上有可溶于水的溶质存在的话,就会局部形成不纯的冰,其熔点就会低于 0℃,出现融化现象,因此问题的本质就是如何使冰变得不纯?"

"答案显而易见:在冻住两根细玻璃管的冰上撒盐,降低熔点,使冰融化。"

科学家通过对"如何将冰融化"问题中"冰"隐含的科学逻辑发问,逐步看清问题本质,找到创新解决问题的办法。

4. 透过隐含的错误逻辑假设找问题本质的提问。

除了隐含着科学逻辑的问题外,还有许多问题都隐含着错误逻辑假设,需要通过对隐含的错误逻辑假设提问,才能引导人们发现无意中忽略的错误,进而挖掘出问题本质。透过隐含的错误逻辑假设找问题本质的提问可以按照问题中的错误逻辑假设进行类比或演绎出新的问题进行提问。一般形式为"××××的也……吗?"以此点破原问题中隐含的错误逻辑假设。

怎么不吃辣子鸡

　　某公司经理宴请员工过"五一"节,席间经理发现口味很辣的辣子鸡很受大家欢迎,唯独来自四川的小王没吃辣子鸡,经理问道:"小王你是四川人,怎么不吃辣子鸡?"小王红着脸回答:"我不能吃辣的。"大家一听全笑起来。

　　上述案例中经理的问题隐含的逻辑错误假设是"凡是四川人都能吃辣味菜",因此小王可以笑着反问经理:"经理,天鹅也都是白的吗?"

李军同学的反问

　　某高校正在举办企业招聘会,即将毕业的李军同学穿上刚买的西装,来到了心仪的企业招聘台前排队,正准备面试销售岗位工作,这时刚好路过的同学王鹏笑着对他说"性格内向的人不适合做销售,你是一位性格内向的人,你不适合做销售,还是面试其他岗位吧?"李军自信地对好朋友提出了一个反问,好朋友听到反问后愣住了,就连企业招聘工作人员也投来赞许的微笑。你知道李军同学是怎样反问的吗?

　　5. 透过隐含理论(模式)的应用前提和边界假设找问题本质的提问。

　　任何成功的理论和模式都隐含应用的前提和边界,而透过隐含的错误时间假设进行提问可以进一步找出问题的本质,提问形式一般为"××××理论和模式的应用前提和边界是什么?"

　　丰田社长张富士夫认为,日本要脱离困境,无论是制造、服务业或者是政府,唯一的良方就是打破传统产业(部门)藩篱,也就是要改变僵固思维模式,引进"丰田式生产管理"模式。丰田式生产模式是丰田管理的基石,促进丰田几十年的辉煌,但是学习的企业却鲜有成功案例,日本之外的企业几乎没有应用成功的,即使在日本也仅有 20％ 的企业成功学习了"丰田式生产管理"模式。原因何在? 因为"丰田式生产管理"模式有其严苛的使用前提和假设:一是产品的需求波动不能太大;二是企业有很强的执行力。这两个使用前提丰田公司完全具备,因此它在丰田发挥的作用非常大,但是其他公司很难同时具备这两个前提条件,照搬"丰田式生产管理"模式的结果就是失败多而成功少。因此在学习借鉴任何先进的理论和模式时,都要自问一下"这个先进的理论和模式的应用前提和边界是什么?"只有这样才不会陷入盲目学习的泥坑,而不知所措。对于在学习中看到的那些标题带"干货"或者"只要××,就可以年入××万"的蛊惑人心的文章,要理性思考,多问自己几个其隐含的错误逻辑及适用前提和边界,时刻保持清醒的认识。

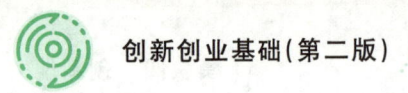

二、基于产生创意的提问

创意来源于问题,问题是激发创造性思维的催化剂,改变提问题的方式就有可能会改变世界。奥斯本检核表法、六顶思考帽法、头脑风暴法等创新技法本质上都可看作基于产生创意提问的另一种表现形式,此外还有以下两种典型的基于产生创意的提问。

(一) 用"如果…… 会怎样?"提问催生创意

通过假设疑问句提问引发大脑广泛联想,产生创意。

 案例

爱因斯坦的问题

爱因斯坦 1895 年就提出了这样的问题:如果你与光子同速飞行时,看光子的速度是零还是光速? 当时面对这个问题,很多科学家也都被难住了,之后的十年里,爱因斯坦不断研究,终于解决了这一问题,发表了狭义相对理论,改变了人类对宇宙的认知。

苹果公司的提问

苹果当年在开发 iPod 的时候,就提出"如果我们做 MP3 播放器,小得可以放入上衣口袋,但是却能够装 500~1000 首歌曲,会怎样"的问题,后来终于开发出产品,深受用户喜爱,促进了公司成长。

(二) 用"为什么不……?"发问催生创意

通过否定疑问句提问激发反向思考、进一步拓展思路,产生创意。

 案例

小女孩的提问

宝丽来(Polaroid)的创始人之一埃德温・兰德(Edwin Land)在和家人度假的时候,他给 3 岁的女儿拍了一张照片,小女儿问道:"为什么不能马上就看到自己的照片?"小女儿问了好几次,这个问题使照相乳胶专家兰德开始深入思考有没有可能发明一种"即时"成像技术。经过探索,这些想法之后催生了拍立得相机,这一产品给他的公司带来了巨大成功。

阿苏尔航空公司创始人的提问

　　阿苏尔航空公司创始人大卫·尼尔曼曾向他的高管团队提问："我们的机票很便宜,可是为什么没有更多的巴西人搭乘我们的航班?"经过调查发现,阿苏尔的机票确实比竞争对手便宜,但是乘客到机场的费用并不便宜,尼尔曼又问道:"乘客从家里乘出租车到机场,花费高不高?"属下告诉他这项花费"很高",可能要占到机票的 $40\%\sim50\%$。于是尼尔曼又开始研究乘客是否可以搭乘较为便宜的巴士或火车去机场,但是他发现要么没有这样的巴士或火车路线,要么就是班次太少。于是他提出:"为什么我们不为乘客提供到达机场的免费巴士?"(这样乘客就可以搭乘阿苏尔的廉价航班了。)后来,每天有 3 万名乘客预订阿苏尔的机场大巴,阿苏尔也成为巴西成长最快的航空公司。

 ## 任务

一、课后独立完成

　　请用透过表象找问题本质的提问(5why)方法,并结合自己调查的情况来分析"为什么有的学生不能按时完成课后作业"这一个问题,写下自问自答结果。

二、课堂小组讨论

　　1. 请学生在小组中讲解自己的自问自答结果。

　　2. 请学生在小组中出 1 个问题来考考别人。

三、师生互动

　　1. 教师抽选小组代表就小组讨论内容作简要发言。

　　2. 全班学生向教师自由提问,并由教师引导学生对下列两个问题进行反思与总结。

　　(1) 求同思维与求异思维有何特征。

　　(2) 如何提高求同思维与求异思维能力?

项目二　联系技能

学习目标

1. 理解联系的概念。
2. 掌握提高联系技能的方法。
3. 培养在日常学习、工作与生活中运用联系技能的自觉性。

活动导入

来自积木的创意

请你根据搭积木游戏的原理提出一个在现实生活中应用的创意。

问题：活动中创意是怎么产生的呢？

启示：创意来自把不同的对象有机联系起来。

理论点拨

联系能力是指将不相关的对象、问题、概念、想法联系起来的能力。这种能力可以将不同元素联系起来产生新的创意。联系能力除了用头脑风暴法、奥斯本检核表法、六顶思考帽法、思维导图法、5W2H法培养外，还可以通过以下方法增强。

一、信息交集法

信息交集法是将不同的信息通过强制联系产生新创意的方法。它的具体操作分为三步：首先将需要联系的信息按类别分成几组；其次根据分类数量，在平面上围绕原点，间隔均匀地画出相应数量的辐射线，并在辐射线上画出刻度线，将同组信息标注在同一辐射线的不同刻度线上；最后，将不同辐射线上的信息交集联系，催生出新的创意。

案例

提出制作新品种冰淇淋的创意

先按冰淇淋的制作材料、口味、形状分类，形成三组信息。

材料：水果、果脯、果冻。

口味：酸甜、清凉、麻辣。

形状：蘑菇、火炬、海星。

绘制信息交集图（见图 4-1）。

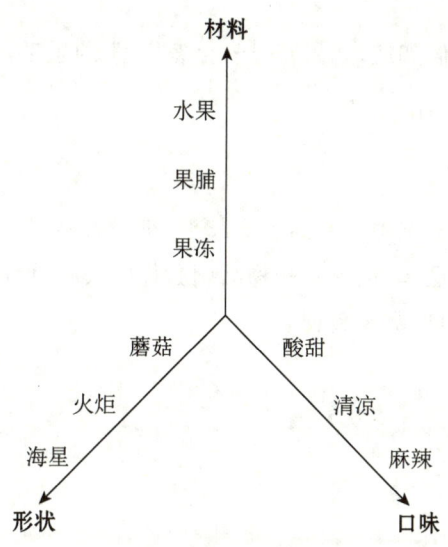

图 4-1　冰淇淋信息交集图

通过该信息交集图，随机将材料组、口味组和形状组中的概念交集联系起来就可产生如下新的冰淇淋创意：

1. 蘑菇形状的酸甜味水果冰淇淋；

2. 蘑菇形状的麻辣味果脯冰淇淋；

3. 火炬形状的清凉味果冻冰淇淋；

……

应用信息交集法能够很好培养和强化联系能力。

 活动

制订旅游计划

请学生用信息交集法制订一个有吸引力的旅游计划（提示：可按景点、交通工具、旅伴、时间等类比对信息分组，然后进行信息交集。）

二、角色扮演法

通过扮演不同角色以同理心去审视产品、公司内部管理等问题，提出改进甚至颠覆性创意。

例如,儿童产品设计人员除了开展市场调查分析外,还可以扮演儿童角色,以同理心去体验儿童对所设计产品的感受,并以儿童的感受将与产品有关的事物进行联系,催生新的创意。

三、假设法

通过不断对问题进行"假如或(如果)…… 会怎样?"的思考,强化脑海中闪现的各种联系,催生出新的创意。

四、魔法盒启示法

准备一个大盒子,把奇异有趣的物品收集起来,每当需要创意时,就把魔法盒打开,把各种物品取出把玩,让这些古怪、非同寻常的物品刺激你的大脑,促使你产生各种联想,催生新联系,产生新的看法,在脑海中蹦出新创意。

 ## 任务

一、课后独立完成

创新人格的测试——尤金·劳德塞测试法

美国普林斯顿创造才能研究公司总经理、心理学家尤金·劳德塞,根据几年来对善于思考、富有创造力的男女科学家、工程师和企业经理的个性和品质的研究,设计了下面这套简单的试验。试验者只要花10分钟左右的时间,就可测出自己是否具有创新人格。当然如果你需要慎重考虑一下,适当延长试验时间也不会影响测试效果。测试时,只要在每一句话后面用一个字母表示你同意或不同意即可:同意的用 A,吃不准或不知道的用 B,不同意的用 C。但是,回答必须准确、忠实,不要猜测。

1. 我不做盲目的事,也就是我总是有的放矢,用正确的步骤来解决每一个具体问题。(   )

2. 我认为,只提出问题而不想获得答案,无疑是浪费时间。(   )

3. 无论什么事情,要我发生兴趣,总比别人困难。(   )

4. 我认为,合乎逻辑的、循序渐进的方法是解决问题的最好方法。(   )

5. 有时,我在小组里发表的意见,似乎使一些人感到厌烦。(   )

6. 我花费大量时间来考虑别人是怎样看待我的。(   )

7. 做自认为是正确的事情,比力求博得别人的赞同要重要得多。(   )

8. 我不尊重那些做事似乎没有把握的人。(   )

9. 我需要的刺激和兴趣比别人多。(   )

10. 我知道如何在考验面前,保持自己的内心镇静。(   )

11. 我能坚持很长一段时间解决难题。（　　）

12. 有时我对事情过于热心。（　　）

13. 在特别无事可做时,我倒常常想出好主意。（　　）

14. 在解决问题时,我常常凭直觉来判断"正确"或"错误"。（　　）

15. 在解决问题时,我分析问题较快,而综合所收集的资料较慢。（　　）

16. 有时我会打破常规去做我原来并未想到要做的事。（　　）

17. 我有收集东西的癖好。（　　）

18. 幻想促进了我许多重要计划的提出。（　　）

19. 我喜欢客观而又有理性的人。（　　）

20. 如果要我在本职工作之外的两种职业中选择一种,我宁愿当一个实际工作者而不当探索者。（　　）

21. 我能与自己的同事或同行们很好地相处。（　　）

22. 我有较高的审美感。（　　）

23. 在我的一生中,我一直在追求着名利和地位。（　　）

24. 我是喜欢坚信自己的结论的人。（　　）

25. 灵感与获得成功无关。（　　）

26. 争论时,使我感到最高兴的是,原来与我观点不一致的人变成了我的朋友,即使牺牲我原先的观点也在所不惜。（　　）

27. 我更大的兴趣在于提出新的建议,而不在于设法说服别人接受这些建议。（　　）

28. 我乐意独自一人整天"深思熟虑"。（　　）

29. 我往往避免做那种使我感到低下的工作。（　　）

30. 在评价资料时,我觉得资料的来源比其内容更为重要。（　　）

31. 我满意好些不确定和不可预言的事。（　　）

32. 我喜欢一门心思苦干的人。（　　）

33. 一个人的自尊比得到他人的敬慕更为重要。（　　）

34. 我觉得那些力求完美的人是不明智的。（　　）

35. 我宁愿和大家一起努力工作,而不愿意单独工作。（　　）

36. 我喜欢那种对别人产生影响的工作。（　　）

37. 在生活中,我经常碰到不能用"正确"或"错误"来加以判断的问题。（　　）

38. 对我来说,"各得其所""各在其位"是很重要的。（　　）

39. 那些使用古怪和不常用的词语的作家,纯粹是为了炫耀自己。（　　）

40. 许多人之所以感到苦恼,是因为他们把事情看得太认真了。

41. 即使遭遇到不幸、挫折和反对意见,我仍能对我的工作保持原来的精神状态和热情。（　　）

42. 想入非非的人是不切实际的。（　　）

43. 我对"我不知道的事"比"我知道的事"印象更深刻。（　　　）

44. 我对"这可能是什么"比"这是什么"更感兴趣。（　　　）

45. 我经常为自己在无意中说话伤人而闷闷不乐。（　　　）

46. 纵使没有报答,我也乐意为新颖的想法花费大量时间。（　　　）

47. 我认为,"出主意无甚了不起"这种说法是中肯的。（　　　）

48. 我不喜欢提出那种显得无知的问题。（　　　）

49. 一旦任务在身,即使受到挫折,我也要坚决完成。（　　　）

50. 从下面描述人物性格的形容词中,挑选出 10 个你认为最能说明你性格的词:

精神饱满的、有说服力的、实事求是的、虚心的、观察力敏锐的、谨慎的、束手束脚的、足智多谋的、自高自大的、有主见的、有献身精神的、有独创性的、性急的、高效的、乐意助人的、坚强的、老练的、有克制力的、热情的、时髦的、自信的、不屈不挠的、有远见的、机灵的、好奇的、有组织力的、铁石心肠的、思路清晰的、脾气温顺的、可预言的、拘泥形式的、不拘礼节的、有理解力的、有朝气的、严于律己的、精干的、讲实惠的、感觉灵敏的、无畏的、严格的、一丝不苟的、谦逊的、复杂的、漫不经心的、柔顺的、创新的、泰然自若的、渴求知识的、实干的、好交际的、善良的、孤独的、不满足的、易动感情的。

评分标准

题号	A	B	C	题号	A	B	C	题号	A	B	C
1	0	1	2	18	3	0	−1	35	0	1	2
2	0	1	2	19	0	1	2	36	1	2	3
3	4	1	0	20	0	1	2	37	2	1	0
4	−2	1	3	21	0	1	2	38	0	1	2
5	2	1	0	22	3	0	−1	39	1	0	2
6	−1	0	3	23	0	1	2	40	2	1	0
7	3	0	1	24	−1	0	2	41	3	1	0
8	0	1	2	25	0	1	3	42	−1	0	2
9	3	0	1	26	1	0	2	43	2	1	0
10	1	0	3	27	2	1	0	44	2	1	0
11	4	1	0	28	2	0	−1	45	1	0	2
12	3	0	1	29	0	1	2	46	3	2	0
13	2	1	0	30	2	0	3	47	0	1	2
14	4	0	−2	31	0	1	2	48	0	1	3
15	1	0	2	32	0	1	2	49	3	1	0
16	2	1	0	33	3	0	1				
17	0	1	2	34	1	0	2				

对于第 50 题,下列每个形容词得 2 分:精神饱满的、观察力敏锐的、不屈不挠的、足智多谋的、有主见的、有献身精神的、有独创性的、感觉灵敏的、无畏的、创新的、好奇的、有朝气的、热情的、严于律己的。

下列各词得 1 分:自信的、有远见的、不拘礼节的、不满足的、一丝不苟的、虚心的、机灵的、坚强的。

其余各词得 0 分。

测试结果评价:将所得分数全部加起来,看看自己属于创造性程度六个等级中的哪一级。

得分在 110~140 之间的,创造力非凡;

得分在 85~109 之间的,创造力很强;

得分在 56~84 之间的,创造力强;

得分在 30~55 之间的,创造力般;

得分在 5~29 之间的,创造力弱;

得分在－8~14 之间的,无创造力。

二、课堂小组讨论

1. 请学生在小组中讲解自己完成任务一后的体会(1~2 条)。

2. 根据测试结果,你认为应当如何提高你的联系能力?

三、师生互动

1. 教师抽选小组代表就小组讨论内容作简要发言。

2. 全班学生向教师自由提问,并由教师引导学生对下列两个问题进行反思与总结。

(1) 求同思维与求异思维有何特征。

(2) 如何提高求同思维与求异思维能力?

项目三　案例展示及分析 4

 **案例**

依托专业背景培养创新能力

2018 年，吴静踏入湖北城市建设职业技术学院开始了她的大学生活，对于自己所读的数字媒体艺术专业充满了憧憬，也对未来充满了想象。学校所处的藏龙岛湿地公园的良好生态环境与城市中心的喧嚣、环境污染形成了鲜明的对比，这让热爱自然的她萌生了一个想法，希望能够为创新城市环保的发展做贡献。

在校园中她认识了很多兴趣相投的朋友，在吴静的带领下组成了一个团队。团队成员的专业横跨原画设计、游戏美工设计、数字媒体艺术等，都具有十分扎实的专业基础和技术水平。经过不断商讨，他们最终决定采用小程序游戏的方式来宣传环保，依托学校的数字媒体艺术设计专业与上海点晴信息科技有限公司有合作的基础，他们在 2019 年成立了湖北城市建设职业技术学院 DS-Design 工作室，吴静正是该工作室的负责人。他们一直秉承着加强学生社会实践能力的培养和校企合作应深度融合的理念。正是他们坚持不懈的努力，数字媒体艺术专业在社会实践服务上才走出了自己的创新之路。

　　"未来绿化委员会"是由湖北城市建设职业技术学院 DS-Design 工作室自行研发的微信小程序。游戏背景设定在武汉,游戏场景中也会出现武汉最具代表性的四个场景。玩家通过在游戏中种植植物,利用植物产生的有机物来降低污染,从而重建已经荒芜的城市。此项目结合当下最流行的区块链平台推出,既符合大众娱乐导向又能适应数字化消费模式,还能解决绿色环保问题。

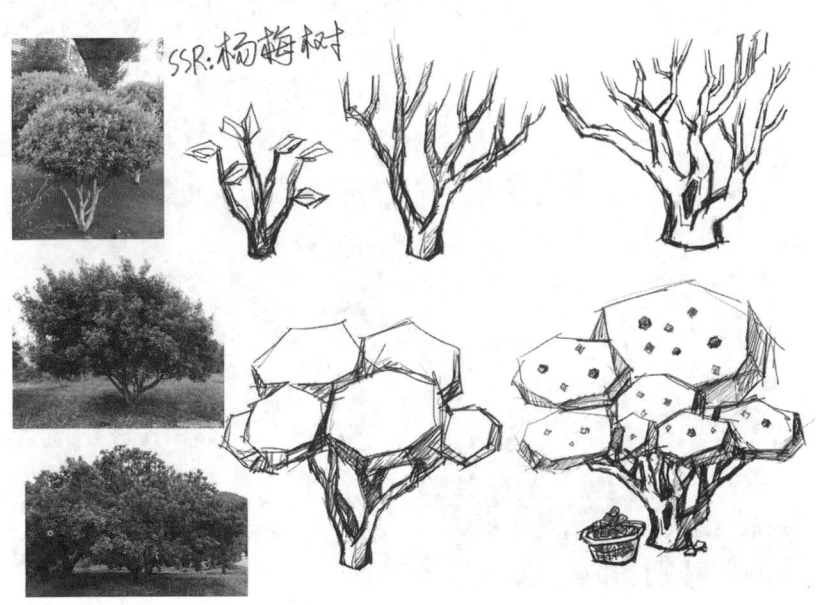

在这个团队当中,每个人各司其职又相互配合,学科交叉、配合默契是他们整体高效运行的保障,同时也为团队发展拓宽了视野。团队负责人吴静是工作室的总经理,负责整个团队的统筹规划;严佳慧是团队中的原画设计师,每一个生动形象的图案都出自她的笔下;石可、田一帆和杜旭东负责三维模型制作,实现了从原画到动画的展现;樊启军负责整个平台程序的搭建、测试与维护。工作室依靠自身专业的设计力量及互联网时代移动端多媒体技术的广泛兴起,在国内率先推出了这样一个基于区块链平台开发的移动端微信程序。

对中国市场的移动端游戏来说,原创作品的开发增加了开发商对利益获取的不确定性和时间成本,行业面临着原创能力不足、文化内涵缺失等问题。市场对优质原创作品的渴求很强烈,未来高质量的自主研发游戏是趋势。正是看到了这样的市场契机,结合了当下环保意识欠缺的特点,这个团队创建了这款游戏。

DS-Design 工作室在"未来绿化委员会"微信小游戏中采取移动 App 产品盈利模式,以"免费下载+应用中付费"的模式为主要盈利模式。通过免费下载迅速扩大用户基数,在游戏过程中依靠售卖道具实现增值付费。同时由于较大用户基数使得该游戏吸引了一定数量的广告主投放广告,形成补充的盈利模式。在形成明确的口碑效应之后发布新的关卡,以下载付费的模式供用户使用。

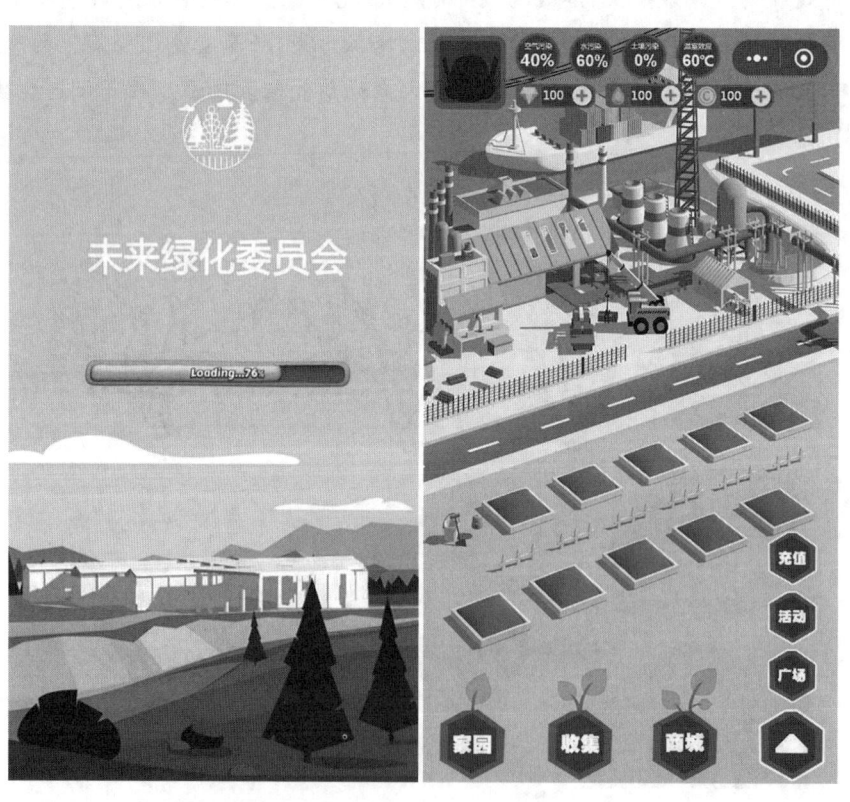

　　这款游戏使用的主要对象是拥有智能手机的全年龄段人群，目前 DS-Design 工作室已与武汉园博园达成协议，游戏开发完毕后将登录武汉园博园手机官网平台成为其区块链旗下子项目。用户通过游戏可以了解武汉园博园及其对于环境保护的重视，通过武汉园博园的宣传让更多人了解到这款游戏的环保意义，站在社会价值层面这是成功的。它在商业价值层面也足够突出，趣味十足的关卡设计、多样的互动性以及知识面拓展性等都能吸引并留住玩家。

　　随着时代加速发展，人类对环境的破坏日益加重，这关乎我们生活的点点滴滴，对于很多国家来说异常的气候变化已经带来了非常严重的影响。如果我们还不重视对环境的保护，自食其果的终究是人类自己。环境保护这一现实问题摆在眼前，我们需要的是更多的宣传和改变，解决城市的污染是为了人民生活的幸福、社会的长久稳定发展，也是时代进步的体现，这就是 DS-Design 工作室的价值。

　　问题：

1. 从此案例中，你看到了 DS-Design 工作室具有哪些创新能力？
2. 利用创新思维思考游戏市场有哪些可以挖掘的创业机会。
3. 结合我国的环境情况，请谈谈如何利用创新思维来解决环境问题？

模块五　创新成果保护

注重知识产权及其保护,是企业发展的基础,强烈的知识产权保护意识,是企业发展壮大的基础和保障。注重知识产权及其保护的企业和国家具有更强的创新力、竞争力。中国知识产权第一人、著名法学家郑成思说过:"知识产权制度的本质是鼓励创新,不鼓励模仿与复制;有形财产的积累,是靠无形财产(主要是知识产权)去推动的。"在国际市场竞争愈演愈烈的当下,只有拥有核心自主知识产权,才能推动创新产业的发展。本模块介绍了知识产权的基础知识,树立和培养学生保护知识产权的意识。

▶ 项目一　知识产权的基础知识

▶ 项目二　专利与专利战略

▶ 项目三　商业秘密保护

▶ 项目四　案例展示及分析 5

项目一　知识产权的基础知识

学习目标

1. 理解知识产权的内涵及特征。
2. 了解世界和我国的知识产权制度。
3. 掌握我国知识产权制度是如何发展起来的。
4. 培养保护知识产权的意识。

 活动导入

阅读与思考

魏文王问名医扁鹊说:"你们家兄弟三人,都精于医术,到底哪一位最好呢?"扁鹊答:"长兄最好,中兄次之,我最差。"文王再问:"那么为什么你最出名呢?"扁鹊答:"长兄治病,是治病于病情发作之前。由于一般人不知道他事先能铲除病因,所以他的名气无法传出去;中兄治病,是治病于病情初起时。一般人以为他只能治轻微的小病,所以他的名气只及本乡里。而我是治于病情严重之时。一般人看到我在经脉上穿针管放血、在皮肤上敷药时,就以为我的医术高明,从而让我的名气响遍全国。"

问题:

(1) 谈谈你对案例的看法。

(2) 你对知识产权保护有什么认识?

启示:强知识产权保护与激励策略优于弱知识产权保护与激励策略。知识产权保护,是从事先的宏观战略、科学保护体系建设,到做好具体微观保护措施的系统工程。

 理论点拨

中国知识产权制度因改革开放而生,因改革开放而兴。20 世纪 80 年代,为更好利用外资、引进技术,建立国际通行的知识产权制度,特别是专利制度迫在眉睫。1985 年 4 月 1 日,《中华人民共和国专利法》实施当天,就收到专利申请 3455 件,被时任世界知识产权组织总干事鲍格胥誉为"世界专利史上的新纪录"。到 2017 年,中国的发明专利申请数量已连续 7

年位居世界第一，发明专利平均审查周期缩短至 22 个月，快于同期的美国和欧洲。几乎从零开始，中国仅用 30 多年时间就迅速成长为国际公认的知识产权大国。

如今，互联网时代，信息传递速度快，网络传播渠道广，层出不穷的创新成果的保护问题不仅涉及个人的知识产权保护的法律关怀，也关乎社会公平的宏观思考。当前，无论是一个国家还是企业，经济竞争说到底还是技术竞争，特别是具有自主知识产权的科技水平的竞争。对于一个初创企业来说，自主知识产权关乎生死。因此，保护自己的知识产权就显得尤为重要。

知识产权制度不仅是促进技术迭代、推动产业转型升级的"基础设施"，也是培育创新思维、养成创新习惯的文化土壤。

一、知识产权的内涵

知识产权知识体系是一个庞大的知识体系，包括专利、商标、著作权、反不正当竞争、商业秘密等。一般知识产权是一种由国家在特定年限里授予个人的，能得到国家保护的权利，以制止未经授权许可证的他人商业性地利用其"拥有"的新思维。

我国有关知识产权的法律法规主要有：《中华人民共和国专利法》《中华人民共和国商标法》《中华人民共和国著作权法》以及相关的实施细则和配套条例。

二、知识产权的基本特征

（一）独占性

独占性是指专利权是一种无形财产权，具有排他性质，任何人要实施专利，除法律另有规定的以外，还必须得到专利权人的许可，并按双方协议支付使用费，否则构成侵权。

（二）时间性

时间性是指专利权只在授权有效期限内有效，期限届满或终止失效后该发明创造就成为全社会的共同财富，任何人都可以自由利用，专利权的期限是由专利法规定的。

（三）地域性

地域性是指一个国家授予的专利权只在授予国或地区的区域范围内有效，对其他国家或地区没有法律约束力，每个国家或地区所授予的专利权，其效力是互相独立的。

 | **案例**

可口可乐原料配方为什么不申请专利

相信很多人都喝过可口可乐，而且可乐这种碳酸饮料相比其他果汁饮料利润要高，制作比较简单。可口可乐在全球都比较知名,深受年轻人的喜爱。全球每天有 17 亿人次的消费者在畅饮可口可乐公司的产品,大约每秒钟售出 19400 瓶饮料,在 2016 年 10 月,可口可乐公司排 2016 年全球 100 大最有价值品牌第三名,这种百年品牌,属于快消品中的霸主。

可为什么可口可乐的配方没有申请专利保护呢?因为申请了专利的话,首先这个专利技术是要公开的,然而公开后会被社会大众所知晓,而且专利还有法定的保护期限,像发明专利保护期限 20 年,过了保护期限,专利就失去了保护的意义,这样造成的结果就是同行或别的厂家可以不经过可口可乐公司允许就免费使用该专利配方,生产相同的产品在市场上销售,进而会对可口可乐公司造成巨大的经济损失。

那么可口可乐公司是怎么保护自己的配方呢?据说可口可乐汽水饮料的配方是按照商业秘密(TradeS ecrets)在保护。什么是商业秘密?商业秘密是指不为公众所知悉、能为权利人带来经济利益,具有实用性并经权利人采取保密措施的技术信息和经营信息。商业秘密是企业的财产权利,它关乎企业的竞争力,对企业的发展至关重要,有的甚至直接影响到企业的生存。

相对于专利而言,商业秘密没有法定的保护期限,而且配方也不会遭到公开,更不会泄密,能够使可口可乐的配方保护得更完善。

三、世界知识产权制度

为了保护人类社会的共同财产,1474 年 3 月 19 日,威尼斯共和国颁布了世界上第一部专利法,正式名称是《发明人法规》(Inventor Bylaws),这是世界上最早的专利成文法。该法规定:任何人在本城市制造了以前未曾制造过的、新而精巧的机械装置,如果该装置经改进后能够使用和操作,即应向市政机关登记。本城其他任何人在 10 年内没有得到发明人的许可,不得制造与该装置相同或者相似的产品。

1623 年英国的《垄断法》(Statute of Monopolies)在欧美国家所产生的影响大大超过威尼斯专利法,因此,英国《垄断法》被认为是资本主义国家专利法的始祖,是世界专利制度发展史上的第二个里程碑。

中国于 1980 年 6 月加入世界知识产权组织 WIPO,每年的 4 月 26 日被定为世界知识产权日。

知识产权的国际保护法有《保护工业产权巴黎公约》《国际商标注册马德里协定》《保护文学和艺术作品伯尔尼公约》《专利合作条约》等。

 案例

中美知识产权第一案

温州民营企业通领科技集团是全球生产 GFCI(漏电保护装置)产品的 5 家企业之一,

2004 年 1 月份起通领科技的产品"登陆"美国不久,由于性价比高,产品深受美国消费者青睐,在 5 个月内取得了销售量每月翻番的良好业绩,引起了竞争对手莱伏顿公司的恐慌。

2004 年 4 月,莱伏顿公司以侵犯其美国专利权为由,分别在美国新墨西哥州、佛罗里达州、加州等地方法院起诉 4 家通领科技的重要经销商,企图用知识产权保护的手段,实施对竞争对手的排挤和打压,设置贸易壁垒。

莱伏顿公司的"诉讼策略"是海外大公司普遍采用的利用自身资本优势的战术:① 先后在多个联邦地方法院起诉,人为抬高诉讼成本,使中国企业难以承受美国打官司的诉讼费用,迫使竞争对手退出美国市场;②"围而不打",极端地利用美国三审制的法律体系和没有规定庭审时限的司法程序,以种种借口拖延审判期限,让竞争对手一直围绕着官司诉讼慢慢地将财力消耗殆尽。

20 世纪 80 年代以来,美国莱伏顿公司等 4 家美国企业垄断了这个市场需求巨大的产品。莱伏顿公司采用机电一体化技术原理,在 GFCI 产品中申请了 70 多个专利,构成了一道不可逾越的专利障碍,在这 20 多年的时间里,莱伏顿公司利用知识产权诉讼手段,以侵犯其专利为由,将进入到美国市场的日本、韩国和中国台湾地区等 38 家非美国企业统统"赶"出了美国市场。

一个是美国电器领域的巨头,一个是浙江民营企业,在这场"蚂蚁对大象"的对决中,通领科技靠什么在美国本土上"扳"倒了对手? 面对美国电器领域巨头莱伏顿公司恃强凌弱的恶意诉讼,温州民营企业通领科技集团用三年时间在美国本土、利用美国法律打赢了一场中美知识产权官司,其成功抗诉的经历对中国企业跨国经营及应对涉外知识产权诉讼具有重要启示。

首先,"打铁还需自身硬。我们的出口产品拥有自主知识产权,有信心一决雌雄。"通领集团董事长陈伍胜说,作为全球生产 GFCI 产品的 5 家企业之一,他们一直注重自主创新和知识产权保护,几年中获得中国和美国的专利共 46 件,正在申请的有 39 件。可谓自主创新是跨国专利官司的制胜"法宝"。

其次,事实证明:通领公司依靠知识产权保护手段,事先在美国律师事务所取得的非侵权法律意见书,为最终的胜诉埋下了"伏笔"。

再次,"走出去"的中国企业要充分了解和掌握竞争对手及其所在国同行业的知识产权保护现状和法律法规,知己知彼,才能立于不败之地,不被对方用知识产权的"大棒""打"出来。通领公司与美国莱伏顿公司 3 年时间知识产权官司的诉讼历程,体现出中国企业已经开始逐步掌握美国知识产权专利诉讼的游戏规则,并且开始拥有应对美国非常复杂和难以操作的知识产权专利官司的驾驭能力。

还有,面临恶意诉讼,中国企业要敢于"亮剑","不反击、不应诉,就意味着退出该市场。不管面对多么强大的竞争对手,只有敢于应对,才有战胜的希望。"

最后,三年来,通领科技坚持走完了所有美国法律规定的应诉程序,并最终取得胜利。国家知识产权局局长田力普说,通领科技的胜诉是中国企业运用知识产权参与国际竞争的一个典型案例,是中美知识产权诉讼史上的一座里程碑。美国媒体评价该案"其重大的政治意义远远超出了商业价值"。

由此可见,知识产权对保护企业利益具有至关重要的作用,对国家建立知识产权管理制度以及企业注重知识产权保护具有重大意义。

四、我国知识产权制度

中国的知识产权保护特别是专利制度在改革开放中不断发展,取得了一定的成就。

(一)初步建立并不断完善了专利法律法规体系

1992 年和 2000 年中国专利法进行了两次修改,进一步明确了促进科技进步和创新的立法宗旨,强化了专利司法和行政执法力度,修改后的专利法进一步适应了中国生产力的发展和初步建立的社会主义市场经济体制的需要,同时也达到了《与贸易有关的知识产权保护协议》中所规定的专利保护标准。各省、自治区、直辖市结合本地实际制定了一系列有关专利保护、专利管理等方面的地方性法规。

(二)知识产权工作获重视

知识产权工作得到了上至党中央、国务院,下至各省市党委、政府的高度重视。1998 年国务院机构改革,在大量压缩编制、精简机构的情况下,将中国专利局更名为国家知识产权局,并作为国务院直属机构,列入政府行政序列。在省级政府机构改革中,各地管理专利工作机构的建设总体得到加强,出现了政府主导、管理专利工作的部门会同有关部门共同推动专利工作的良好局面。

(三)专利工作体系和运行机制

我国形成了包括专利管理、审查、研究、教育、执法、中介服务以及专利信息等组织机构在内的全国专利工作体系和运行机制,专利保护有力地促进了中国科学技术进步和创新,发明创造活动充满生机活力,专利申请量增长势头强劲。

(四)专利保护机制

我国形成了司法和行政执法两条途径、协调运作的专利保护机制。2018 年,人民法院新收知识产权民事、行政和刑事案件数量达到 334951 件,同比上升 41.19%。

(五)不断开拓国际合作的新局面

中国已参加了有关专利方面的国际公约,在国际舞台上发挥了积极的作用,提高了中国在国际知识产权保护领域中的声誉。

（六）建立健全知识产权保护的法律体系

三法、《民法通则》《刑法》《物权法》等多部法律规定与司法解释，对知识产权保护，侵犯知识产权可能承担的民事、行政及刑事责任有非常具体、明确的规定。所以要特别注意保护与防止侵权（自己侵犯他人、侵犯自己公司以及其他人侵犯自己公司）。

（七）建立健全工作机构与执法机制

我国逐渐建立健全了与知识产权保护相关的工作机构与执法机制，具体表现在：国家知识产权局与各大部委、人民检察院与法院等司法机构的联合加强；国家保护知识产权工作组（国务院，副总理担任组长）；行政执法机关与公检法的共同执法工作、相互配合的工作机制（人民法院的民三庭）。

 案例

"泰赫雅特中心"抄袭"保时捷中心"建筑作品著作权侵权纠纷案

建筑作品的侵权判定在版权领域一直众说纷纭，原因在于实践中侵权行为的非典型性超出了立法者当初的预想：有的仅仅是根据建筑效果图完成建筑施工；有的是根据建筑外形生产其他工业产品；有的是将不能本身构成建筑作品的建筑设计图改编成高级设计图并施工……那么，在这些情形中，应当如何处理建筑作品和建筑设计图、建筑效果图等图形作品的关系并确定侵权判定规则呢？

在我国现行的著作权立法体系中，建筑作品，即以建筑物或者构筑物形式表现的有审美意义的作品，用来完成建筑施工的图形作品，即为施工绘制的工程设计图分别属于不同的作品类型。因此，针对同一幢建筑，用建筑作品和图形作品保护会获得完全不同的保护效果，因此，需要对具体情形进行具体分析。

原告保时捷股份公司的北京保时捷中心建筑于2003年12月10日落成，该中心与世界各地的保时捷建筑特征一致，保时捷公司对该建筑作品享有著作权。被告北京泰赫雅特汽车销售服务有限公司于2005年末在北京金港汽车公园内建成泰赫雅特中心，该建筑与原告享有著作权的保时捷建筑作品非常相似。在本案一审审理期间，泰赫雅特公司对泰赫雅特中心建筑进行了改造，建筑外部及内部均使用白色建筑材料。原告认为，改造后的建筑仍属于侵犯其著作权的建筑，被告未经许可擅自复制其建筑作品的行为，侵犯其著作权。原告请求法院判令被告：① 停止侵犯原告建筑作品著作权的行为，改变其侵权建筑物的侵权特征；② 赔偿原告经济损失；③ 在相关媒体就其侵权行为发表声明，消除影响。

一审法院审理认为，北京保时捷中心整体采用圆弧形设计，上半部由长方形建筑材料对齐而成,下半部为玻璃外墙;该建筑的入口将建筑物分为左右两部分,入口部分及上方由玻璃构成;长方形工作区与展厅部分相连,使用横向带状深色材料;该建筑展厅部分为银灰色,工作区部分为深灰色。上述四个方面的特征表明,北京保时捷中心具有独特的外观和造型,富有美感,具有独创性,属于我国著作权法所保护的建筑作品。泰赫雅特中心建筑与北京保时捷中心建筑的前三个基本特征相同,构成近似,侵犯了北京保时捷中心建筑作品的著作权。原告关于建筑的内部特征亦属于建筑作品所保护的客体的主张依据不足。被告应承担停止侵权、赔偿经济损失的法律责任,被告应对泰赫雅特中心予以改建。被告不服一审判决提起上诉。

二审法院认为,根据我国著作权法的相关规定,建筑作品是指以建筑物或者构筑物形式表现的有审美意义的作品。我国著作权法对于建筑作品所保护的,应当指该建筑作品在外观、造型、装饰设计上包含的独创成分。未经建筑作品著作权人许可复制其作品的,是侵犯著作权的行为,应当承担相应的民事责任。

泰赫雅特中心建筑与保时捷中心建筑在外观上的相同之处在于:① 二者在建筑物的正面均采用圆弧形设计,上半部由长方形建筑材料对齐而成,下半部为玻璃外墙;② 二者在建筑物的入口处将建筑物分为左右两部分,入口部分及上方由玻璃构成;③ 长方形工作区与展厅部分相连,使用横向带状深色材料。上述第3点相同之处涉及的工作区部分的设计属于汽车4S店工作区的必然存在的设计,其外部呈现的横向带状及颜色,与所用建筑材料有关,并非保时捷中心建筑的独创性成分,应当排除在著作权法保护之外。被告主张第1点和第2点相同之处系基于建筑物的橱窗展示功能和节能采光功能限定的特征,不构成该建筑的独创性成分,缺乏事实依据。被告主张泰赫雅特中心建筑下方有一个高台、建筑物左右两侧均加有栏杆、其弧形结构的圆弧度不同,两个建筑根本不相同也不近似。但是,就两个建筑的整体而言,如果舍去上述第1点和第2点,整个建筑也将失去根本,因此,可以认定上述第1点和第2点构成两个建筑的主要或实质部分。在此前提下,虽然泰赫雅特中心建筑下方多出一个高台、建筑物左右两侧均加有栏杆,但是并不能否定二者实质上的近似。因此,被告的泰赫雅特中心建筑侵犯了原告对保时捷中心建筑享有的著作权。一审法院判令被告应对泰赫雅特中心予以改建,使该建筑不再具有与上述主要特征组合相同或近似的外观造型,是正确的。被告上诉认为其已经在一审审理过程中对泰赫雅特中心建筑进行了改造,而一审法院对此未予审理,但是根据查明的事实,被告所称的改造,系仅对泰赫雅特中心建筑使用白色建筑材料进行粉刷,并未涉及本院认定的前述第1点和第2点相同之处,一审法院对事实做出的认定和处理并无不当。故判决驳回上诉,维持原判。

2009年4月21日,最高人民法院公布了"2008年中国知识产权十大案件",本案位列"十大案件"之首。最高人民法院在案件的"典型意义"中评论道:司法实践中涉及建筑物作品著作权的纠纷案件不多,本案判决具有典型意义。在该案中,法院一方面综合分析了原告涉案建筑作品的特征,认定该建筑作品具有独特的外观和造型,富有美感,具有独创性,属于建筑作品;另一方面,又将该建筑的内部特征及必然存在的设计及因所用建筑材料产生的横向带状、颜色等,排除在著作权法保护之外,准确地把握了建筑作品的特点。另外,法院还根据本案双方建筑的具体情况,在判决中支持了原告请求判令被告对其涉案建筑予以改建,使之不再与原告建筑外观造型的主要特征组合相同或者近似的主张,这对于在涉及建筑作品的侵权案件中适用停止侵害的民事责任,有效制止侵权行为,具有积极的探索意义。

 ## 任务

一、课后独立完成

某公司原产品线总裁徐某,伙同研发管理部经理、研发工程师等人,离职后利用从公司盗取的研发文档和源代码,研发生产了一款计步器和健康手环,销售额达 2000 多万元。如何证明徐某等人侵犯了商业秘密?为了能够更好地保护企业的知识产权,学生们认为企业应该怎么做?(提示:警方通过多个版本进行鉴定,最后证实了源代码具有同一性)请你写出自己的答案。

二、课堂小组讨论

1. 请学生在小组中讲解自己的答案,讲1～2条自己深有感悟的体会。
2. 请学生对自己不懂的问题向小组成员请教。

三、师生互动

教师抽选小组代表就小组讨论内容作简要发言,教师进行点评。

项目二　专利与专利战略

 学习目标

1. 理解专利的基本概念。
2. 了解专利的特点。
3. 掌握专利申请的流程。
4. 学习保护专利所采取的战略及其作用。
5. 培养保护专利的意识。

 活动导入

专利权归属

2011 年 10 月 3 日,日本某公司向中国专利局提交一份名为"防眼疲劳镜片"的专利申请。2011 年 5 月 7 日,该公司已就相同主题在日本提出了专利申请。该公司在中国申请专利的同时提交了要求优先权的书面声明,并在 2011 年 12 月 25 日向专利局提交了在日本申请专利的申请文件副本。2011 年 9 月 10 日,中国某大学光学研究所向中国专利局提交了一份名称为:"保健镜片"的发明专利申请,该发明是光学研究所于当年 7 月研究成功的。"防眼疲劳镜片"和"保健镜片"的功能都是有效地防止因长时间观看电视所造成眼睛疲劳和眼睛损伤,二者在具体结构、技术处理及技术效果上都是相同的。

问题:谁应当获得该发明创造的专利权?

启示:专利具有独占性,专利申请遵循时间优先原则。

理论点拨

专利为知识产权的重要内容,体现了一个国家的技术竞争力。专利拥有量是科技创新能力的重要标志。

保护知识产权(专利)就是保护创新。从跨海大桥、智能码头到高铁、大飞机等大国重器,从 5G 通信、云计算到人工智能、虚拟现实等前沿领域,因为给知识"标价"、为创新"赋权",极大地激发了劳动者的积极性和创造力。科学合理的知识产权制度,不仅是促进技术

迭代、推动产业转型升级的"基础设施",也是培育创新思维、养成创新习惯的文化土壤。世界知识产权组织联合多所大学发布的《2017 年全球创新指数》显示,中国是唯一与发达国家经济体创新差距不断缩小的中等收入国家,已经成功跻身全球创新领导者行列。这样的成绩,很大程度上得益于知识产权制度打通了航道、铺就了路基。

从知识产权大国到知识产权强国,不是一日之功。在提升专利数量的同时,如何进一步提高专利质量? 如何让知识产权制度更好促进中小企业发展? 如何把知识产权保护的技术、作品和品牌高效转化为先进生产力? 从习近平主席在博鳌亚洲论坛年会上把"加强知识产权保护"列为扩大开放的四大举措之一,到中共中央办公厅、国务院办公厅印发《关于加强知识产权审判领域改革创新若干问题的意见》,再到国家知识产权局发布《关于知识产权服务民营企业创新发展若干措施的通知》,无论是顶层设计,还是政策实践,都充分展示我国保护知识产权的坚定决心,也体现出保护手段日益精准、制度体系越织越密。

一、专利的基本概念

专利是专利权的简称,它是国家(在我国由国家知识产权局具体负责)按专利法的规定授予申请人在一定时间内对其公开的发明创造成果所享有的独占、使用和处分的权利。

专利权是指发明创造人或其权利受让人对特定的发明创造在一定期限内依法享有独占实施权。经中国国家专利局核准的技术为"专利技术",受法律保护。

专利权是一种财产权,是运用法律保护手段"跑马圈地"、独占现有市场、抢占潜在市场的有力武器。

二、专利的特点

(一)独占性

所谓独占性亦称垄断性或专有性。专利权是由政府主管部门根据发明人或申请人的申请,认为其发明成果符合专利法规定的条件,而授予申请人或其合法受让人的一种专有权。它专属权利人所有,专利权人对其权利的客体(即发明创造)享有占有、使用、收益和处分的权利。

(二)时间性

所谓专利权的时间性,即指专利权具有一定的时间限制,也就是法律规定的保护期限。各国的专利法对于专利权的有效保护期均有各自的规定,而且计算保护期限的起始时间也各不相同。《中华人民共和国专利法》第四十二条规定:"发明专利权的期限为二十年,实用新型专利权的期限为十年,均自申请日起计算。"

(三)地域性

所谓地域性,就是对专利权的空间限制。它是指一个国家或一个地区所授予和保护的专利权仅在该国或地区的范围内有效,对其他国家和地区不发生法律效力,其专利权是不被确认与保护的。如果专利权人希望在其他国家享有专利权,那么,必须依照其他国家的法律另行提出专利申请。除非加入国际条约及双边协定另有规定之外,任何国家都不承认其他国家或者国际性知识产权机构所授予的专利权。除了上面三个主要特征,专利权还具有如下法律特征。

(1)专利权是两权一体的权利,既有人身权,又有财产权。

(2)专利权的取得须经专利局授予。

(3)专利权的发生以公开发明成果为前提。

(4)专利权具有利用性,专利权人如不实施或不许可他人实施其专利,有关部门将采取强制许可措施,使专利得到充分利用。

 案例

辉瑞公司最早在 1996 年在美国申请了"万艾可"的专利,并获得了保护。然而,辉瑞公司在不同国家和地区分别申请了专利,但并非所有国家都批准或同意保护。

此外,"万艾可"的专利在美国是从 1996 年开始计算,有效期为 20 年,但在加拿大辉瑞公司的专利有效期持续时间更长(直到 2020 年),因而美国市场上出现了仿制药后,加拿大市场上仍然受辉瑞公司的专利保护,仿制药无法进入。

该案例说明了专利的地域性、时效性和独占性。

三、专利的申请

各国对专利申请的审查有不同的要求,基本上实行两种不同的制度。有的国家实行形式审查制,即只审查专利申请书的形式是否符合法律的要求,而不审查该项发明是否符合新颖性等实质性条件。有些国家则实行实质审查制,即不仅审查申请书的形式,而且对发明是否具备新颖性、创造性和实用性等条件进行实质性的审查,只有具备上述专利条件的发明,才授予专利权。中国和世界上大多数国家采用实质审查制。具体流程(见图 5-1)详解如下。

(一)专利申请文件的填写和撰写

专利申请文件的填写和撰写有特定的要求,申请人可以自行填写或撰写,也可以委托专利代理机构代为办理。尽管委托专利代理是非强制性的,但是考虑到精心撰写专利申请文件的重要性,以及审批程序的法律严谨性,对经验不多的申请人来说,委托专利代理是值得提倡的。

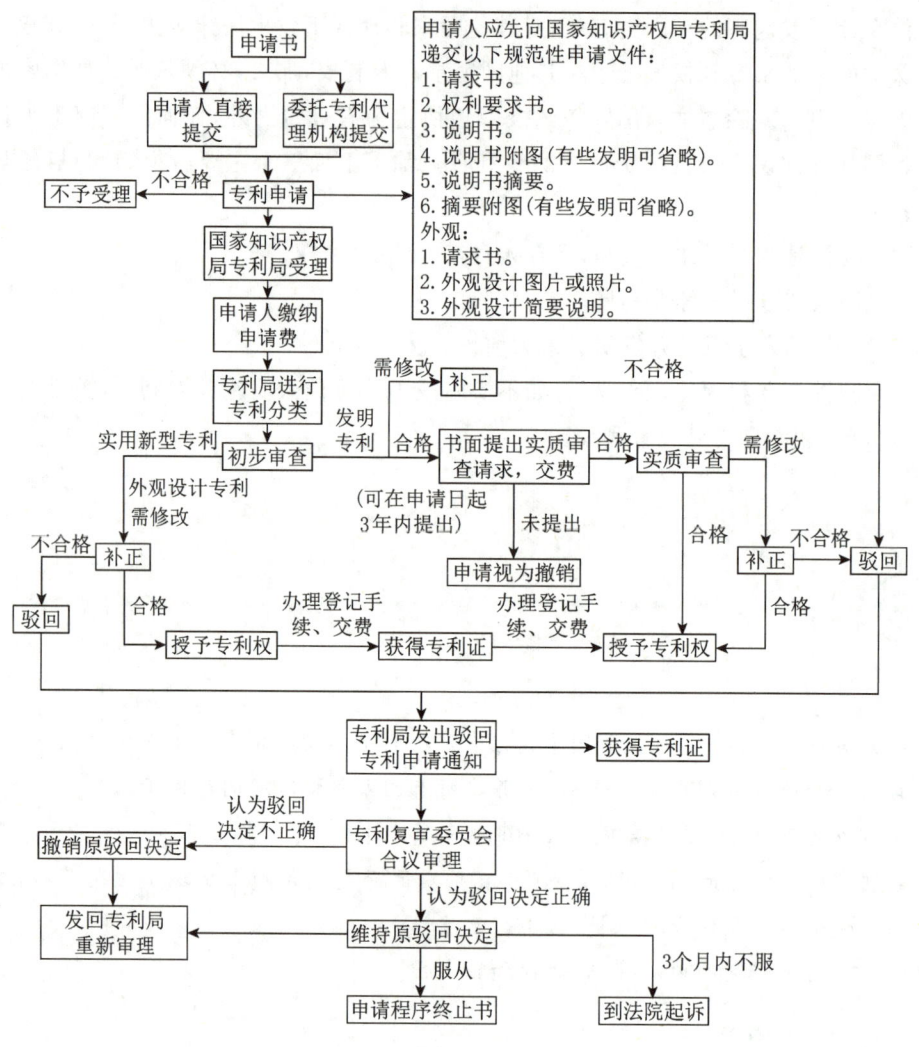

图 5-1　专利申请流程图

（二）专利申请的受理

专利局受理处或各专利局代办处收到专利申请后，对符合受理条件的申请，将确定申请日，给予申请号，发出受理通知书。

（三）申请费的缴纳方式

申请费以及其他费用都可以直接向专利局收费处或专利局代办处面交，或通过银行或邮局汇付，或者电子申请注册用户可以通过登录中国专利电子申请网使用网上缴费系统缴纳专利费用。目前，银行采用电子划拨，邮局采用电子汇兑方式。缴费人通过银行或邮局缴付专利费用时，应当在汇单上写明正确的申请号或者专利号，缴纳费用的名称使用简称。汇款人应当要求银行或邮局工作人员在汇款附言栏中录入上述缴费信息，通过邮局汇款的，还应当要求邮局工作人员录入完整通信地址,包括邮政编码,这些信息在以后的程序中是有重要作用的。费用不得寄到专利局受理处或者专利局其他部门或者审查员个人。

（四）申请费缴纳的时间

面交专利申请文件的,可以在取得受理通知书及缴纳申请费通知书以后缴纳申请费。通过邮寄方式提交申请的,应当在收到受理通知书及缴纳申请费通知书以后再缴纳申请费,因为缴纳申请费需要写明相应的申请号,但是缴纳申请费的日期最迟不得超过自申请日起两个月。

（五）专利审批程序

依据专利法,发明专利申请的审批程序包括受理、初审、公布、实审以及授权五个阶段。实用新型或者外观设计专利申请在审批中不进行公布和实质审查,只有受理、初审和授权三个阶段。

（六）对专利申请文件的主动修改和补正

对专利申请文件的主动修改和补正也是申请人可以视需要选择的一项手续。实用新型和外观设计专利申请,只允许在申请日起两个月内提出主动修改;发明专利申请只允许在提出实审请求时和收到专利局发出的发明专利申请进入实质审查阶段通知书之日起三个月内对专利申请文件进行主动修改。

（七）答复专利局的各种通知书

（1）遵守答复期限,逾期答复和不答复后果是一样的。针对审查意见通知书指出的问题,分类逐条答复。答复可以针对审查意见办理补正或者对申请进行修改;不同意审查员意见的,应陈述意见及理由。

（2）属于形式或者手续方面的缺陷,一般可以通过补正消除缺陷;明显实质性缺陷一般难以通过补正或者修改消除,多数情况下只能就是否存在或属于明显实质性缺陷进行申辩和陈述意见。

（3）对发明或者实用新型专利申请的补正或者修改均不得超出原说明书和权利要求书记载的范围,对外观设计专利申请的修改不得超出原图片或者照片表示的范围。修改文件应当按照规定格式提交替换页。

（4）答复应当按照规定的格式提交文件。例如,提交补正书或意见陈述书:一般补正形式问题或手续方面的问题使用补正书;修改申请的实质内容使用意见陈述书;申请人不同意审查员意见,进行申辩时使用意见陈述书。

（八）专利申请被视为撤回及其恢复

逾期未办理规定手续的,申请将被视为撤回,专利局将发出视为撤回通知书。申请人如有正当理由,可以在收到视为撤回通知书之日起两个月内,向专利局请求恢复权利,并说明理由。请求恢复权利的,应当提交"恢复权利请求书",说明耽误期限的正当理由,缴纳恢复费,同时补办未完成的各种应当办理的手续。补办手续及补缴费用一般应当在上述两个月内完成。

(九)办理专利权登记手续

实用新型和外观设计专利申请经初步审查,发明专利申请经实质审查,未发现驳回理由的,专利局将发出授权通知书和办理登记手续通知书。申请人接到授权通知书和办理登记手续通知书以后,应当按照通知的要求在两个月之内办理登记手续并缴纳规定的费用。在期限内办理了登记手续并缴纳了规定费用的,专利局将授予专利权,颁发专利证书,在专利登记簿上记录,并在专利公报上公告,专利权自公告之日起生效。未在规定的期限内按规定办理登记手续的,视为放弃取得专利权的权利。

(十)办理登记手续应缴纳的费用

办理登记手续时,不必再提交任何文件,申请人只需按规定缴纳专利登记费、公告印刷费、授权当年的年费、印花税。

(十一)专利权的维持

专利申请被授予专利权后,专利权人应于每一年度期满前一个月预缴下一年度的年费。期满未缴纳或未缴足,专利局将发出缴费通知书,通知专利权人自应当缴纳年费期满之日起六个月内补缴,同时缴纳滞纳金。滞纳金的金额按照每超过规定的缴费时间一个月,加收当年全额年费的 5% 计算;期满未缴纳的或者缴纳数额不足的,专利权自应缴纳年费期满之日起终止。

(十二)专利权的终止

专利权的终止根据其终止的原因可分为:① 期限届满终止:发明专利权自申请日起算维持 20 年,实用新型或外观设计专利权自申请日起算维持满 10 年,依法终止;② 未缴费终止:专利局发出缴费通知书,通知申请人缴纳年费及滞纳金后,申请人仍未缴纳或缴足年费及滞纳金的,专利权自上一年度期满之日起终止;③ 因专利权人放弃专利权而终止:授予专利权后,专利权人随时可以通过提交放弃专利权声明来主动要求放弃专利权,审查员针对放弃专利权声明发出的手续合格通知书的发文日为生效日,放弃的专利权自该日起终止。

(十三)专利权的无效

专利申请自授权之日起,任何单位或个人认为该专利权的授予不符合专利法有关规定的,可以请求宣告该专利权无效。请求宣告专利权无效或者部分无效的,应当按规定缴纳费用,提交无效宣告请求书,写明请求宣告无效的专利名称、专利号并写明依据的事实和理由,附上必要的证据。对专利的无效请求所做出的决定任何一方如有不服的,可以在收到通知之日起三个月内向人民法院起诉。专利局在决定发生法律效力以后予以登记和公告。宣告无效的专利权视为自始即不存在。

四、专利战略及其作用

专利战略的目标就是要打开市场、占领市场、最终在市场竞争中取得有利地位,占领市场是专利战略目标的核心内容。专利战略与科技、经济发展和市场竞争密切相联系。对一个企业来说,专利战略是企业经营发展战略的重要组成部分。在经营方面运用专利战略,可以有力对抗和排挤竞争对手,以较小的投入获取最大的市场占有份额,同时也能增强自身的竞争能力。

在技术的研究与开发方面,可使自己的发明创造及时得到法律保护,并能及时掌握技术的最新发展,从中借鉴寻找出自己的技术创新的出路。这样可以有效地避免重复研究,节约大量人力、物力、财力和宝贵时间。在面临国际市场竞争激烈的严峻形势下,中国企业要在国际市场中求生存、图发展,积极开展专利战略研究工作具有十分重要的现实意义。

(一)专利战略的分类

1. 按企业专利战略的性质可分为进攻性战略、防御性战略。

专利进攻战略是积极申请,取得尽可能多专利,以控制、称霸市场的战略,包括:基本专利战略;外围专利战略(基本专利与外围专利的结合、交叉许可)、专利许可战略、专利收买战略、专利与产品结合战略、专利与商标结合战略、专利回输战略。

专利防御战略包括:取消对方专利的战略、专利文献公开战略、交叉许可战略。

2. 按企业专利战略的过程可分为申请战略、实施战略、保护战略。

结合国内的实践,还可将进攻性战略细分为核心专利扩散裂变战略、捆绑式"跑马圈地"战略等;将防御性战略细分为基本技术包围战略、技术公开战略等;将申请战略细分为时间差战略、延伸战略等。

 **案例**

手机专利之争

2011 年 4 月,苹果公司在美国北加州区法院起诉韩国三星电子公司,指控其 Galaxy 系列手机和平板电脑侵犯自己的专利。

2012 年 8 月,美国法院最终判决韩国三星电子公司侵犯苹果公司的专利,赔偿苹果公司 10.5 亿美元。

无论是在世界上的哪个国家,都要了解专利的相关知识,懂得及时申请专利,以保护公司、企业的专利技术不被侵害。该案例还证明了企业核心技术申请专利的必要性。

(二) 专利战略作用的主要体现

1. 有利于企业在激烈的市场竞争中求生存、求发展。

市场经济的本质是一种竞争型经济。企业作为自主经营、自负盈亏的独立的经济实体,不容置疑地充当了市场竞争的主角。企业间的市场竞争,表现为产品竞争。产品竞争的背后,实质上是技术的竞争。技术竞争就是抢先创新并取得新技术所有权的竞争,即取得专利权的竞争。

2. 有利于推进技术创新。

专利战略推进技术创新,主要体现在以下几个方面。

(1) 专利战略作为一个动态的战略过程,其第一步是激励发明创造战略。先有发明,后有创新,发明是创新的重要源泉。激励发明创造战略,使得技术创新的源泉永不枯竭。

(2) 激励企业技术创新的积极性,保护企业其技术创新的成果不被假冒伪劣所侵占。

(3) 有利于加强技术创新的环境建设。专利战略要求政府鼓励企业增加科技投入、开发新产品;要求政府制定有关技术引进、高新技术产业的税收、金融等优惠政策,以及进一步加强宣传,培养创造意识,建立综合性全方位的服务机构,利用现代化手段建立信息网络,提供重要的市场信息、技术信息等。这些都大大推动了技术创新环境的形成。

(4) 把"战略"理念引入技术创新。技术战略的选择比具体的技术的选择更重要,对专利战略的专利引进、追随性战略以及国家级战略的研究,可能给我们回答技术创新中带有战略性的问题以启发,即引入"战略"理念,实行战略管理。

3. 有利于增强国际竞争能力。

市场竞争主要体现在产品质量和成本的竞争,归根结底是科学技术的竞争,进而是知识产权的竞争。从当前专利保护日趋国际化、实施统一的专利保护标准来看,专利保护在未来经济发展中的作用越来越重要。

企业要具备国际竞争力,必须生产出具有自主知识产权、高科技附加值的产品。近年来主要依靠政府政策与资金支持"催生"出来的"专利高产量"可能不是可持续发展的,只有激发出企业的主体创新动力才是根本之道。

 任务

一、课后独立完成

小阳是某职业院校的机型工程专业的学生。课外,他对智能机器人制造产生了浓厚的兴趣,在专业老师的指导下,他通过建立创客工作室,致力于工业机器人的研发和制造。在大学二年级的时候,其团队以自己的机器人研究成果作为创业的设想参加了所在省的创新创业大赛,获得了特等奖。其机器人技术成果受到商家的青睐。但获奖的荣誉让他们沾沾自喜,其参赛作品多次别人借阅,技术信息被某个借阅的学生获得并很快地进行了专利注册,与商家洽谈了合作事宜。此时,小阳的团队才醒悟,当他们想保护自己的权益时,碰到了法律问题。为了保护自己的知识成果,小阳在老师和学生的支持下,积极寻求法律保护。他们先向专利权主管部门提交了专利权属的申请,并向主管部门提供了相应的证据,从时间和专利技术的发明的过程和核心技术方面佐证自己对专利的权属。经过专利主管部门审查,根据其技术核心要素的发明特征,最终同意重新审核授权。

请回答:

1. 小阳在创新成果保护方面出现了哪些问题?

2. 小阳等能赢得最终的胜利吗? 如果能,请问要如何赢得?

二、课堂小组讨论

1. 请学生在小组中讲解自己的答案,并谈谈自己的感悟。

2. 请学生对自己不懂的问题向小组成员请教。

三、师生互动

1. 教师抽选小组代表就小组讨论认为最有代表性的答案内容作简要发言。

2. 在教师引导学生引导下,全班学生分为申请方和接收方,模拟一次专利申请的过程。

项目三 商业秘密保护

 学习目标

1. 领会何为商业秘密保护。
2. 了解商业秘密保护的必要性。
3. 掌握商业秘密泄密行为的产生。
4. 掌握保护商业秘密的途径。
5. 培养保护商业秘密的意识。

 活动导入

商业秘密泄露的危机

材料一:诸暨某磁性技术有限公司是一家专业生产、开发磁性材料和磁性器材、磁性材料生产测试设备和其他相关产品的高科技中外合资企业。2006年,朱某来到该公司工作,担任分厂的技术厂长,分管生产和技术研发。2010年9月,朱某离开公司后,在桐庐县和另外两名股东成立了一家磁性材料生产企业。

而让"老东家"没有想到的是,朱某在离开公司时带走了企业的客户资料、货源情况、制作工艺和方法等公司采取严格保密措施的技术信息和经营信息,用于他自己在桐庐开办的企业。没过多久,朱某的这一行为便被他的"老东家"察觉,并举报到了市工商局。

材料二:2009年7月5日,胡××、王×、葛××、刘××等四名力×员工,被上海市国家安全局刑事拘留。2009年7月9日,上海市国家安全局称,胡××等4人采取不正当手段刺探窃取中国国家秘密。2009年8月11日,胡××等四人被正式批捕时的罪名则降格为"涉嫌侵犯商业秘密罪和非国家工作人员受贿罪"。

"力×间谍门"事件让很多人第一次对商业间谍有了感性认识。在西方,间谍事件却一点也不新鲜,许多知名的跨国公司都曾经是各种"间谍门"的主角。有调查显示,名列《财富》(Fortune)全球1000强的大公司,平均每年发生2.45次的商业间谍事件,损失总数高达450亿美元。其中,位于硅谷的高科技公司首当其冲。发生的窃密案件中,个别损失高达1.2亿美元。

随着科技的迅速发展,商业间谍的手段更是花样翻新,商业间谍也开始借助高科技窃取更多的情报,使用间谍也成为西方商战中经常使用的手段。

材料三：

近日，国内一家知名抗生素生产企业的相关人士透露，自己公司因为青霉菌种失密而让整个集团蒙受了巨大的损失。"青霉素是青霉菌的次级代谢产物，而青霉素菌种的优劣则直接决定青霉素生产技术指标和产品竞争力。我们整个集团经过几年时间的选育和诱变而培养出的优良菌种，发酵单位和指数高于国内普通企业20％左右，但遗憾的是这种优势只能保持半年左右的时间。"该人士不无气愤地说。

问题： 商业秘密的泄露会给企业带来哪些影响？

启示： 这三个案例给你什么启发？

 理论点拨

一、商业秘密保护

所谓商业秘密保护，是指劳动者在劳动合同期间以及解除或终止劳动合同后一段期限内不得利用企业的商业秘密从事个人牟利活动，非依法律的规定或者企业的允诺，不得披露、使用或允许他人使用其掌握的企业商业秘密。

商业秘密保护的对象超级广泛，包括技术信息、经营信息具体有：①技术秘密：技术、工艺、设计、方法、配方、程序、数据、试验记录、样品等；②经营秘密：客户名单、货源情报、产销策略、经营方法、招投标标底及标书内容等；③零散的秘密信息；④时效性不确定的秘密信息；⑤否定性的信息；⑥Know-how（专有技术）。

二、商业秘密保护的必要性

在激烈的市场竞争中，任何一个与企业生产经营相关的商业秘密都十分重要。在世界各国特别是发达国家，商业秘密作为知识产权的一部分普遍受到了法律的保护。我国也十分重视保护权利人的商业秘密，简单归纳其原因有以下四个方面。

（一）加强商业秘密保护，是维护商业秘密权利人合法权益的需要

商业秘密可以为权利人带来一定的、有时是巨大的经济利益。一些不法分子为获一己之利，采取各种手段，侵犯他人的商业秘密，有时给商业秘密权利人造成重大损失。要克服上述问题，必须加强商业秘密的保护。它不仅可以通过民事赔偿的方式有效弥补权利人的经济损失，而且可以通过责令停止、罚款等行政手段及时制止侵权行为的发生，从而最大限度地维护商业秘密权利人的合法权益。

(二)加强商业秘密保护,是维护正常的市场竞争秩序的需要

商业秘密属于民事侵权行为,它不仅损害商业秘密权利人的经济利益,而且破坏正常的市场竞争秩序。加强商业秘密的保护,有助于打击扰乱市场秩序的不良行为,有助于树立公平、诚实、信用的市场经营理念。它可以使民法的基本原则与市场经济的内在要求有机结合起来,逐步构建和巩固良好的市场秩序。

(三)加强商业秘密保护,是参与世界经济一体化的需要

世界上越来越多的国家重视商业秘密的保护。就世界贸易组织成员方而言,遵循《与贸易有关的知识产权协议》,运用民事法律手段保护商业秘密,是必须履行的基本义务。中国已加入 WTO,企业面临着前所未有的挑战,这其中就包括商业秘密的进攻战和防御战,我们应当遵循《与贸易有关的知识产权协议》的要求,以加强商业秘密的保护。只有如此,才能促进对外交流与合作,才能最大限度保护国内商业秘密权利人的利益。

(四)加强商业秘密保护,是提高商业秘密法律保护整体效果的需要

在现实生活中,商业秘密侵权行为以民事侵权最为常见。运用民事法律武器制裁侵权行为,给权利人以多种形式的民事法律救济,就十分自然地成为人们最常用的法律保护方法。民法保护成为商业秘密法律保护众多形式中最基本、最主要的形式。加强民事法律保护,意味着抓住了商业秘密保护的根本和关键,有助于提高商业秘密保护的整体效果。

 案例

2018 年,青岛啤酒发现其一名技术人员李某在离职后将公司的核心生产工艺泄露给了一家国内的竞争啤酒厂。这名员工曾在青岛啤酒的技术部门工作,掌握了公司的核心配方和工艺流程。离职后,李某接受了竞争对手的聘用,并将青岛啤酒的核心技术用于该竞争啤酒厂的生产。

青岛啤酒在发现竞争对手生产工艺与自己高度相似后,展开了内部调查,随后向法院提起诉讼,指控李某和该竞争对手公司窃取其商业秘密,违反了商业秘密保护法。

法院最终裁定,李某和该竞争对手公司必须停止使用青岛啤酒的核心技术,并对青岛啤酒造成的损失进行赔偿。法院还认定李某违反了劳动合同中的保密条款,判处其承担相应的法律责任。

三、商业秘密泄密行为

侵权、泄密发生的原因有企业自身内部风险,包括企业人员的各种缺陷,企业自身制度的缺陷和企业规模过大而且结构复杂等。此外,还有企业外部存在的风险因素,如竞争对手的进攻,法律与政策变更,以及其他非企业自身原因。商业秘密的泄密包括以下几种途径。

(一)离职或在职员工泄密

一些掌握企业重大商业秘密的核心员工,在离开原来的企业后,进而转到其他同行业企业,或者自己开办同行业或业务近似的行业的企业,直接造成了原来企业的商业秘密的流失。个别企业员工经受不住利益的诱惑,将自己掌握的企业的商业秘密泄露给他人。

(二)工(商)业间谍

越来越多的公司,甚至包括具有良好国际信誉的公司,利用工(商)业间谍非法获取竞争对手的商业秘密。

(三)接待外来人员采访、参观、考察、实习中疏忽大意

采访、参观、考察等有助于提高企业的公众形象,但同时这也是商业秘密失密的重要渠道。

(四)供应商与客户

即使是最讲信用的供应商,也可能是泄漏商业秘密的潜在危险源,尤其是关键环节的供应商。

(五)技术著述的公开发表和演讲

很多专业人士愿意把他们最先进的研究成果告诉技术同行,这意味着在本领域的学术地位和专业威望。但是,这也意味着这些信息已经进入了公共领域,企业永远不能再对该商业秘密要求拥有所有权。

(六)广告及商贸展览

通过广告或展览,对新开发的技术进行说明和描述,就属于向公众披露,从法律上讲,就等于剥夺或损害了企业获得商业秘密保护的权利。

(七)不注重废旧秘密载体的管理

除了正规的文件、资料外,商业秘密还普遍存在于废旧电脑磁盘、办公废纸以及工业垃圾等最易被忽略的废旧载体中。

四、商业秘密保护途径

企业的正当商业秘密权利被侵犯,应视不同情况,分别向不同部门寻求法律保护,主要

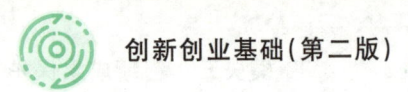
有以下四种途径。

（一）向仲裁机构申请仲裁解决

如果此前企业与侵权人之间签订了商业秘密保护合同，并且双方自愿达成仲裁协议的，可依据《中华人民共和国仲裁法》向双方仲裁协议中约定的仲裁机构申请仲裁。

（二）向当地劳动争议仲裁委员会申请劳动仲裁

企业与职工（包括离职的）之间因商业秘密引起的纠纷或签订劳动合同的职工，期限未满，擅自跳槽，带走企业商业秘密，侵犯企业利益的，企业可依据《中华人民共和国劳动争议调解仲裁法》向当地劳动争议仲裁委员会申请劳动仲裁。劳动仲裁是必经程序。

（三）向工商行政管理部门投诉

《中华人民共和国反不正当竞争法》第二十一条规定了相应的行政责任，即对侵犯商业秘密的行为，监督检查部门应当责令停止违法行为，处十万元以上一百万元以下的罚款；情节严重的，处五十万元以上五百万元以下的罚款。企业的商业秘密被侵犯后，可以向县级以上工商机关投诉，并提供商业秘密及侵权行为的有关证据。

（四）向人民法院提起民事诉讼

根据《中华人民共和国反不正当竞争法》《中华人民共和国民事诉讼法》等法律规定，企业的商业秘密被侵犯，可以直接向人民法院提起民事诉讼。向人民法院起诉的，要先清楚人民法院的管辖范围，一般地应向被告所住地人民法院或侵权行为地人民法院起诉。订立合同的，应向被告所住地或合同履行地人民法院起诉。

（五）刑事诉讼程序

侵犯商业秘密行为构成犯罪时，权利人应向公安机关报案，由公安机关立案侦查。侦查终结的案件，移送同级人民检察院。检察院认为事实清楚、证据充分，应该追究刑事责任的，向同级人民法院提起公诉。对于犯罪行为尚未对社会秩序和国家利益造成严重危害的案件，权利人可以自行向法院提起刑事自诉。在刑事公诉或自诉程序中，权利人可以提起附带民事诉讼，要求被告人赔偿自己遭受的损失。

任务

一、课后独立完成

请全班学生选两位队长，队长再挑选十名学生组成辩论队（被选中学生要服从队长），两位队长就以下辩题抽签并在课后进行准备。

1. 对员工电脑进行监控合法

2. 对员工电脑进行监控不合法

课堂辩论：老师主持，正反方辩论队进行辩论。其他学生做评委，通过投票选择支持的队伍，投票得数最多的小组获胜。学生根据辩论写下自己的感悟和体会。通过辩论，学生写出受到哪些启发。

二、课堂小组讨论

1. 请学生在小组中讲解自己在辩论后的感悟和体会。

2. 请学生在小组中提出自己在辩论中不懂的问题，请其他学生解答。

三、师生互动

1. 小组代表谈一谈公司在监视前应该采取哪些措施保障公司和个人的正当权益？

2. 小组代表说说公司应该怎么做才来鼓励员工保守商业秘密？

3. 教师就小组讨论内容作简要发言，教师进行点评。

项目四　案例展示及分析 5

案例

New Balance 商标侵权案例

案例背景

New Balance 是 1906 年在美国波士顿成立的跑鞋品牌,近年来打入中国市场。调查显示,从 2012 年到 2014 年,New Balance 在中国内地的年销售额达到三位数的增长,其在华门店数量也从 2011 年的 301 家增长到 2014 年的 1600 多家。然而在 2015 年,New Balance 在国内市场遭遇商标侵权诉讼。4 月 24 日,广州市中级人民法院做出一审判决,美国 New Balance 公司在中国的关联公司——新百伦贸易(中国)有限公司因使用他人已注册商标"新百伦",构成对他人商标专用权的侵犯,需赔偿对方 9800 万元。据悉,这是广州中院有史以来,判赔侵权额度最高的知产案件。

此案原告周乐伦是广州"百伦""新百伦"两个商标的专用权人。其中,"百伦"注册商标核定使用在第 25 类"服装,鞋,帽,袜"等商品上,于 1996 年 8 月 21 日获准注册,该商标于 2004 年 4 月经核准转让给周乐伦。"新百伦"注册商标也核定使用在第 25 类商品上,周乐伦于 2008 年 1 月获准注册该商标。同时,周乐伦还设立了企业,生产以"百伦""新百伦"为商标的男鞋产品,并在大型商场设有销售专柜。New Balance 虽成立于 1906,在时间上远早于原告周乐伦的注册的"新百伦",但在我国已注册商标的专用权受法律的保护(不同于美国的使用制,美国给已经使用此商标并建立起一定商誉的商标予保护,而我国同欧洲使用的是注册制,只有已注册的商标可以得到法律保护),同时商标侵权行为会得到相应的法律制裁。

案例内容

被告 New Balance Athletic Shoe,Inc. 在已知"新百伦"商标已被注册之后,未善意地避免与已注册商标相同或相近的标识,被告虽主张"新百伦"只是"New Balance"的中文翻译而其真正中文翻译应为"新平衡",但其行为已造成了相关公众的混淆、误认和市场无序。广州中院一审判决:被告新百伦贸易(中国)有限公司立即停止将"新百伦"用于标识及宣传其商品的行为;赔偿原告人民币9800万元;在"新百伦(中国)官方网站"首页及其在"天猫商城"开设的"New Balance旗舰店""New Balance童鞋旗舰店"的首页刊登声明消除影响等。新百伦中国公司不服该一审判决,向广东省高级人民法院提出上诉。

11月5日,法院二审开庭审理了该案,并将择日宣判。该案涉及了在先权利抗辩的适用、混淆误认的判定及赔偿数额确定等焦点问题,在实务界与理论界引发了较大关注和争议。

案例分析

(1)能否适用在先权利抗辩。

对于新百伦中国公司能否以其在先字号权、知名商品特有名称权,以及在先使用并有一定影响的未注册商标"New Balance 新百伦""NB 新百伦",作为未侵犯周乐伦持有的"新百伦"注册商标专用权的抗辩理由,苏州大学法学院副教授李小伟认为,新百伦中国公司对于"新百伦"标识使用在先,并通过大量广告宣传使得其"新百伦"字号具有了较高知名度,作为同行业竞争者的周乐伦,系为在后的商标申请者,其理应知晓新百伦中国公司"新百伦"字号的存在。因此,周乐伦在鞋、服装等产品上申请注册"新百伦"商标时,理应知晓同一行业的新百伦中国公司具有较高知名度的"新百伦"字号,所以周乐伦具有明显的攀附之意。根据诚实信用、维护公平竞争的原则,新百伦中国公司的在先字号权和知名商品特有名称权以及在先使用并有一定影响的商标应当受法律保护。

第一,在先字号权的确定,不能机械地依照该企业自身的注册登记时间,而是应该看字号权的继承和来源。经美国 New Balance 公司授权,"New Balance"品牌在我国市场的独家经销商企业名称于2003年11月17日从"世跑运动用品(深圳)有限公司"变更为"新百伦运动用品(深圳)有限公司"(下称新百伦深圳公司)。新百伦深圳公司为此举办了一场大型酒会,邀请了大量媒体及同行从业者参与。此后,大量媒体报道"New Balance"品牌时均使用"新百伦"的名称。新百伦深圳公司企业名称的获取及使用均在周乐伦"新百伦"商标申请注册日(2004年6月4日)前,因而美国 New Balance 公司的"新百伦"字号属于在先权利。鉴于新百伦深圳公司是由美国 New Balance 公司为其在我国市场进行商业活动而授权的主体,其对"新百伦"字号的获得和使用是基于美国 New Balance 公司的授权,因此"新百伦"字号的相关权益理应归属于美国 New Balance 公司。2006年12月27日,美国 New Balance 公司设立新百伦中国公司作为其在我国的总经销商。新百伦中国公司获得授权使用美国 New Balance 公司所拥有的"新百伦"字号,承继了与"新百伦"字号相关的在先权利。

第二,早在20世纪90年代,美国 New Balance 公司已经在我国大量销售"New Balance"品牌运动鞋,通过广告宣传、商业赞助等方式,使"New Balance"品牌的运动鞋在我国具有较高知名度。因此,应当认定"New Balance"品牌运动鞋是知名商品。美国 New Balance 公司自 2003 年起便开始使用"新百伦"企业字号,其"新百伦""New Balance 新百伦"和"NB 新百伦"标识在短时间内为消费者和媒体所熟知,成为"New Balance"品牌运动鞋的特有名称,使消费者将"新百伦""New Balance 新百伦""NB 新百伦"标识与"New Balance"品牌运动鞋紧密联系在一起。因此,美国 New Balance 公司的"新百伦""New Balance 新百伦"和"NB 新百伦"标识已经成为知名商品特有名称。新百伦中国公司被授权使用"新百伦""New Balance 新百伦""NB 新百伦"标识,系善意行使其在先的知名商品特有名称权。

第三,美国 New Balance 公司通过新百伦深圳公司,于 2003 年至 2004 年 6 月 1 日期间在我国市场上投放了大量包含"New Balance 新百伦"和"NB 新百伦"标识的宣传广告,相关媒体报道也证实在周乐伦持有的涉案商标"新百伦"的申请注册日前,美国 New Balance 公司的"New Balance 新百伦"与"NB 新百伦"标识便已具有较高知名度,而且周乐伦及其家族均在广东省从事鞋帽生产、销售活动,理应知晓美国 New Balance 公司及其"新百伦"标识的知名度。因此,新百伦中国公司的"New Balance 新百伦""NB 新百伦"标识应当被认定为在先使用并有一定影响的商标。

综上,新百伦中国公司系基于其在先商号权、知名商品特有名称权使用"New Balance 新百伦""NB 新百伦"标识,并不存在抑制周乐伦"新百伦"商标进行商业运作的主观故意,而周乐伦在得知新百伦中国公司启用"新百伦"字号之后抢注"新百伦"商标,未构成反向混淆这种特殊的侵犯他人注册商标专用权的行为。因此,应对新百伦中国公司的在先权利抗辩主张予以支持。

(2)是否造成公众混淆误认。

对于新百伦中国公司使用"New Balance 新百伦""NB 新百伦"标识是否构成与周乐伦"百伦"商标的混淆,华东政法大学知识产权学院教授黄武双认为,判断商标的使用是否会产生混淆,应当考虑多种因素来进行综合判断。该案中,新百伦中国公司使用"新百伦"标识的行为大多为搭配其他英文标识使用和在授权专营店中使用。"New Balance"品牌的英文标识、广告、专柜和专卖店都有其独有的设计并具有较高的识别度,能够让消费者准确地区分其产品和服务的来源。在这种情况下,很难造成消费者将新百伦中国公司的"新百伦"标识与周乐伦的"百伦"及"新百伦"商标产生混淆。

首先,"新百伦""纽巴伦""新平衡"等均属于英文"New Balance"对应的合理中文表达。将英文的商标、商品名称、地名等翻译为中文时,通常采用的方法包括"音译""意译"或者"音译+意译"等多种不同方法,其目的是让相关公众能够在英文和中文之间建立合理的联系,以便达到记忆、接受等认知效果。就熟悉中文的相关公众而言,"新百伦""纽巴伦""新平衡"等中文表达均可以同时指向英文"New Balance"。以熟悉中文的消费者视角观察,中文"新百伦"是英文"New Balance"的合理对应翻译。因此,新百伦中国公司使用"New Balance 新百伦""NB 新百伦"标识,有助于消费者区分商品或服务来源,具有合理性。

其次,新百伦中国公司所使用的"New Balance 新百伦""NB 新百伦"标识,与周乐伦持有的涉案商标"百伦"并不完全相同。其次,即便"New Balance 新百伦""NB 新百伦"标识的主要部分与周乐伦的"百伦"商标相同或相似,新百伦中国公司的使用方式也不会使其与周乐伦持有的"百伦"商标混淆。同时,新百伦中国公司的被诉侵权产品在实体店的展示和销售行为,均系在新百伦中国公司的专卖店和专柜进行。新百伦中国公司从未在任何产品上使用"新百伦"标识。虽在售后销售小票中使用了"新百伦"字样,或在运动鞋下方的标签上标注有"新百伦鞋""新百伦运动鞋"字样,但因其专卖店的门口、店内装潢、产品包装等处大量、突出使用了"New Balance""N"和"NB"商标,故消费者不会将新百伦中国公司的产品与周乐伦的产品相混淆。

综上,在无法证明周乐伦已经大量使用"新百伦"商标证据的情况下,应当认定周乐伦持有的"新百伦"商标在市场上尚未累积商誉,没有市场知名度。而新百伦中国公司使用"New Balance 新百伦""NB 新百伦"标识,不会造成相关公众与"新百伦"商标实际混淆,并不存在混淆可能性。

（3）侵权赔偿数额如何确定。

针对该案赔偿数额的确定,最高人民法院知识产权审判庭原法官王永昌认为,商标侵权案件中侵权赔偿数额的认定应当适用填平原则,在周乐伦没有举证证明其具有市场和市场盈利能力,或证明双方存在市场竞争关系的情况下,将新百伦中国公司因涉案侵权行为获利的 1/2 作为损害赔偿有待商榷。

首先,在判断商标侵权数额中应考虑多种因素,特别是涉案商标究竟对被告的盈利有多大的贡献。该案中,新百伦中国公司的盈利与其在我国的流行是由多种因素导致的,其中包括"New Balance"品牌鞋的高科技性能、独特的设计、广告投入、名人效应等,而"新百伦"中文标识对其盈利的贡献相较而言仅占较小的一部分。在这种情况下,一审法院判决将新百伦中国公司的净利润的 50％ 作为其因侵权而获得的盈利,有待商榷。为了更加准确、客观地计算商标的盈利贡献率,人民法院可以参考专业资产评估机构出具评估意见的方法来实现。

其次,确定商标侵权的赔偿数额应当考虑多种因素,并需注意侵权赔偿数额和侵权行为之间的因果关系。如果以新百伦中国公司的侵权获利来确定侵权赔偿数额,需要考虑因果关系,即新百伦中国公司的获利是否是因为侵权的事实而产生。影响商品销售利润的要素包括技术（如专利技术、技术秘密）、商标及外观设计等标识、销售渠道、材料特殊性、生产能力等多重要素,就鞋类产品而言,款式、色彩、材料等也起着非常重要的作用。因此,即便新百伦中国公司侵犯了周乐伦持有"新百伦"注册商标专用权,在计算损害赔偿金额时,应当充分甄别上述因素,厘清用以支持损害赔偿的因果关系。

而该案中,周乐伦没有任何证据证明"新百伦"标识对于新百伦中国公司销售获利的贡献,应当承担举证不能的不利后果;新百伦中国公司所获得的净利润是基于众多因素的贡献,并非仅仅依靠商标的贡献,抑或是"新百伦"的贡献;周乐伦没有充分证明其对涉案商标的实际使用。因此,该案应仅判决新百伦中国公司赔偿周乐伦合理维权费用即可,以符合民事赔偿的填平原则。

此外,如果在案证据可以证明周乐伦注册和使用"新百伦"商标带有明显的恶意,根据我国民法中的诚实信用原则,赔偿数额不应过高。在此情况下,如果将侵权损害赔偿数额定得过高,反而会让商标抢注者通过提起诉讼而获得不正当的利益,有违民法上的诚实信用原则。因此,法院应将周乐伦是否具有恶意抢注的情形考虑在内,来进行侵权数额的判定。商标专用权是一种民事权利,商标侵权行为当依照民法原则承担一定的法律责任。商标侵权(trademark infringement)行为是指行为人未经商标权人许可,在相同或类似商品上使用与其注册商标相同或近似的商标,或者其他干涉、妨碍商标权人使用其注册商标,损害商标权人合法权益的其他行为。侵权人通常需承担停止侵权的责任,明知或应知是侵权的行为人还要承担赔偿的责任。情节严重的,还要承担刑事责任。

2020年7月,北京知识产权法院驳回美国新平衡公司的诉讼请求。随后,美国新平衡公司不服该判决,向北京高级人民法院提起上诉。

2021年2月,北京高院审理认为,原审判决认定事实清楚,适用法律正确,审理程序合法,美国新平衡公司的上诉理由均缺乏事实及法律依据,故驳回上诉,维持原判,该判决为终审判决。

本案中New Balance侵权行为过于明显,在明知"新百伦"商标已被注册并使用的情况下,仍用其作为New Balance的中文标识进行宣传,但最终法院认为,这属于恶意使用,侵权事实明显。原告律师董宜东说,原告绝不是"商标抢注",这个判决,是法院保护我国企业注册商标专利权的表现。据董宜东说:"为什么恶意使用呢?因为它07年对这个商标提出了异议,也就是提出过反对,但是商标局并没有支持,裁定的结果是驳回。那么从这个角度看,他是知道周先生这个商标存在的。这是发生在2007年的事情。那么他还继续使用商标,这肯定是恶意的;第二个'在先使用'的问题,周先生起诉他的商标是百伦和新百伦两个商标,新百伦是百伦的联合商标啊,所以它肯定时间上是早于New Balance的。"

本案的巨额赔偿金在中外商标权纠纷领域中也具有里程碑似的意义。知名商标权代理人、北京市中伦事务所合伙人马东晓说:"这个数额是非常高的一个判罚。整个知识产权侵权的判决,普遍偏低。这个在业界已经呼吁了很久了。专利是很典型的,商标也不高。基本上一个商标侵权案件,判个几十万非常常见,几百万就慢慢少了,上千万就非常少见了。"在我国,未撤销之前的注册商标均应受到保护。保护商标具有非常重要的意义,商标是一个企业的标志,亦是一个企业文化的表现方式,保护商标就是保护企业信誉,企业形象;商标的保护即企业的知识产权的保护,保护智慧劳动成果,商品的价值;商标保护同时具有非常重要的社会意义,对维持社会秩序,保护智力劳动成果,促进科学技术发展有着非常实际的作用。从New Balance的案例可以看出,我国商标保护仍有不完善不成熟的地方,但随着制度的完善,我国的知产保护将会趋于成熟。

问题:

1. 请谈一谈你对New Balance商标侵权案件的感受?

2. New Balance公司对"新百伦"商标的使用是否构成侵权?

3. New Balance公司对"新百伦"的使用是否构成善意使用?

模块六 创业者

大学生自主创业是指大学生通过个人和组织的努力,利用所学知识、技术、才能和其他各种能力以及积累的资源,努力创新,寻求机会,不断成长,创造价值的过程。当今,国家大力提倡、支持大学生创业,那么大学生如何成为创业者呢?本模块将就创业者的相关知识做详细阐述。

- ▶ 项目一 创业者的概念和类型
- ▶ 项目二 创业者应具备的创业意识
- ▶ 项目三 创业者的创业素养和创业能力
- ▶ 项目四 案例展示及分析 6

项目一　创业者的概念和类型

 **学习目标**

1. 理解创业者的概念和要素。
2. 掌握创业者的分类和动机。
3. 培养正确的创业动机和创业者必备的素质。

 活 动 导 入

镜子中的我

古人云：以铜为鉴，可以正衣冠；以人为鉴，可以明得失；以史为鉴，可以知兴替。日常生活中我们总在观察别人，看别的事物，却很少看自己，除了照镜子外。镜子中的我到底是怎样的我呢？

请学生们在课前照一面大镜子（最好是全身镜），仔细审视镜子里的你，观察你的表情、动作，用语言描述一下"镜子中的我"，思考一下这两个问题：你对自己满意吗？你觉得自己像一个创业者吗？

请用语言描述并配上照镜子时的图或视频，课前在线提交。

问题：你对镜子中的你满意吗？你觉得自己像一个创业者吗？

启示：镜子中的我有哪些需要完善的。

理论点拨

一、创业者的概念

1755 年法国经济学家坎蒂隆（Cantilon）首次将"创业者"一词引入经济学领域。1880年法国经济学家萨伊（Say）首次对"创业者"的定义进行了阐述，他将创业者描述为将经济资源从生产率较低的区域转移到生产率较高区域的人，并认为创业者是经济活动过程中的代理人。1934 年，美籍奥地利经济学家约瑟夫·阿诺伊斯·熊彼特（Joseph Alois Schum-peter）提出"创业者"即创新者，具有发现和引入新的、更好的、能赚钱的产品、服务和过程的能力,这说明创业者通常具备卓越的创新能力。

创业者的最新定义是由香港创业学院院长张世平提出的。他认为,创业者(Entrepreneur)是一种主导劳动方式的领导人,是一种"无中生有"的创业现象,是一种需要具有使命、荣誉、责任能力的人,是一种组织、运用服务、技术、器物作业的人,是一种具有思考、推理、判断的人,是一种能使人追随并在追随的过程中获得利益的人,是一种具有完全权利能力和行为能力的人。这一含义可以通过以下几个方面来理解。

(1) 创业者应当善于发现商机、发掘自身的潜力和资源,充分利用市场机会开始创业,并谋求发展空间。

(2) 创业者应组建团队,依靠团队力量共同创业。

(3) 创业者将劳动、资本、土地三项生产要素相结合来生产第四要素,将经济资源从生产率较低的区域转移到生产率较高、产量较大的区域。

二、创业者的类型

根据创业者的自身情况、创业动机和创业者人格,可以将创业者分为不同的类型。

(一) 根据创业者情况分类

(1) 谋生型创业者。谋生型创业者大多迫于生活的压力,如下岗工人、失去土地或因某种原因不愿留守在农村的农民,以及刚刚毕业找不到工作的大学生。这是中国数量最大的一拨创业人群。

(2) 变现型创业者。变现型创业者是指曾经在党、政、军、行政、事业单位掌握一定权力,或者在国企、民营企业当经理人期间积累了大量资源的人,在合适的时机,自己出来开公司办企业,实质是将过去的权力和市场关系变现,将无形资源变为有形货币的创业行为。

(3) 主动性创业者。主动型创业者分两种,一种是盲动型创业者,一种是冷静型创业者。前者大多极为自信,做事冲动,创业容易失败,而一旦成功,往往能成就一番大事业;后者是创业者中的精英,通常是谋定而后动,不打无准备之仗,他们要么掌握资源,要么拥有技术,一旦行动,成功率较高。

(二) 根据创业者的创业动机分类

创业动机是指引起和维持个体从事创业活动,并使活动朝向既定目标发展的内部动力,是鼓励和引导个体为创业成功而行动的内在力量。有些创业者创业动机比较直接,带有功利性,以改变家庭和个人经济情况、获得丰厚的回报为直接动机;有的创业者创业动机比较间接,不以赚钱为最重要的目的,而是想通过创业展现自己的才华,服务社会,创造更广阔的发展空间,最大限度地实现自己的人生价值。

根据创业动机,创业者可分为以下两种类型。

（1）生存型创业者：创业者为满足生存需求而创业。这种创业动力来自本能和生活的挑战。

（2）机会型创业者：创业者在新创一个企业的想法和开始一个新企业活动的吸引下，由创业者自身的个人特质和商业机会本身的吸引而产生创业行为。

全球创业观察（GEM）2017/2018 年度中国报告中指出，中国超过 30％的创业者为 25～34 岁的青年，创业活动中机会型动机占到总体的 60％以上，并持续提高，以批发货零售为主的客户服务业是中国创业者选择创业的主要领域。

 案例

如果你想创业，你的创业动机是什么？

不可取的十种创业动机

1."我厌倦了要一直努力工作，压力很大。"

正解：创业比找工作更累，压力更大。你需要仔细考虑，健康和个人问题不会因创业而消失。

2."这是我的爱好，所以为什么不把它当成职业？"

正解：你爱做一件事并不意味着有人爱买单。

3."我绝望了，因为我找不到合适的工作。"

正解：现在经济衰退，竞争压力大，工作本就不好找，但别忘了商业衰退率也很高。

绝望的人不会成功，因为他没有创业的资源和毅力。

4."我家是商业世家，所以我有遗传天赋。"

正解：成功的企业家似乎都有内在天赋，但能否自动传给后代就不得而知了。

5."我继承了些钱，创业是不错的投资。"

正解：创业不能没资本，但有资本不意味着要创业，不如把钱投给有经验的人士，或干脆存入银行。

6."我有空闲时间，也需要额外收入。"

正解：创业不是兼职。同时，创业是额外开销而不是额外收入。

7."我讨厌当小职员，被老板管。"

正解：别因为想得到权力而创业。顾客、供应商、赞助商、合作伙伴等都将是你的新"老板"，这些人可能比现在的老板更难对付。

8."我的朋友都拥有热门产业，似乎做得不赖。"

正解：不要相信道听途说之事，不要贸然进入你不了解的潮流产业，你的好友可能在成功前付出了很多艰辛。

9."我想致富,所以我要创业。"

正解:抱着致富的梦想创业,肯定会失望,创业不一定比其他职业更赚钱,而且可以肯定的是创业失败的风险更高。

10."我的首要目标是奉献社会。"

正解:这话值得称赞,但在你成功之后说会更有分量,一味地想改变世界而不考虑钱,那么成立公司会拖垮你。

三、根据创业者的人格类型分类

行为特质动态衡量系统(Profesional Dyna-Metric Programs,PDP),它是用来衡量个人的行为特质、活力、动能、压力、精力及能量变动情况的一个系统。PDP依据人的天生特质,将人群分为五种类型,即支配型、外向型、耐心型、精确型、整合型。为了将这五种类型的个性特质形象化,根据其各自的特点,这五类人群又分别被称为"老虎(Tiger)""猫头鹰(Owl)""孔雀(Peacock)""考拉(Koala)""变色龙(Chameleor)"。PDP能够帮助人们认识与管理自己,帮助组织做到"人尽其才"。利用PDP,可以帮助创业者在创业过程中进行自我分析。

(一)老虎型创业者

(1)此类型创业者的口号是"我们现在就去做,用我们的方式去做"。他们做事果断,大部分根据事实进行决策、敢于冒险。在做决策前,他们会寻找几个替代方案,且更多地关注现在。他们对事情非常敏感,对人却不敏感,属于工作导向型;注重结果而忽视过程,工作节奏非常快,因此也容易与下属发生摩擦。

(2)此类型创业者的共同性格为充满自信、竞争心强、主动且企图心强烈,是个有决断力的领导者。一般而言,老虎型的人胸怀大志、勇于冒险,看问题能够直指核心,并对目标全力以赴。他们在领导风格及决策上,强调权威与果断,擅长危机处理,此种性格最适合开创性与改革性的工作。微软公司的总裁比尔·盖茨就是典型的代表人物。

(二)猫头鹰型创业者

(1)此类型创业者崇尚事实、原则和逻辑,口号是"我们的证据在这里,所以我们要去做"。他们做事情深思熟虑、有条不紊、意志坚定、纪律性强,能够系统地分析现实、把握过去、预测未来。追求周密与精确,没有证据极难说服他们。他们对事情非常敏感,而对人不敏感,属于工作导向型,特别注重证据,决策速度较缓慢。

(2)他们喜欢精确、重视专业性、循规蹈矩,其共同特质为重计划、条理清晰、细节精准。在行为上,他们表现出喜欢理性思考与分析、较重视制度、结构、规范。他们注重执行游戏规则、循规蹈矩、巨细靡遗、重视品质、敬业负责。①过程导向:重计划、条理,细节精准,喜制度、结构、规范,游戏规则要明确。②原则性强:对规则有强烈责任及义务感、紧守本分,讲究规则。寻求自己认同的高品质、做事要确保有把握,敬业负责、巨细靡遗、事必躬亲、保守谨慎、重技术面及个人专业面。③重是非:重视公平与否,喜欢做理性思考和分析、内心很在乎是非、对错、黑白。太重承诺,因此也不轻易给承诺。

(三)孔雀型创业者

(1)此类型创业者热情、精力充沛、易于接近,有语言天赋,善于演讲,想象力丰富,做事比较直观,喜欢竞争,对事情不敏感,对人则很感兴趣。他们关注将来,更多地把时间和精力放在如何去完成他们的梦想,而不关注现实中的一些细节;行动虽迅速,但易急躁;喜欢描绘蓝图,而不愿意给员工实在的指导与训练;员工谈工作时,思维属于跳跃式,员工常常难以跟上节奏;员工得到的更多的是激励,而不是具体指导。

(2)他们同理心强、擅言语表达,喜欢自我宣传、营造气氛、宣扬理念,是塑造愿景的能手。孔雀型的共同特质为:极强的处理人际关系的能力,擅长以口语表达感受而引起共鸣,很会激励并带动气氛。他们喜欢与人互动,重视群体的归属感。由于他们富有同理心并乐于分享,所以具有很好的亲和力。在服务业、销售业、传播业及公共关系等领域中,孔雀型的领导者都有很杰出的表现。他们喜欢做与人有关的事,重视团队,擅长激励他人。

(四)考拉型创业者

(1)此类型创业者喜欢与别人一起工作,但决策慢,总是希望寻求与相关人员达成一致意见。他们总是试图避免风险,办事情不紧不慢,对事情不敏感,但对人的感情很敏感,是关系导向型,很会从小处打动人,为人随和而真诚。他们非常善于倾听,属于听而不决的,也很少对员工发怒,员工很喜欢向他们倾诉。

(2)此类型创业者爱好和平、持之以恒、忍耐度佳。他们的共同特质为平易近人、敦厚可靠、避免冲突。在行为上,他们会表现出不慌不忙、冷静自持的态度。他们重稳定与中长程规划,在现实生活中常会反思自省并以和谐为重,即使面对困境亦能泰然自若、从容应对。在决策上,他们需要较充足的时间做规划,意志坚定、步伐稳健。考拉型创业者可以说是一群默默耕耘的无名英雄,在平凡中见其伟大。

(五)变色龙型创业者

此类型创业者协调性佳、配合度高,是团体的润滑剂。他们的共同特征为适应能力强,善于整合内外资源、兼容并蓄,以合理化及中庸之道来待人处事。

变色龙型创业者会依据组织目标及所处环境的任务需求,随时调整自己,因为他们有明确的预设立场,不走极端,柔软性高,是个称职的谈判高手。在环境骤变的时代,他们更能随机应变,因此不论在企业开创期、过渡或转型期,都需要这样的人才,他们以组织和团体的目标利益为依循。他们需要在稳定的组织里发挥才干,在多冲突的环境中宁愿保持中立。他们具有很好的协调合作能力,擅长整合有限资源,综合团体意见。

任务

一、课后独立完成

测试一

谁是创业者

对表 6-1 中的问题,如果有 10 个以上的答案是"是",说明你有可能适合创业。但这只是一种可能性,不保证你创业一定会成功。如果你真的有未来创业的想法和打算,建议你先学习创新创业基础课程,系统地了解创新创业的过程要素等,再踏踏实实地深入学习专业课。同时,参加创业辅修专业或其他创业实训课程,做好充分的准备。

表 6-1　谁是创业者

测 试 问 题	是/否
我有充分的信心迎接创业过程中的困难和挑战	
我想拥有财务方面的独立	
我一直想取得成就并因而受到嘉奖	
即便我知道失败的风险很大,我依然会尽力尝试新的事物	
我想获得独立以便掌握自己的命运	
成立一家新公司是我人生中最重要的一件事	
我相信成立新公司能够赚钱并获益	
近期我一直在考虑成立一家新公司	
我喜欢和其他人一起工作	
如果有人提出要求的话,我愿意做领导	
我的朋友和家人都支持我创业	
我想要进入的行业中有很多的人脉	
我在想要进入的行业中拥有相应的技能	

测试二

评估创业者个性特征测验

成功的创业者有一些共同的特征,这些特征对创业能否成功起着重要的作用。因此,进行创业决策,是从对这些创业特征和特质的了解,并进而对个体自我的了解和探索开始的。从下列 32 组句子中,选择最能反映你个人观点的句子。

(1)(A) 工作一定要完成。

(B) 我喜欢与优秀的朋友在一起,这样我能够获得他们对我工作的见解和建议。

（2）（A）当我的责任增加时，我会感到更加快乐。

（B）我喜欢把什么事情都事先安排好。

（3）（A）我决不做任何可能使自己受损失的事情。

（B）理解如何创业是赚钱的第一步。

（4）（A）不管是多好的事情，如果这件事情的失败可能使我招致嘲笑，我就不会冒险去做。

（B）除了工作之外，我还记挂别人的安康。

（5）（A）我会为自己开创的任何事业而努力。

（B）我只会做那些使我开心并有安全感的事。

（6）（A）如果我失败了，别人会嘲笑我。

（B）尽管我对自己很有信心，我还是需要别人的建议。

（7）（A）在遇到困难时，我要找到解决的办法。

（B）如果新开创的事业失败了，我会继续自己的工作。

（8）（A）如果我觉得一个想法是好主意，我就会实践这个想法。

（B）我能够比现在做得更好。

（9）（A）工作时，我会注意维系良好的人际关系。

（B）不管发生什么事，都是我从经历中学习的机会。

（10）（A）即使我的努力失败了，我也能从中学到东西。

（B）我喜欢舒适的生活。

（11）（A）我只会投资比赛或彩票，总有一天幸运会落到我的头上。

（B）如果我在工作中失利，我会努力找出原因。

（12）（A）我会尊敬我的员工，并对他们一视同仁。

（B）如果我能有更好的工作，我就会高兴。

（13）（A）在实施一个新的想法之前，我会慎重考虑几天。

（B）如果我的叔叔去世，我会先去参加葬礼，即便这会导致公司订单延误。

（14）（A）只有当我拥有资本时，我才能够发展一份事业。

（B）我希望能够自己做出重要决定。

（15）（A）当别人的好意和信任被背叛时，我不会坐视不理。

（B）如果事情没有按照我的想法发展，我会寻求其他的替代机会。

（16）（A）我可以犯错误。

（B）我非常喜欢与朋友谈天。

（17）（A）我希望我的钱能够安全地存在银行里。

（B）我完全认可我的工作，同时也了解它的优劣。

（18）（A）我希望能够拥有很多钱从而过上舒适的生活。

（B）在做决定时我希望得到别人的帮助。

(19)（A）人们首先应该照顾好自己的亲人和朋友。

（B）我喜欢解决难题。

(20)（A）即使可能损害自己,我也不会做让别人不开心的事。

（B）钱是事业发展的必需品。

(21)（A）我希望我的事业能够很快发展起来,这样我就不会遇到经济紧张的情况。

（B）不能因为不成功就去责备自己。

(22)（A）我应该能够独立地按照自己的想法去做事。

（B）只有为自己的未来积累了一大笔钱后我才会幸福。

(23)（A）如果我失败了,那主要是别人的错误造成的。

（B）我只会做那些让我感到舒服且令我满意的事情。

(24)（A）在开始一份工作之前,我会认真考虑它是否会对我的声誉造成不利的影响。

（B）我希望自己能和别人一样,也买得起昂贵的东西。

(25)（A）我希望能够有舒适的房子住。

（B）我会从失败中吸取教训。

(26)（A）在做任何工作之前,我都要考虑它的长期影响。

（B）我希望每件事情都按照我的想法进行。

(27)（A）金钱能够带来舒适,所以我的主要目标在于赚钱。

（B）我喜欢在能够经常见到朋友的地方工作。

(28)（A）我了解自己正在做的事,我不怕受到别人的批评。

（B）如果我失败了,我会觉得自己非常差劲。

(29)（A）碰到困难是常有的事,我应该去做一些好的新工作。

（B）在开始新工作之前,我会采纳有经验的朋友们的建议。

(30)（A）我的所有经历都会激励我前进。

（B）我希望我有很多钱。

(31)（A）我喜欢每天从容不迫、万事顺利、没有任何烦恼。

（B）不管遇到多大的障碍,我将努力达到目标。

(32)（A）我不喜欢别人无故干涉我做事。

（B）为了赚钱,我可以做任何事情。

活动建议:通过本测试可以了解个体的创业倾向。给学生15分钟时间完成测试,让学生选择每组句子中最能反映个人观点的一句。本测试可以在课堂上做,教师在课堂上讲解。根据下面的评分标准可以帮助学生对自己的答案进行评分;把每题所得分数相加,根据下面的评分等级确定创业倾向。

(1) 19～25分,不具创业性;

(2) 26～36分,中立;

(3) 37～50分,具有一定创业性。

1. A＝1　B＝2	9. A＝1　B＝2	17. A＝0　B＝2	25. A＝1　B＝2
2. A＝2　B＝1	10. A＝2　B＝1	18. A＝1　B＝0	26. A＝1　B＝1
3. A＝0　B＝1	11. A＝0　B＝2	19. A＝0　B＝2	27. A＝1　B＝1
4. A＝0　B＝1	12. A＝1　B＝1	20. A＝1　B＝1	28. A＝2　B＝0
5. A＝2　B＝1	13. A＝2　B＝1	21. A＝1　B＝0	29. A＝0　B＝1
6. A＝0　B＝2	14. A＝1　B＝1	22. A＝1　B＝1	30. A＝2　B＝1
7. A＝2　B＝0	15. A＝1　B＝1	23. A＝0　B＝2	31. A＝1　B＝2
8. A＝1　B＝2	16. A＝2　B＝1	24. A＝1　B＝1	32. A＝1　B＝0

二、课堂小组讨论

1. 请学生在小组中讲解自己完成任务一后有所感悟的体会(1～2条)。

2. 根据本项目所授知识,结合自己的实际情况,在小组中进行分析讨论:我可能成为哪种创业者? 得出结论的依据是什么?

三、师生互动

教师抽选小组代表就小组讨论内容作简要发言,教师进行点评。

项目二　创业者应具备的创业意识

 学习目标

1. 理解创业意识的概念以及创业意识的作用。
2. 掌握创业者应该努力培养哪些创业意识以及提升创业意识的方法和途径。
3. 在日常生活中主动培养创业意识。

 活动导入

创业意识自测

你将如何给自己的创业意识打分？10分为最高分，0分为最低分。

创业意识	0	1	2	3	4	5	6	7	8	9	10
商机意识											
转化意识											
战略意识											
学习意识											
风险意识											
责任意识											
资源意识											
管理意识											
形象意识											
竞争意识											
领导与合作意识											

 **理论点拨**

一、创业意识的确立

意识属于人的精神活动范畴。创业意识是一个人根据社会和个体发展的需要所引发的创业动机、创业意向或创业愿望，是人们从事创造活动的出发点，支配着创业者的态度和行为。无论创业最终是成功还是失败，创业者在创业的过程中都会遇到意想不到的问题或困难，所以要做好充分的准备。

二、创业者需要具备的创业意识

创业意识是创业的先导。作为创业者，需要培养以下创业意识。

（一）商机意识

从创建新企业、促进企业发展、获得成效到再一次创建企业，创业是一个持续不断循环往复的过程。创业者在创业整个阶段，无论是在创业初期，还是中后期，创业者都需要有识别商机的意识，培养自己敏锐的市场捕捉能力，看到别人没看到的机遇和风险。

（二）转化意识

有些创业机会很多人都看到了，为什么有的人创业成功，而有些人从未付诸行动？所以，有识别商机的意识还不够，创业者还需要培养自己转化商机的意识，将想法和创意转变为生产力，变为实实在在的收入和利益。

（三）战略意识

创业者需要有战略性的眼光来经营自己的事业，制订合理的创业计划，适时转换调整创业战略，运用战略战术规避创业者在创业过程中的短板。

（四）学习意识

创业只有激情是不够的，还必须有实力。要有不断学习新知识、新经验、新技能，弥补自己的不足，提高自身水平的强烈意识。

周鸿祎在中央电视台《开讲啦》栏目中，谈到大学生如何做创业准备时，提到"缺什么补什么"，这表明要想创业成功，需要不断学习和积累，不懂技术学技术，不懂管理学管理，不懂财务学财务。总之，不断完善自己，学无止境。

案例

勤奋与运气

已故的台湾首富王永庆在 90 岁高龄时,应邀到台北大学为学生做演讲。一位大学生这样请教王永庆:"您能告诉我,在您一生成功的路程中,到底是勤奋重要,还是运气重要呢?"王永庆回答:"年轻人,我可以负责地告诉你,我用一生的勤奋就是为了证明我的运气比别人好!"成功之路上勤奋最重要。

(五)风险意识

创业是一种冒险。比尔·盖茨经常对员工说:微软的寿命永远只有 18 个月! 近年来,中美贸易摩擦不断升级,美国政府逐步向中国企业施压。2019 年初,任正非在采访中回应"华为,下一步会倒下?"的舆论时,说到"这是早晚的事。不过这是一个哲学命题,并非一个现实命题。"这正是任正非居安思危的体现。加强防范风险的意识,培养规避风险的能力,直接影响到创业的成败。

案例

2019 年 5 月,据外媒报道,美国商务部工业和安全局(BIS)宣布把华为列入"实体名单",这意味着华为不能在未经美国政府的批准下从美国公司购买零件,同时华为手机将不可以使用 Google Android(谷歌安卓)操作系统。外界都认为华为的噩梦来了! 但华为全资子公司海思半导体有限公司总裁何庭波随后发表了致员工的一封信。在信中,她有着这样的描述:多年前,还是云淡风轻的季节,公司做出了极限生存的假设,预计有一天,所有美国的先进芯片和技术将不可获得,而华为仍将持续为客户服务。为了这个以为永远不会发生的假设,数千海思儿女,走上了科技史上最为悲壮的长征,为公司的生存打造"备胎"。今天,命运的年轮转到这个极限而黑暗的时刻,所有我们曾经打造的备胎,一夜之间全部转"正"!

这意味着,早在若干年前,华为就已经在研发自己的芯片和系统了。

创业者需要培养自身的创业意识,其中包括战略意识和危机意识。

(六)责任意识

责任感是一种自觉主动地做好分内分外一切有益事情的精神状态。责任感是一种驱动力,将责任感深植于内心能够促使创业者勤奋敬业、诚实守信、不断学习、持续创新。这些都是创业者应具备的可贵品质。

除了上述意识之外,创业者还需要培养自己的资源意识、管理意识、形象意识、竞争意识以及领导与合作的意识。注意积累和整合资源,注重企业形象管理,为企业带来经济和社会双重收益。

 **案例**

2020 年"诚信之星"——山东康力医疗

为深入贯彻落实《新时代公民道德建设实施纲要》,弘扬诚信文化,推进诚信建设,发挥诚信典型的示范引领作用,在全社会形成履约践诺、诚实守信的良好风尚,中央宣传部、国家发展改革委近日向社会发布了 2020 年"诚信之星"。

"生产不放假、产品不涨价,在新冠疫情防控最紧张时刻的承诺,我们做到了。"得知企业获评 2020 年"诚信之星",山东康力医疗器械科技有限公司总经理吕作文感慨地说。

疫情初期,隶属于山东鲁华能源集团有限公司的康力医疗是全省唯一一家无菌防护服生产企业和全省重点医用口罩生产企业。当时,来自湖北的订单突然增多,引起了这家企业的注意,他们敏感地意识到将会面临一场"大考"。

疫情就是命令,防控就是责任。康力医疗迅速行动组织生产,并于农历腊月二十七召开全体人员动员大会。"疫情面前,康力医疗虽然不能冲在一线,但作为生产企业,我们要坚持春节不放假、产品不涨价,竭尽所能为抗击疫情贡献自己的力量!"吕作文在会上说。

动员大会后,300 多名干部职工放弃休假,24 小时不间断生产,有员工动情地说:"我们不是英雄,做不到不计生死,但是能出多少力就出多少力。"

疫情防控最紧张的时候,口罩供不应求,"当时,市面上 5 块钱一只口罩也买不着。"吕作文回忆说,康力医疗却坚持把品质最好的口罩按 5 毛钱一只销售。为了防止口罩被倒卖,康力医疗还定了一条规矩,那就是口罩不卖给代理商,全部直接供应医院、政府防疫部门等直接使用单位。据统计,这种 5 毛钱一只的口罩,康力医疗一共销售了 1100 万只。

2020 年 1 月 25 日,康力医疗产品纳入国家统一调拨计划,他们全力以赴保障调拨。在各级党委、政府的帮助下,康力医疗的产能持续扩大,员工人数从 300 人增加到 1100 多人,医用防护服从日产 50 套增加到 2 万套,医用防护口罩从日产 1000 只提高到 60 万只,医用外科口罩从日产 10 万只提高到 1000 万只。

在这一过程中,康力医疗始终信守承诺,克服运输成本增加、原材料价格猛增等多种因素的影响,不计成本保证防疫物资供应,几亿件防护用品坚持不涨价。同时,康力医疗还严把质量关,确保产品 100% 达到国标、行标与企业标准要求,保质保量完成了国家的调拨任务。

三、创业意识如何培养

要培养和提升大学生的创业意识,可以从以下三个方面着手。

(一) 个人方面

大学生要充分意识到自主创业是大学生就业大众化背景下大学生就业形势发展的必然趋势。大学生要主动树立创新创业意识,充分利用各种机会、资源和平台,学习创业知识,增强创业意识,全面提高创业素质。积极参与创业实践活动,充分利用实习、兼职、假期实践、市场调研,了解社会和市场,并利用各级别的创新创业比赛或其他平台,理论结合实践,丰富自己的创业实践体验。

(二) 学校方面

作为人才培养主阵地,学校可充分挖掘创业典型素材,利用校园网站、App、论坛、广播、校报、讲座等各种途径和形式,开展创业宣传教育,营造崇尚创业的氛围。此外,学校还可以举办形式多样的创业主题活动,激发学生创业热情。

(三) 政府方面

政府创造有利条件,优化创业环境,提供政策保障,制定和完善法律体系,为大学生搭建良好的创业平台。

 任务

一、课后独立完成

请阅读下面案例,并思考冰草女王"丁蓉蓉"的创业经历给你带来了哪些启示?

冰草女王"丁蓉蓉"

2018年第四届中国国际"互联网+"创新创业大赛金奖争夺赛上,扬州工业职业技术学院校友丁蓉蓉,凭借其自身创业经历形成的作品《"90后"女大学生有点"田"》,与清华大学、浙江大学、北京理工大学等知名本科院校学生同台竞技,最终以就业创业组全国第一名的成绩获得金奖,项目也被评为"最佳带动就业奖"。比赛现场,26家风险投资公司向她伸出橄榄枝。

丁蓉蓉生活在鱼米之乡淮安,从小在父亲经营的蔬菜大棚里长大,对农业有着不同寻常的感情。2013年暑假,丁蓉蓉去日本亲戚家玩,吃到一种蔬菜,口感嫩脆爽口,了解到这种蔬菜叫冰草,营养成分丰富,在日本深受消费者喜爱。虽然冰草价格昂贵,但她认为随着消费水平的提高,冰草还是有市场的,于是她竭力说服父亲试种冰草。由于回国飞机带不了种子,后来费了很大周折才将冰草种子引进国内。父亲试种冰草一年,反复实验都没有成功,发芽率极低,品质还不稳定。当时进口冰草种子价格昂贵,眼见父亲的投资打了水漂,一向不服输的丁蓉蓉不想错过国内市场发展的机会,她选择了休学。村里人笑话父亲培养大学生到头来还是回乡种地,父亲也提出反对,"你的任务就是学习,我不同意你休学。"但丁蓉蓉还是在质疑声中开始了她的冰草种植之路。这一种就是 4 年,她也将土地当作了终生的事业。

休学期间,她继续冰草种植试验。她天天吃住在大棚,晴天一身土,雨天一身泥,上网查找各种资料、到处请教农业专家,经过反复实验,终于在 2014 年冬天掌握适合冰草生长的温度、湿度、土壤酸碱度、光照强度等环境数据,成为江苏规模化种植冰草第一人。经过 18 个月,采用 8 个大棚对 4 种变量进行实验,丁蓉蓉于 2016 年 5 月实现冰草的引种驯化,培育出了新品种——"大叶冰草",打破了国外对冰草种子的长期垄断,将当时 5 万元每斤的进口冰草种子的育种成本,降到了 3000 元每斤。

创业不可能一帆风顺,2016 年 9 月,她遭遇了创业以来最大的困难。"当时一心只想着将冰草种植规模扩大,没去考虑推广的问题,结果冰草压在家里销不出去。"丁蓉蓉回忆:"最穷的时候身上连 200 元都没有,已经准备放弃了。"后来,丁蓉蓉将创业情况告诉了母校创业学院,在母校的帮助下才渡过难关。这一次的经历让丁蓉蓉意识到,自己经营企业不仅要懂技术,还要掌握财务、销售、管理方面的知识,于是她在种植的同时,还挤出时间去学习农业管理知识,并取得了江苏省农产品经纪人高级职业技能证书。基地有了起色后,她又继续回学校"充电",向经管学院的老师认真学习相关财务、销售知识。为了解决销售问题,丁蓉蓉一放假就回家,一家家跑超市、酒店推广冰草,"由于我们是大叶冰草的新品种,口感好,冰柱更多,营养更好,很快得到了市场认可。"仅 2018 年上半年,基地的冰草、草莓、苦菊等农产品的营业额已突破 1500 万元。其中,冰草不但占据着淮安地区 90% 以上,华东地区 40% 的市场份额,还销往山东、安徽、四川等多个省份。在鲜花和掌声中,25 岁的丁蓉蓉很淡定:"人生充满选择,只有持续学习,才能让我们探索更多的未知。"

二、课堂小组讨论

1. 请学生在小组中讲解自己完成任务一后的体会(1~2 条)。
2. 请学生在小组提出 1~2 个自己不懂的问题,并请其他学生解答。

三、师生互动

教师抽选小组代表就小组讨论内容作简要发言,教师进行点评。

项目三　创业者的创业素养和创业能力

学习目标

1. 理解创业者所需的各种素养和创业者应具备的创业能力。
2. 掌握提升创业素养和能力的方法。
3. 加深对自我的了解,判断自己是否可以创业,培养自己的创业能力。

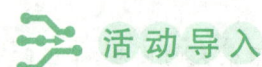 活动导入

谁上救生船

一艘在海洋上航行的轮船不幸触礁,还有 20 分钟就要沉没,船上有 16 个人,可唯一的救生小船只能容下 6 个人,哪 6 个人应该上救生船呢?

表 6-2 中列出了 16 个人的名单和身份,按照你的想法,将下表中的人进行排序,并以小组为单位进行讨论,得出统一意见(注意:最重要的填 1,次重要的填 2,以此类推。最不重要的填 16)。

表 6-2　乘客名单和身份信息

身份	性别	年龄	个人选择顺序	小组选择顺序	差异
船长	男	45			
船员甲	男	30			
船员乙	男	28			
船员丙	男	23			
副省长	男	62			
副县长	女	39			
副县长的儿子	男	12			
海洋学家	男	52			
生物学家	女	33			
生物学家的女儿	女	3			
公安人员甲	男	40			
公安人员乙	女	34			

续表

身份	性别	年龄	个人选择顺序	小组选择顺序	差异
罪犯(孕妇)	女	29			
医生	男	44			
护士	女	23			
因公负伤的重病人(昏迷)	男	26			

问题：

1. 到了船沉没时，小组是否得出了统一的意见？

2. 小组在讨论中是否设立了讨论标准？

3. 小组讨论时，是否有互不妥协的情况出现？如果有，那么是如何解决的？

启示：

对未来可能发生的创业行为，需在平时有意识地培养自己的创业者素质和能力，其中就包括沟通、领导、协调、组织、团结合作等能力。

 | 理论点拨

一、创业者的创业素养

创业素养是创业素质与修养的统一，主要包括知识、能力和精神三个方面。这三个方面相辅相成，共同构成了创业素养的基本内涵。

知识方面包含必备的专业、经营管理、创业、国家及地方政策等方面的知识；能力方面包括创新能力、社会实践能力、交际能力的培养等；精神方面包含创业者自身的坚持不懈、吃苦耐劳、锲而不舍的创业精神以及开阔的眼界、敏锐的反应、过人的胆识等。另外，创业者还需拥有良好的身体素质。身体是完成一切任务的基础，良好的身体能使人心胸宽广，拥有一往无前的魄力。创业素养的高低是决定创业成败的重要因素，在创业过程中起着重要作用。

大多成功的创业者都有着一些不同寻常的特质。例如，自信：他们普遍都有很强的自信心，甚至咄咄逼人的气势。崇高的理想：为实现个人理想，不计较虚名，生活朴实简单，必要时身兼数职。坚强隐忍：他们感情不轻易外露，很少在人前发牢骚抱怨，遇到困难时，坚忍不拔地去突破困境。冒险：他们喜迎挑战、承担责任，但并不盲目，在克服困难中不断提升自我，获得成就感。广泛的知识：几乎大事小事无所不知。控制主导性：他们全身心地投入，目的之一就是掌握权力，包括创业者对团队或组织成员的权力分配。创造性：他们乐于想象、探索和创造，能以平常心看待改变或不确定性，并积极思考应对方法。

 **案例**

任正非的创业观

2019 年 5 月,任正非在谈美国和美国管制时,这样说道:美国政客低估了我们的力量,大家要骂就骂美国政客,这件事不管美国企业什么事情;美国 90 天临时执照对我们没多大意义,我们已经做好了准备,但是我们非常感谢美国企业,他们为我们做出了很多贡献,我们的很多顾问来自 IBM 等美国企业;不能狭隘地认为爱华为就爱华为手机,我们家人现在还在用苹果手机,苹果的生态很好,家人出国我还送他们苹果电脑;最重要的还是把我们自己能做的事做好,美国政府做的事不是我们能左右的;要冷静、要沉着,最终要打得赢才行;我们不会轻易狭隘地排除美国芯片,要共同成长,但是如果出现供应困难的时候,我们有备份,华为在"和平"时期都是一半来自美国芯片,一半来自华为,华为不能孤立于世界。

任正非作为知名创业家,我们感受到了他身上有哪些创业者的素养、情怀和能力?

 活动

"你具备创业素质吗"问卷调查

请回答下列问题,以便更深入地了解自己是否具备一名创业者应该具备的素质,选出你认为符合自身实际情况的选项。

问卷试题:

1. 在一个聚会上,你的朋友告诉你,那个衣着奢华的人最近投资了另一个朋友的企业。你会怎么做?

a. 快速走向他,向他介绍自己,告诉他关于你的商业构想的所有细节,同时询问他是否对你的构想感兴趣并准备投资。

b. 请你的朋友把你介绍给他,你给潜在的投资者递上你的名片,并且礼貌地询问你能否在某个时间给他打电话并向他展示你的创业计划。

c. 你认为在聚会上打扰这个人可能不是一个好办法,毕竟,他来这里是休闲的,你可能在其他地方还会遇到他。

2. 你的老板决定由你负责寻找办公用品的供应商,并选择一家你认为最好的企业作为公司的供应商,你有什么反应?

a. 你觉得自己终于有机会向老板展示你的能力了,此外,你还可以让少数供应商为自己的公司服务。

b. 你感到恐惧,这对你而言责任太重。如果因你的失误,让公司受到损失怎么办?你不希望表现不好。

c. 你很兴奋,这是给老板留下好印象的一个好机会,而且你可以学会怎么比较供应商以及与供应商谈判（这都是你自己做企业时所需要的）。

3. 当你得到一份兼职工作时，你已经开始在学校上全日制学习班了，这个兼职工作与你明年毕业后准备创立的企业正好在一个行业里。

a. 在你与学习导师讨论如何更好平衡学习和工作计划之后，选择工作。因为你相信你即将获得的经验和关系在你创业时是无价的。

b. 选择工作。实际上，这只会占用你额外的时间，却可以赚取一些外快，即使少睡点觉又有什么关系呢？

c. 放弃工作。你不希望你的成绩太糟糕，工作和学习很难兼顾。

4. 你获得了一个市场营销公司调查员的工作，这份工作的薪水很好，但是，需要你与很多人谈话。

a. 选择工作。你喜欢与人交往，而且这份工作是训练你了解消费者需求的一个很好的机会。

b. 放弃工作。你只要一想到与陌生人接触就不自在。

c. 选择工作。这样你可以进行一些自己的市场调查，向被你调查者询问一些有关你创业计划的想法。

5. 你将获得的一份工作薪水很好，也很有趣，但是你需要投入更长的工作时间，有时周末也不能休息。你有什么反应？

a. 你毫无怨言地投入你额外的时间，但是你这样做主要是因为你觉得获得的奖励值得这样做。

b. 你近乎狂热地工作并让自己精疲力竭，因为慢节奏并不适合你。

c. 你辞职了。你是一个严格遵守朝九晚五工作的人。工作不是你生活的全部。

6. 你是一个出色的吉他弹奏者，你的朋友总是要求付费请你上课。你有什么反应？

a. 你花了一些钱在本地报纸上登了 6 周的广告，宣布：你现在可以授课了，费用与本地教师的价格一样。

b. 你开始教少数朋友看方向如何。你询问他们准备如何付费，他们希望学些什么。

c. 你教了少数朋友一些课程，但是拒绝收费。

7. 你最好的朋友创建了一家网站设计公司。他需要帮助，因为公司在不断成长。他承诺你可以成为公司的合作伙伴，尽管你对电脑一窍不通。你有什么反应？

a. 你立即加入了公司，你认为可以很快学会相应的知识。

b. 你让朋友为你保留合作伙伴的位置，但是要求首先为你推荐一个可以让你提高自身技能以符合公司发展要求的课程。

c. 你同意了。由于你对公司一无所知，你并不知道如何开展工作。

每题答案分值：

1. a＝2，b＝1，c＝0；

2. a＝2，b＝0，c＝1；

3. a＝1，b＝2，c＝0；

4. a＝1，b＝0，c＝2；

5. a＝1，b＝2，c＝0；

6. a＝2，b＝1，c＝0；

7. a＝2，b＝1，c＝0。

问卷分析

12分及12分以上：你是一位天生的风险承担者，而且可以承受巨大的压力。这些都是一位成功创业者所应具备的重要特征。你愿意努力工作，但是存在着将警告当耳边风的倾向。通过使用成本/收益分析法仔细评价你的企业（以及个人）决策，来避免这种倾向。在做任何决策前都不要忘记考虑机会成本。

6～12分：你在风险承担与仔细评价之间取得了出色的平衡。你没有受到急于赚钱的欲望的驱动。你知道成功的企业在收获回报之前需要艰苦的工作和牺牲。你应确保将自己的本能和品质用于最可能的商业机会，使用成本/收益分析法评价你有意创建的不同企业。

6分或者6分以下：你对成为一名创业者过于谨慎，但是在你了解更多企业经营知识后，可能会有所改变。你关心财务安全，而且可能不会热衷于投入更多的时间启动你的事业。这并不意味着你不会成为一名成功的创造者。只要确信你决定创建的企业正是你梦想的企业，你就会受到激励并取得成功。使用成本/收益法评价你的商业机会，选择一个财务安全和有效激励两方面结合得最好的企业。

二、不利于创业的个性特征

社会心理学家认为不是所有的人都具备创业素质，也不是所有人都适合创业。如果你具备以下的个性特征，但又很想创业，就需要进一步完善自我，或者学会重用人才，借助他人智慧来弥补自己的不足，降低创业的风险。

(一) 缺少职业意识

职业意识是人们对所从事职业的认同感，它可以最大限度地激发人的活力和创造力，是敬业的前提，如职业运动员、职业演员等，他们具有较强的职业意识。而有些工薪人员由于对所从事的工作缺少职业意识，满足于机械地完成自己分内的工作，缺少进取心和主动性，因此不适合创业。

(二) 优越感过强

一个人若没有从小就养成一种谦卑、尊敬别人的心，就会存在优越感过强、自恃才高、我行我素、难以与集体融合的问题，尤其是难以融入一个注意团队合作的创业团队。

(三) 唯上是从、只会说"是"

这种人缺乏独立性、主动性和创造性，若进行创业，也只会因循守旧，难以开拓性地开展工作,对公司的发展十分不利。

 案例

盲从丢失了升职机会

吴丽在公司待了 5 年,一直兢兢业业地做着自己的本分工作,既没有特别优秀的闪光点,也没有什么大的差错。对于公司规定的任务,她也尽量完成,从不反驳老板的任何意见。但每次公司有升职的机会,总是轮不到她。有一天,她找到老板说:"为什么才进公司 3 年的小王都升职为项目负责人了,我还是一个普通的员工? 我的业务做得也不差啊!"老板说:"如果我要你下个月把业绩提高 5 倍你能做到吗?"吴丽马上心急地说:"我可以试试,一定会尽最大努力完成的。"老板笑了笑说:"这个要求对公司的任何一个人来说都是不可能的。我并不是不相信你的能力,而是这个目标本身就是错误的。你没有从事情的本质出发来看待问题,而是一味迎合我。要想不断上升,只会点头是不行的,还要学会说不。我为什么升小王为项目负责人,因为每次会议小王都会仔细分析自己和公司的不足,提出解决的办法,而你从来都是默默不语。"吴丽十分羞愧,只能打道回府。

(四)偷懒

偷懒的人被称作"工资小偷"。他们付出的劳动和工资不相符合,只会发牢骚、闲聊,不仅浪费自己时间,还影响他人工作。

(五)片面和傲慢

有的人只注意别人的缺点,看不到别人的优点;有的人总喜欢贬低别人、抬高自己,总以为自己是最强者,这些人在人格方面存在很大缺陷。由于这样的人不能正确看待事物,只会片面分析,对企业的发展是非常不利的。

 案例

一次失败的创业

夏雪是一位优秀的大学毕业生,她不仅有着聪明的大脑,还有创业的激情。在外出经商成功的同乡企业家影响下,夏雪也决定自己创业。她拿出自己平时的积蓄,又向父母借了几万元就与朋友一起到外地开了一家服装店。夏雪认为自己的审美观很好,开一家服装店是

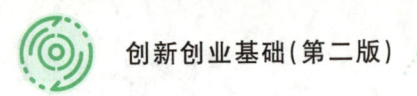
很简单的事,只要进一批好看的衣服就行了。但是,由于对服装店的消费市场定位不准确,她又不肯听同伴的意见转换服装店经营模式。最后,无论她多么努力,服装店都难以盈利,只能以失败告终。

(六)僵化死板

这样的人做事灵活性差,对于发生的问题只会凭经验教条来处理,不能灵活地解决。这类人一般习惯按照自己的惯性思维来思考,没有其他建设性意见。

 案例

胡亮是一位技术高超的软件开发人员,为了完成创业的梦想,他毅然放弃了优越的工作条件,创办了一家属于自己的手机游戏公司。在公司成立之初,他仍然按照自己的工作经验来设计产品,但在已经具有激烈竞争的市场中,他的产品很难脱颖而出。但他毫不气馁,以顽强的意志继续开拓新的方向。通过对市场的分析和以往经验的归纳总结,他不断学习新知识,设计出了在各个手机系统上都能使用的产品。为了使公司发展得更好,他又瞄准时下最热的苹果手机,决定在苹果手机上设计游戏软件,经过他和公司成员的努力,最终成功开发并上线了2款苹果手机游戏,成功地将自己的技术和创意融在一起,开辟了新市场。

(七)感情用事

感情用事者往往以感情代替原则,想如何干就如何干,缺乏理智。这样的创业者往往因为冲动而失去一些机会,或因错误判断而给企业带来损失。

(八)多嘴多舌与固执己见

前者不管做什么事情,都要插上几句话,发表自己的意见,完全不管当前的情形是否适合。后者听不进别人的意见,往往是自己有了决断后,不管别人怎么劝说,都不会改变自己的看法或做法。

(九)胆小怕事,毫无主见

这类人往往缩手缩脚、毫无主见,宁可因循守旧也不敢尝试革新,遇到一点问题就推卸责任,没有责任心。这类人一般都比较自私,庸碌无为。

(十)患得患失却又容易自满自足

这类人只要有所收获就欣喜若狂,稍受挫折就一蹶不振,其情绪大起大落,很不稳定。

三、创业者的能力

创业能力是创业者拥有的关键技能和隐性知识，是个体拥有的一种智力资本。创业能力影响创业实践的活动效率。作为创业者，认为别人创业成功了，自己创业也一定能成功，这样的话往往是以热情开始、以失败告终。所以，对于创业者来说，创业能力是非常重要的。

（一）独立的思考判断力

独立的思考和判断能力，对创业者来说十分重要。在创业机会识别时，认真分析，不随波逐流；在创业遇到挑战时，不为他人的想法所左右，冷静对待，理性思考，这些都会直接影响创业的成败。

 案例

李彦宏的独立思考能力

独立思考和判断的能力是李彦宏在大学期间培养出来的，并在后来的创业途中深深地影响着他。如 2005 年的百度上市；2008 年，百度在日本运营搜索业务，开始尝试国际化；2010 年的拆股，都受到他的独立思考能力的影响。

2005 年 8 月 5 日，百度在纳斯达克成功上市，同时在 Alexa 排名超越新浪，成为第一中文网。李彦宏还记得百度在纳斯达克市场挂牌交易的当天，每股发行价由 27 美元开盘升至 66 美元，随后稳步上行，以 122.54 美元结束了发行首日的交易，实现了 354% 的涨幅。百度股价首日的大幅飙升让许多人印象深刻，李彦宏表示这个涨幅除在 1999 年、2000 年的互联网泡沫时期出现过，至今没有被超越过。但是他强调百度在 2005 年出现类似的高涨幅并不被人看好。"我印象当中 2005 年 8 月 5 日，美国的媒体非常关注百度上市，他们都叫我去接受采访，他们都是直播，我们在不同的地方，还请了一些股票的专家在另外一个地方，大家去争论说百度这个上市，股票涨这么厉害意味着什么。"李彦宏回忆说，"当时我跟另外一个来自佛罗里达的股票专家在争，他说过去这么多年一个公司上市一旦当日涨幅超过 200% 或者是 300% 三年以后这些股票全都跌破了发行量，别看今天是 100 美元，三年以后你的股票会到 27 美元以下。我回复他说不是这样，百度是一个盈利的公司，而中国的互联网发展刚刚开始。

百度上市后不久，出现了各式各样的声音，有人说百度把股票卖便宜了，甚至出现了"阴谋论"，认为百度承销商高盛故意把百度股票价格压低，以换取更多的业务和利润空间。李彦宏说："对于百度来说，2005 年的时候我们规模还很小。为什么当时定的价格比较低呢？我觉得按照以前中国搜索市场的成长速度，这个价钱是合适的，如果按照惯性往前走的话，我们当时也就值 27 美元,按照现在可比价格的话是 2.7 美元。"

对于之后的拆股也是这样,李彦宏始终坚持着自己的独立思考和判断。2010 年 5 月 13 日百度正式按照 10:1 比例执行拆股计划,但之前对于 6:1 还是 10:1 的拆股计划公司内部有很多争论:要不要这么激进地去拆股? 百度和投行商量如何拆股时,投行的建议是 1 股拆 6 股或 1 股拆 10 股,不过投行认为 1 股拆 6 股更稳妥一点,1 股拆 10 股有些激进。"那时候投行说将来可能会跌下来,所以拆的话要保守一点""我们想来想去,基于对中国互联网市场、中国大环境及百度未来高速发展各层面综合判断,最后还是选择 1 拆 10 的拆股方式。"李彦宏说:"拆股当天百度股价大涨 6.79 美元,实际发生拆的前后几天又涨了很多,所以说投资者还是非常看好我们的发展。"

他在回答一位大一女生的提问,即大学期间要为成功创业准备什么时说:"一定要具备独立的思考能力和判断力,那样你才不会轻信别人。"创业需要很多能力,而这两种能力应算是成大事者必备吧!

(二) 分析决策能力

分析决策能力是指创业者依据主客观条件,因地制宜,确定创业的发展方向、目标、战略以及具体选择实施方案的能力。一个创业者首先要有决策力,创业者的决策能力通常包括分析能力、判断能力和创新能力。大学生创业,第一步就是要从众多的创业目标以及方向中进行分析比较,选择最适合发挥自己特长与优势的创业方向、途径和方法。在创业过程中,能从错综复杂的现象中发现事物的本质,找出存在的真正问题,并分析原因,从而正确解决问题,这就要求创业者具有良好的分析能力。所谓的判断能力,就是指能从客观事物的发展变化中找出因果关系,并善于从中把握事物的发展方向。分析是判断的前提,判断是分析的目的,良好的决策能力是良好的分析能力和果断的判断能力的总和。创业实际上就是一个充满创新的事业,所以创业者必须具备创新能力,有创新思维,突破思维定式,不墨守成规,能根据客观情况的变化,及时提出新目标、新方案,不断开拓新局面。可以说,不断创新是创业者不断前进的关键环节。

(三) 经营管理能力

经营管理能力是指对人员、资金的管理能力。它涉及人员的选择、使用、组合和优化;也涉及资金聚集、核算、分配、使用、流动。经营管理能力是一种较高层次的综合能力,是运筹性能力。经营管理能力的形成要从学会经营、学会管理、学会用人、学会理财等几个方面去努力。

 | **案例**

预 言 一 则

某地的一群老鼠,深为一只凶狠无比、善于捕捉的猫所苦。于是老鼠们齐聚一堂,一起讨论如何对付这只猫。老鼠们你一言我一语，都出谋划策，但是它们都只想着探知猫的行踪，早做防范，却没有猎杀这只猫的雄心壮志。这时一只老鼠建议：在猫身上挂个铃铛，铃铛一响，就知道猫来了。这个想法引来了满场叫好。在一片叫好声中，有只老鼠问道：谁来挂这个铃铛呢？在创业过程中，执行力也是非常重要的。

（四）专业技术能力

专业技术能力是指创业者掌握和运用专业知识进行专业生产的能力。专业技术能力的形成具有很强的实践性。许多专业知识和专业技巧是要在实践中摸索，逐步发展和完善的。创业者要重视创业过程中专业技术方面知识的积累和职业技能的训练，对于书本上介绍过的知识在加深理解的基础上予以提高、拓宽；对于书本上没有介绍过的知识和经验要探索，在探索的过程中要详细记录、认真分析，进行总结、归纳，上升为理论，形成自己的特色。只有这样，专业技术能力才会不断提高。

 案例

旷视科技团队

旷视科技分别和商汤科技、云从科技、依图科技一起被称为是"AI四小龙"。从2011年到2021年，十年的时间让这家企业在市场拥有了更多的知名度和话语权，但很少有人知道这家公司的创始人人均年龄不过30出头。

从成立之初开始，旷视科技就是一家十足的明星企业，马云旗下的阿里、蚂蚁都曾持有相应的股份，此外联想创投、阿布扎比投资局、富士康、SK中国等都参与其中，涉及的投资方有十余个，融资金额超10亿美元。而这其实也跟旷视科技三位学霸创始人分不开关系。

出身姚班，天才少年

其实在全国不少高校内都有各自的"少年班"，像百度李彦宏的妻子马东敏就出自中科大的少年班,百度前总裁张亚勤也出自少年班。少年班主要招收的是年龄较小但成绩优异的人才,但在国内还有一个培养天才少年的特殊班级,那就是"清华姚班"。

姚班到底有多厉害,通过"半国英才聚清华,清华半英在姚班"这样的一句俗语大概就可以了然于心。

姚班是由迄今为止唯一亚裔图灵奖获得者姚期智院士创办的,也因此被称为"姚班"。这个班级的目标主要是为了培养领跑国际拔尖创新的计算机科学人才,进入姚班的门槛也特别高,能够进入这个班级的人被认为是"天才中的天才",而旷视科技三位创始人皆出身于姚班。

旷视科技 CEO 印奇于 1988 年出生在芜湖,据悉从中学开始印奇就是典型的开挂式学霸,各种奖项拿到手软,高中还未毕业就成为清华大学自主招生中的一员,2010 年毕业于清华大学姚班,随后赴哥伦比亚大学攻读计算机博士学位。也正是在这里,印奇和旷视科技的其余两位创始人唐文斌、杨沐相识。

唐文斌是被保送进入清华大学,同时也是 2009 首届"Yao Award"金牌获得者;杨沐也是学霸中的学霸,曾经更是获得过国际信息编程奥林匹克比赛的金牌。他们年龄相仿,又都是疯狂的计算机爱好者,自然也让三人走到了一起。在成立旷视之前,三人联手做的一款游戏《乌鸦来了》曾经冲到了中国区苹果 App Store 游戏排行榜前五名。

意外的收获与 Facebook 高价收购以色列一家人脸识别公司的消息,让印奇三人萌生了成立计算机公司的想法。游戏的下载量虽然表现亮眼,但带给他们的实质性收益并不高,而计算机是三人所长又有案例在前,其市场前景自然不可估量。或许是在这样的想法激发下,旷视科技诞生了。

光环笼罩,也非一帆风顺

不管是从创始团队还是从融资经历来说,旷视科技都像是含着金汤匙出生的。即便是团队人才的占比在整个互联网企业都是让人惊叹的。李开复曾经评价旷视科技的一句话至今都在业内流传,"他们是我多年来见过最强的团队,很多团队有一两个技术精英,而 Face++整个团队都是。这么强的团队让我想到了早期的苹果和 Google。"

精英式的团队也让旷视科技更加如虎添翼。将近十年的发展,旷视科技的估值已经达到了 300 亿。根据 IDC 数据显示,2020 年中国计算机视觉应用市场份额中,旷视科技仅次于商汤排名第二。从其官网介绍来看,旷视主要从事的是以新一代 AI 生产力平台 Brain++为核心,在个人物联网、城市物联网、供应链物联网这三大垂直领域提供包括算法、软件和硬件产品在内的全栈式、一体化解决方案。不过即便是独角兽企业,也无法回避亏损的问题。根据招股书披露,从 2016 年到 2019 年上半年其营收分别达到了 6780 万元、3.13 亿元、14.27 亿元和 9.49 亿元,同期亏损分别是 3.43 亿元、7.59 亿元、33.52 亿元和 52 亿元。不过旷视科技表示亏损主要是由优先股的公允价值变动以及对研发的持续投入造成的。光是在 2019 年上半年其研发投入就已经达到了 4.68 亿元。

AI 企业本身就要通过大量的研发投入支撑产品,像依图云从等企业在研发上的资金输出也同样很庞大。其在 2019 年这一年多的时间里业务布局频繁不断,比如继续加码智慧物流系统,其河图系统是业内首款应用于物流机器人的 AIOT 操作系统,这些都让其商业化应用得到了极大的拓宽。

正如印奇在致投资者的一封信中所说,稳健开展商业化是旷视发展的原则之一。创始团队,星光熠熠;创立伊始,资本宠儿,未来是属于年轻人的,这群天才少年也在创造属于自己的未来。

（五）人际交往能力

人际交往能力体现在能够妥善地处理与公众(政府部门、新闻媒体、客户等)之间的关系,不断拓展和积累人脉资源。无形的客户资源网络,良好的商业生态支持网络,创建一个有利于自己创业的和谐环境,也许在关键时刻能成为创业成功的助力。

（六）合作能力

美国实业家洛克菲勒曾经说过,坚强有力的合作伙伴是事业成功的基石。创业者既要充分地了解自己,也要善于分析他人的特点,找到彼此的互补性和差异性,才能找到真正合适的合作伙伴。

（七）创新能力

创新是知识经济的主旋律,是企业化解外界风险和取得竞争优势的有效途径。创新能力是创业能力的重要组成部分,它包括两方面的含义:一是大脑活动的能力,即创造性思维、创造性想象、独立性思维和捕捉灵感的能力;二是创新实践能力,即人在创新活动中完成创新任务的具体工作的能力。创新能力体现在观念创新、技术创新、制度创新、管理创新、产品创新、市场创新,组织创新等。

（八）商业洞察力

商业洞察力是指深入事物或问题的能力,是人人通过表面现象精确判断出背后本质的能力。商业社会要想谋求发展,必须要有极强的发现新兴事物、发现现有事物发展方向的个人能力,否则只能跟在别人之后,很难有较大的发展。

 案例

雷军的远见

传统手机厂商卖手机是把硬件卖给客户,卖完后从此两清。2010 年春天,雷军创立小米公司。小米做的互联网硬件,和传统硬件最大的不同在于,硬件不再是一个孤立的生意,购买者既是客户又是用户,卖完后彼此的关系才刚刚开始,小米可以依靠内容和服务吸引用户持续消费。而且,小米把电子商务作为主要销售渠道,节省渠道成本,主打性价比,利用社交网络营销,取得远超线下的传播效果。互联网公司陷在自己的业务中,传统硬件公司没有互联网基因。在当时移动互联网一日千里的时候,在这两者的结合处,雷军找到了自己顺势而为的空间。2015年,雷军回望历史,认为小米的顺势而为有以下三大红利。第一是互联网的红利。小米高度依赖电子商务,高度依赖社交媒体,其实小米的成长和社交媒体的成长是同步的。第二是中国制造的红利。这让小米可以将全部生产外包出去。第三是消费的红利。2014年,小米的营收增长了227%,已经逼近千亿。经过融资之后,更有观点认为,小米能够问鼎"全球未上市科技公司估值第一"的宝座。

(九)学习能力

学习能力是在人的一生中都使人获益的一种能力。创业是一个持续发展的过程,因此创业者需要不断地学习。任正非出生于贵州一个穷困山区的小村庄,在早期生活条件艰苦的情况下,虽然看不到自己的未来,也仍然坚持自学完成了计算机、数学技术、自动控制,为其后来的创业打下了深厚的理论基础。

 **案例**

李嘉诚成功的奥秘在于学习

李嘉诚缔造了巨大的商业帝国,一度成为亚洲首富、世界十大富豪之一。有位记者曾问李嘉诚:"今天你拥有如此巨大的商业王国,靠的是什么?"李嘉诚回答说:"依靠知识。"有位外商也曾经问过李嘉诚:"李先生,您成功靠什么?"李嘉诚毫不犹豫地回答:"靠学习,不断地学习。"

李嘉诚勤于自学,在任何情况下都不忘记读书。在打工期间,他坚持"抢学",创业期间坚持"抢学",经营自己的商业王国期间仍孜孜不倦地学习。李嘉诚每晚睡前的时间是他铁定的看书时间,他喜欢看人物传记,无论是医疗、政治、教育、福利哪方面,只要是对全人类有所帮助的人他都很佩服,都心存敬仰。李嘉诚一天工作十多个小时,仍然坚持学英语。早年专门聘请一位私人教师每天早晨7点30分上课,上完课再去上班,天天如此。早在办塑料厂时,他就订阅了英文塑料杂志,既学了英文,又了解世界最新的塑料行业动态。

创业者自我评价

下面将从十个方面对你进行测评。每个方面都会有若干测试项目,每个项目分为A、B两栏。如果A栏里的表述符合你的情况,请在A栏相应项目左侧的空格里填写2;如果B栏里的表述符合你的情况,请在B栏相应项目右侧的空格里填写2。本测评的目的是帮助你认识自己,请尽可能真实作答,展现真实的自己。

1. 创办企业的动机。

A	项　目		B
	我有一份工作	我没有工作	
	在决定创办自己的企业之前,我有一份好工作	在决定创办自己的企业之前,我没有一份好工作	
	我从自己干过的每一份工作中都学到了一些东西,我发现工作很有意思	我工作只为赚钱。工作没什么乐趣,我对工作兴趣不大	
	我想让我的企业成为我终生的事业	我想创业是因为我没有其他选择	
	我想拥有一家企业,这样我能为我对家庭提供更好的生活方式	我想创办企业是因为想取得成功。富人都有自己的企业	
	我坚信,我的成功与否更多地取决于我的努力	一个人无论做什么,要想成功,都要别人的许多帮助	
	总计	总计	

2. 风险承受能力。

A	项　目		B
	我坚信要在生活中前进必须要冒险	我不喜欢冒险,即使有机会得到很大回报也是如此	
	我认为风险中蕴含机会	如果可以选择,我愿意以最稳妥的方式做事	
	我只有在权衡利弊后才会冒险	如果我喜欢一个想法,我会不计利弊的去冒险	
	即使投资于自己企业的资金亏掉了,我也愿意接受这样的事实	投资于自己企业的资金有可能会亏损,我难以接受这样的现实	
	不论做任何事,就算我对这事有绝对的控制权,我也不会总期待完全控制局面	我喜欢完全控制自己所做的事情	
	总计	总计	

3. 坚韧不拔和处理危机的能力。

A	项　目		B
	即使面对极大的困难我也不放弃	如果存在很多困难,不值得为某些事奋斗	

A	项　目		B
	我不会为挫折失败沮丧太久	挫折失败对我影响很大	
	我相信自己可以扭转局势	一个人能自己做的事情是有限的,命运和运气起很大作用	
	如果有人对我说不,我会泰然处之,并会做最大的努力改变他们的想法	如果有人对我说不,我会觉得很糟糕,并放弃	
	在危机情况下,我能保持冷静并相处最佳的应对方法	当危机升级时,我会感到糟糕并会选择放弃	
	总计	总计	

4. 家庭支持。

A	项　目		B
	我会让家人参与对他们产生影响的企业决定	我不会让家人参与对他们产生影响的企业决定	
	因为对企业的全心投入,使我不能花很多的时间和家人在一起,他们会理解我	因为对企业的全心投入,使我不能花很多的时间和家人在一起,他们会感到不快	
	如果我的企业最初不是很成功,并且给家人带来经济上的困难,他们愿意忍受	如果我的企业最初不是很成功,并且给家人带来经济上的困难,他们会十分生气	
	家人愿意帮助我克服企业中遇到的困难	家人可能不愿意或者没能力帮助我克服	
	家人认为,我创办企业是一个好主意	家人为我创办企业感到担心	
	总计	总计	

5. 主动性。

A	项　目		B
	我不惧怕问题,因为问题是生活的组成部分,我会想办法来解决问题	我觉得发现并解决问题很难,我害怕这些问题,甚至根本不去想它们	
	我遇到困难时会尽全力克服困难,困难是挑战,我喜欢挑战	遇到困难我总是试图忘记它们,或者等待其自动消失	

续表

A	项　目		B
我不会等待事情发生,而是努力促使事情发生	我喜欢随波逐流并等待好事降临		
我总是尝试做一些与众不同的事情	我只喜欢做我擅长的事情		
我认为所有的想法可能都会有用,因此,我会寻求尽可能多的想法,并看其是否可行	人会有很多的想法,但是一个人不可能做所有的事情,我愿意坚持自己的想法		
总计	总计		

6. 协调家庭、社会和企业的能力。

A	项　目		B
在企业能够承受的范围内,我从企业拿出钱给我和家人使用	我的家人需要多少钱,我就从企业拿出多少钱		
如果我的朋友或家人有经济困难,我将会用预留给我个人的钱来帮助他们,我不会从我的企业拿钱帮助他们	如果我的朋友或家人有经济困难,我将帮助他们,即使这样做可能会损害我的企业		
我不能把大量的工作时间花在家人和社会关系上却忽略我的企业	我会优先考虑家人和社会关系,他们高于企业		
家人和朋友必须像其他顾客一样,为使用我的产品、服务或企业的资产付钱	家人和朋友将从我的企业得到特殊的好处和帮助		
我不会因为顾客是我的家人或朋友就可以赊账	我可以让家人和朋友赊账		
总计	总计		

7. 决策能力。

A	项　目		B
我能够轻松地做决定,我喜欢做出决定	我发现做决定很难		
我能独立做出艰难的决定	在我做出艰难决定之前,我会征求很多人意见		
一旦需要做出决定,我常能尽快地决定	我尽可能地推迟作出决定的时间		

A	项　目		B
什么在做决定之前,我会认真思考并考虑所有可能的选择	我凭感觉和直觉做出决定,我只知道眼下要做什么		
我不怕犯错误,因为我可以从错误中吸取教训	我经常担心会犯错		
总计	总计		

8. 适应企业需要的能力。

A	项　目		B
我只提供客户需要的产品或服务	我只提供自己喜欢的产品或服务		
如果我的顾客想要更便宜的产品或服务,我将想办法满足他们的需求	如果我的顾客想要更便宜的产品或服务,他们只得找其他的企业		
如果我的顾客想赊购,我会想办法用最低的风险为他们提供赊购服务	我不会向任何人赊销我的产品或服务		
如果将企业迁到其他地方生意更好,我将这样做	我不准备重新选择企业地点		
我将研究市场趋势,并力图改变工作态度和方法,以跟上时代的发展	最好按照我已经知道的方法去工作,跟上时代的发展太难了		
总计	总计		

9. 对企业的承诺。

A	项　目		B
我善于在压力下工作,我喜欢挑战	我不善于在压力下工作,我喜欢平静和轻松		
我喜欢每天工作很长时间,我不介意占用业余时间	我认为工作以外的时间很重要,人不能用业余时间进行长时间工作		
我愿意为我的企业而减少与家人及朋友在一起的时间	我不愿意为我的企业而减少与家人及朋友		
如果必要,我可以把社交活动、休闲娱乐和业余爱好放在一边	我认为在社交活动、休闲娱乐和业余爱好上花很多时间是很重要的		
我愿意非常努力地工作	我愿意工作但只做必须做的事情		
总计	总计		

10. 谈判技巧。

A	项 目		B
	我喜欢谈判,并且经常在不冒犯任何人的情况下完成目标	我不喜欢谈判,按照别人的建议去做更容易	
	我与别人沟通得很好	我与别人沟通有困难	
	我喜欢倾听别人的观点和选择	我对别人的观点和选择不感兴趣	
	谈判时,我会考虑什么对自己有利,什么对别人有利	如果参加谈判,我更愿意做一个听众旁观事态的发展	
	我认为在谈判中达到目的的最好方法,是努力寻找一个使双方都受益的方案	因为企业是我的,所以我的意见最重要,谈判中总有一方是失败的	
总计		总计	

测评结果说明:

1. 对每个测评项目而言。

A栏得分越高,表明你在这个方面能力越强。如果你的分数在6~10分,说明你在这个方面能力较强。

B栏目分越高,表明你在这个方面能力越弱。如果你的分数在6~10分,说明你在这个方面能力较弱,应努力提高自己。

2. 对总分而言。

A栏总分大于或等于50分的,表明你越具备做一个好企业主所需的素质;分数越高,表明你的素质越强。

B栏总分大于或等于50分的,表明你需要对自己进行提高;分数越高,表明你目前的素质越弱。

任务

一、课后独立完成

抓住机会

杰森出身贫寒,做过勤杂工、推销员等。他依靠不懈的努力白手创业,最终成为一代巨富。少年时,其他孩子从安全门逃票看电影,但是杰森却不。他找到电影院负责人,说:"让我把守安全门。"结果他不仅获得了这份非正式职业,而且获得了影响他一生的观念:只要肯动点脑筋就能赚钱。后来杰森到芝加哥闯天下时,看到报上有很多招收瓦匠的广告。因为战后经济回升,美国建筑业热门,泥瓦匠供不应求。于是,杰森便在一家报纸上刊登了培训泥瓦匠的广告。他租了一间店铺,挂上培训部的招牌,请了一位熟练的瓦匠,教材是砖瓦、水泥及沙子。他的这一计划非常成功,每天都有众多的工人来参加培训。当时建筑公司聘用人员需要分别招募木匠、水泥工、粉刷工等,实在是一件麻烦事。杰森便组织了一个专门机构为建筑公司代理这些事项,而且采取分工负责和流水作业,效率很高,受到建筑公司的欢迎。就这样,委托建筑与工程承包之间的中间商便出现了。后来,杰森成了建筑公司的董事长。

请思考下列问题,并形成书面材料。

1. 上面的材料体现了创业者哪些创业能力?

2. 创业过程中如何运用这些能力?

二、课堂小组讨论

1. 请学生在小组中讲解自己完成任务一后有所感悟的体会(1~2条)。

2. 请学生在小组中出 1~2 个问题考考别人。

3. 请学生在小组提出 1~2 个自己不懂的问题,请其他学生解答。

三、师生互动

教师抽选小组代表就小组讨论内容作简要发言,教师进行点评。

项目四　案例展示及分析 6

 案例

不甘平凡——大学生创业者的成长之路

材料一：

蔡潇梅,2015 年毕业于湖北城市建设职业技术学院,在校所学专业为建筑装饰专业。毕业之后,她在武汉某设计公司供职四年,工作遇到瓶颈时选择辞职。蔡潇梅喜欢自己所学的专业,也看好行业的发展前景,辞职后开始创业。无论是在企业工作,还是自己创业,她始终保持着最初的责任感,也希望凭借自己的能力和所学在本行业里寻到一席之地,实现自己的人生价值和目标。

在企业供职时,蔡潇梅主要从事设计工作。刚离职时,在大半年的时间里,她开始作为独立设计师承接一些工程,主要涉及家装和老房改造的项目。满怀理想的蔡潇梅希望能够挑战自己,所以独自承担了从设计到施工的工作,后来发现自己对施工这一块并不了解,所以遇到了施工时间长、成本增加等问题。虽然最后圆满完成了工程,但她开始意识到作为创业者不能太理想化。积累了一些经验后,蔡潇梅遇到了现在的合作伙伴,两人一同成立了工作室,创立了萧函装饰设计工程有限公司。公司承接了一些产业园办公楼的工装,也顺利承接并完成了中广核展厅的设计施工。

谈到创业,蔡潇梅这样说道,"我觉得自己在专业上不是属于有天分的一类,但是因为对这个设计行业的喜欢一直在坚持,遇到问题寻找解决办法,不退缩,踏实地走好每一步,珍惜

遇到的每一个机会,诚信地面对自己的客户,互换立场地为甲方解决问题。"

蔡潇梅认为创业和在企业供职完全不同。创业需要创业者有很强的综合能力。在遇到不同环境,尤其是年轻人的理想与现实发生碰撞时,还要有过硬的心理素质。她还提到创业还需要抱团取暖,选择合适的合作伙伴非常重要。

目前,公司还处于生存阶段,蔡潇梅希望未来能有机会承接更多不同类型的项目,并能通过承接不同类型的项目,为自己公司的发展寻找到精确的定位。

材料二:

刘卓,湖北城市建设职业技术学院毕业生,大卓·女装穿搭工作室创始人。

刘卓是一个心怀理想又爱冒险的女孩,进入大学之际,就萌生了希望能早些找到自己出路的想法。

刘卓的创业之路是从大一下学期开启的。创业之初是最艰难的,选择什么行业?如何

着手？什么行业既适合自己，又能在竞争激烈的市场中脱颖而出，并能长期从事下去？学习了多年的艺术，又非常看好自己所学的专业，她决定以手工、手绘为突破口进行创业。在朋友的支持下，她赚到了人生的第一桶金，收获了信心。钱虽然不多，但她很开心。

为了积累更多的经验，刘卓也到别的手绘店打工，通过一段时间的摸爬滚打，终于开了一家自己的手绘网店。刚开始网店没有什么流量，于是她以低价促销来宣传，根据市场潮流来营销，慢慢积累了一些顾客资源，此外还和代理、请柬店、印刷店都有过合作，正好赶上市场上流行电子版的手绘，于是网店的客户群体就稳定下来了。

随着业务量的上升，刘卓一个人每天不停地画也完成不了客户的订单，于是她开始寻找画师。想要找到合适的画师并不容易，画风、价格、守时、沟通等都是她要考虑的因素，她和多位画师有过合作，经过磨合后，刘卓寻到了五六个长期合作的画师，找到了可以信任的合作伙伴，继而她将主要精力转到售前和售后的客服环节。谈到客服工作，她这样说道："我也有过处理售后问题焦头烂额的时候，有时候是一堆的问题等着解决。熬夜处理售后问题是常有的事，让人很累，但还是坚持下来了。因为这是我的初心，我热爱的事情。"

通过努力，刘卓能养活自己了，她给爸爸买了一辆车，还经常带着爸妈去旅游。

创业过程从来不是一帆风顺的，大学毕业之际，刘卓想尝试从事实体店经营，选择人气很旺的光谷租了门面，由于疫情及商家经营等因素，店铺的经营受到影响，后来刘卓果断转让门面，损失了部分投资资金。第一次实体店经营失败后，刘卓有些受打击，但并没有就此放弃，她想到了线上线下同时经营。刘卓选择在家乡的一座大学旁边开了一家服装工作室，自己装修、选款、进货、宣传、促销，很累但很有成就感。虽然周边大学生喜欢店里的衣服款式，有了稳定的客户，但人流量始终无法提升。刘卓分析认为主要问题还是店铺的地理位置没有选好，因为店铺在大学的对面。后来店里又出现了潮气太重的问题，导致新衣服上长霉点，最终刘卓不得不选择清仓。经过这一次实体店的经营，刘卓吸取了教训：投资实体店前，一定要全方位地考察并考虑周全后再做决定。

现在,刘卓不仅在线上经营平面设计手绘类业务,在线下还成立了自己的穿搭工作室。

谈到自己的就业体会,刘卓认为在寻找创业项目时,首先要结合自己的实际情况来找准定位,要尽量发现自己的长处,做自己擅长的,做适合自己的,才是最好的,才能长期坚持做下去。其次,还要学会独立思考和分析,在众多的市场机会中,找准商机。此外,沟通能力很重要。最后,创业失败在所难免,但遇事不慌张,要越挫越勇。

对未来,刘卓充满信心和期待,在创业上她计划以线上电商为主,线下实体结合,并打算通过自媒体直播带货。

问题:

1. 请你结合本模块所学的知识,谈一谈以上两位创业者的经历给了你哪些启示?

2. 作为一名大学生,你觉得一个创业者应该具备的创业素养和创业能力有哪些?

模块七 创业团队

创业容易守业难。一个成功的企业背后必须依靠一支充满战斗力的团队。团队在创业过程中具有极为重要的意义，它是企业的魂，是企业最终成功的重要保证。多数成长较快的企业是由团队建立起来的。创业团队管理是一门艺术，如何让公司生存得更长久是每一个创业者都应不断思考的问题。

项目一　创业团队的构建

 学习目标

1. 了解创业团队的构成要素。
2. 熟悉创业团队组建的原则。
3. 掌握寻找创业团队成员和建设创业团队的方法。

组建创业团队

　　试着在班级内组建/寻找自己的创业团队,学习构建合理的创业团队的要素。根据不同的创业项目,将班级同学组成若干小组。通过讨论,依据选择的创业项目和团队成员情况,填写表 7-1。

表 7-1　构建创业团队

团队构成要素	具 体 内 容
团队名称	
(拟)经营项目	
目标	
成员	
定位	
职权	
计划	

　　问题:在创建创业团队当中,你遇到了哪些困难? 你是怎么解决这些困难的?

　　启示:相对于单打独斗,团队的确带给我们很多利好。但是一个良好的创业团队的建立,却需要很多的方法和技巧。

理论点拨

创业的确可以由一个人来完成,没有团队的创业不一定会失败。但一般来说,创业是一件比较复杂的事情,创业不是一场单打独斗的战役,团队创业是创业的主要表现形式。尤其是现代社会背景下的创业,需要多种多样的资源和机会,需要处理各种各样的问题,仅靠个人的力量往往是不够的;无论在智力结构、能力结构、资源结构还是专业结构上,团队创业都要比个人创业更加具备优势,创业成功的可能性更大;在创业史上,通过组建创业团队而获得创业成功的案例,远远多于单枪匹马创业成功的案例;团队创业具有更强的资源整合能力,能同时从更多渠道获取创业资源,保障创业企业的成功。

创业团队是一个特殊群体,在创业初期把创建新企业作为共同目标,集体创新,分享认知、共担风险、协作进取;创业团队的工作绩效大于所有个体成员独立工作时的绩效之和;创业团队对创业成功具有重要价值,是企业高层管理团队的基础和最初组织形式。

现在已经不是单人创业的时代了。随着社会发展,任何企业或项目都要多方面努力才可能成功。例如,20世纪90年代,一个人辛苦进货后卖出就可以赚钱,但是现在,线上线下联动都不一定能创业成功。这里的差别就在于多岗位紧密协作。现在的项目需要:产品部门根据客户需求创造好的产品,运营部门根据营销数据做好统筹和运营策略,营销部门通过活动和策划快速向客户宣传品牌,市场部门不断壮大渠道和客源,财务部门处理好公司的财务管理工作,人事部门完成团队组建和管理工作。

一、创业团队的构成要素

在创业过程中,通常由两个以上(含两个)才能互补、共担风险、共享收益、愿为共同创业目标奋斗并具有一定利益关系的人组成一个工作团队。创业团队组建是整个创业过程中最重要的一环,一个好的创业团队对于新创企业的成功有着十分重要的意义。

通常,构成创业团队的要素包括目标、成员、定位、职权、计划,各要素之间相互影响、相互作用,缺一不可。

(一) 目标

对于创业团队来说,目标永远是对团队成员最好的激励。团队目标越清晰、越吸引人,就越有激励作用,越能唤起团队的积极性。一般来说,创业团队的目标就是通过实施创业计划来实现预期的目标,从本质上来说创业团队的根本目标在于创造新价值。团队目标设定必须遵循 SMART 原则,即团队目标必须是具体的、可以衡量的、可以达到的、与其他目标具有相关性、具有明确的截止期限,五个原则缺一不可。

（二）成员

团队成员是构成创业团队最核心的要素。人力资源是创业团队的所有资源中最活跃、最重要的资源。通常在团队创建初期，创业团队人数不宜过多，能满足基本的需求即可。在创业团队成员选择上，通常要综合考虑各成员在能力和技术上的互补性，建立优势互补的创业团队是保持创业团队稳定性的关键，也是规避和降低团队组建风险的有效手段。

（三）定位

明确定位包含两层意思：一是创业团队的定位，包括创业团队在企业中处于什么位置，由谁担任主要负责人、决定团队成员人选等；二是成员定位，包括各成员在创业团队中具体扮演哪个角色，是负责计划、融资、管理还是主管技术、生产、市场，是委派个人管理、大家共同参与管理还是聘请第三方（职业经理人）管理等。

（四）职权

职权就是根据执行创业计划的需要，具体确定每个团队成员所要担负的职责以及享有的权限。创业工作的范围涵盖公关、管理、生产、销售、财务、人力资源开发等各个领域，每个领域的事情和问题将影响整个新创企业现在的状况和未来的成败。因此，通过职权划分，理清创业团队所需要的人员，建立职工岗位责任制，让所有员工知道自己的工作任务以及完成任务所需要的技能，新创企业管理起来就会容易得多。

由于创业过程所面临的环境是动态而复杂的，会不断出现新的问题，团队成员可能不断更换，因此，创业团队成员的职权也应根据需要不断地进行调整。

（五）计划

计划指创业团队未来的发展规划。切实可行的计划便于创业目标的有效实施，以及实施过程的控制和调整。创业计划通常包括创业团队的领导和规模、领导职位设立的方式、领导的权限和职责、创业团队各成员特定的职责与权限、各成员投入团队工作的时间等。

 案例

俞敏洪的创业故事

俞敏洪，1962 年生，江苏江阴人，北京大学外语系毕业后，任北京大学外语系教师，1993年创办北京新东方培训学校。最初，他独自承担宣传、授课等所有的工作，但毕竟人的精力是有限的。为了把新东方做大做强，俞敏洪认识到英语培训行业必须具备一流的师资，他需

要更多的合作伙伴,帮他把控英语培训各个环节的质量,这样才能创造名气,才能把公司做大,在同类学校中脱颖而出。而这样的合作伙伴,不仅要有过硬的专业知识和能力,更要和俞敏洪本人有共同的办学理念。他首先想到的是远在美国的王强、加拿大的徐小平等人,这些人不仅符合业务扩展的要求,更重要的是这些人作为自己在北大时期的师生、好友,在思维上有着一定的共性,肯定比其他人能更好地理解并认同自己的办学理念,合作也会更坚固和长久。就这样,王强和徐小平都站在了新东方的讲台上。

这时,俞敏洪遇到了一个和他有着共同梦想的惺惺相惜的朋友——杜子华。在一次会面中,俞敏洪和他谈了英语培训行业的创业,当然这次会面也改变了杜子华单打独斗实现教育梦想的生活,杜子华最终决定在新东方实现自己的追求和梦想。1997年,俞敏洪的另一个学生包凡一也从加拿大赶回来加入了新东方。新东方就像一个磁场,凝聚起一个个年轻的梦想,这群在不同土地上为了求学,洗过盘子、贴过广告、做过推销、当过保姆的年轻人,终于找到一个突破口,年轻人身上积蓄的需要爆发的能量在新东方充分得到了释放。就这样,从1994年到2000年,杜子华、徐小平、王强、胡敏、包凡一、何庆权、钱永强、江博、周成刚等人陆续被俞敏洪网罗到了新东方的门下。

俞敏洪为新东方组建了一支年轻而又充满激情和智慧的团队,俞敏洪的温厚、王强的爽直、徐小平的激情、杜子华的洒脱、包凡一的稳重,五个人的鲜明个性让新东方总是处在一种不甘平庸的氛围当中。

新东方的创业团队有些类似于唐僧的取经团队。徐小平曾是俞敏洪在北大时的老师,王强、包凡一同是俞敏洪北京大学外语系80级的同班同学,王强是班长,包凡一是大学时代睡在俞敏洪上铺的兄弟。这些人个个都是能人。俞敏洪曾坦承:论学问,王强出自书香门第,家里藏书超过5万册;论思想,包凡一擅长冷笑话;论特长,徐小平梦想用他沙哑的嗓音唱校园民谣,他们都比我厉害。所以,新东方最初的创业成员,个个都是"孙悟空",每个人都很有才华,而个性又都很独立,俞敏洪敢于选择这帮"牛人"作为创业伙伴,并且真的在一起做成了大事。新东方形成了一种批判和宽容相结合的文化氛围,批判使新东方的人敢于互相指责,纠正错误;宽容使新东方的人在批判之后能够互相谅解,互相合作。这就是新东方的人的特点:大家互相之间不记仇,不记恨,只计较到底谁对谁错谁公正。

新东方曾经成功的关键因素之一是俞敏洪敢用"孙悟空",而且是多个"孙悟空";另一个关键因素就是俞敏洪本人所具备的包容性。俞敏洪的身上有唐僧的影子,他坚忍而正直,带领着一帮比他厉害的"牛人",不仅将新东方从小做大,而且还完成了让局外人都为之捏了一把汗的股权改制。最令人意料不到的是,俞敏洪居然还将新东方带到了美国的资本市场,成为中国第一个在海外成功上市的民营教育机构。

二、创业团队的类型及特征

创业团队通常包括"核心主导创业团队"和"群体性创业团队"。前者是先有创业想法再组建创业团队,后者则是先组建队伍再确定创业方向。根据创业者人员关系构成不同,一般将创业团队分为星状创业团队、网状创业团队和从网状创业团队中演化来的虚拟星状创业团队三类。

(一) 星状创业团队及其特征

星状创业团队通常有一个核心主导人物,由他来充当领军角色。核心主导人物根据自己的创业想法组建创业团队,其他的团队成员在企业中主要扮演支持者角色。牛根生与蒙牛、陶华碧与老干妈等都是星状创业团队。

这种创业团队特点为:①组织结构紧密,向心力强,主导人物在组织中的行为对其他个体影响巨大;②决策程序相对简单,组织效率较高;③容易形成权力过分集中的局面,从而使决策失误的风险加大;④当其他团队成员和主导人物发生冲突时,因为核心主导人物的特殊权威,使其他团队成员在冲突发生时往往处于被动地位,在冲突较严重时,一般都会选择离开团队,因而对组织的影响较大。

(二) 网状创业团队及其特征

网状创业团队的成员在创业之前一般都有犹如学生、亲友、同事、朋友等密切关系,其典型代表有微软的比尔·盖茨和童年玩伴保罗·艾伦,惠普的戴维·帕卡德和他在斯坦福大学的学生比尔·休利特等。

这种创业团队特点为:①团队没有明显的核心,团队成员在团队中的地位相似,整体结构较为松散,容易形成多头领导的局面;②成员的地位相对平等,有利于沟通和交流,组织决策一般采取集体决策的方式,通过沟通和讨论达成一致意见,因此决策效率相对较低;③当团队成员之间发生冲突时,一般能积极协商解决,团队成员不会轻易离开,但一旦冲突升级,使某些团队成员撤出,团队解散的可能性较高。

(三) 虚拟星状创业团队及其特征

这种创业团队由网状创业团队演化而来,基本上是前两种团队类型的中间形态。在虚拟星状创业团队中,通常有一个核心成员,但该核心成员地位的确立是团队成员协商的结果,因此核心人物从某种意义上说是整个团队的代言人,而不是主导型人物,其在创业团队中的行为必须充分考虑其他团队成员的意见,不像星状创业团队中的核心主导人物那样有权威。

这种创业团队的特点为:①稳定性较好,组织机构紧密,向心力强,主导人物在组织中的行为对其他个体影响巨大;②决策程序相对简单,组织效率较高;③容易形成权力过分集中的局面,从而使决策失误的风险加大;④当团队成员和主导人物发生冲突时,核心主导人物具有特殊权威,其他团队成员处于被动地位,可能会导致其他团队成员离开团队,对组织影响较大。

 **案例**

乔布斯的创业故事

上初中时,乔布斯在一次学生聚会上认识了沃兹尼亚克,两人一见如故。19岁那年,大学只读了一学期就因经济原因休学的乔布斯,成为雅达利电视游戏机公司的一名职员。他借住在沃兹尼亚克家的车库里,空闲时间坚持到社区大学旁听相关课程。乔布斯一边上班,一边与沃兹尼亚克琢磨计算机。21岁那年,乔布斯在车库里创立了苹果公司。一个偶然的机会,零售商保罗·特雷尔来到乔布斯的苹果公司,被乔布斯演示的计算机所吸引,订购了50台整机,之后"苹果"公司开始小批量生产计算机。百万富翁马库拉凭企业家特有的战略眼光,敏锐地意识到未来个人计算机市场的巨大潜力,前来参观乔布斯和沃兹尼亚克的车库工厂。擅长推销工作的马库拉,主动帮助他们制订出一份商业计划,并给他们贷款69万美元,与两位年轻人合作创办了苹果计算机公司。有了资金,乔布斯说服沃兹尼亚克脱离惠普,全身心投入到苹果公司。为加强苹果公司的管理,马库拉推荐了全美半导体制造商协会主任斯科特担任公司总经理。乔布斯找到当时硅谷最著名的公关和广告公司的老板——英特尔设计芯片广告的麦克凯纳,经乔布斯三番五次地上门拜访,麦克凯纳最终同意帮忙。可以说,沃兹尼亚克设计制造了苹果计算机,马库拉有商业上的敏感性,斯科特有丰富的生产管理经验,麦克凯纳创造了苹果的声誉,但最终是乔布斯以传教士式的执着精神把沃兹尼亚克、马库拉、斯科特和麦克凯纳融合在一起,打造了优势互补的强势团队。苹果公司传奇是技术、资金、管理的完美团队结合结出的神奇之果。

三、创业团队的组建

(一) 组建原则

组建一个具有不同技能的多样化团队对创业成功至关重要。创业要想成功,团队成员的选择非常关键。一般情况下,组建创业团队,寻找团队成员时,要坚持以下基本原则。

1. 目标一致原则。

拥有共同的目标是团队区别群体的重要特征。共同目标引导着创业团队的发展,是团队凝聚力和持续发展的基础。作为创业团队,只有具有共同目标才有凝聚力。目标一致是组建创业团队的前提,团队成员若不认可团队目标,就不可能全心全意为此目标的实现而与其他团队成员相互配合、共同努力。没有一致的创业目标,即使组建起来,创业团队也无法有效发挥协同作用。

2. 互信互补原则。

建立互信互补的创业团队是保持创业团队稳定性的关键,也是规避和降低团队组建模式风险的有效手段。创业团队成员的知识、能力结构越合理,创业成功的可能性就越大。创业团队各成员能力的总和决定了创业团队的整体能力和发展潜力。成员之间的相互信任是组建创业团队的基础和前提,而彼此信任是解决内部分歧、达成一致的唯一途径。创业者之所以寻求团队合作,其目的就在于弥补创业目标与知识结构、自身能力及当前资源之间的差距。纯粹的技术人员组成的团队容易形成技术为王、产品为导向的情况,从而使产品的研发与市场脱节;全部是市场和销售人员组成的创业团队则会缺乏对技术的领悟力和敏感性,容易迷失方向。只有当团队成员相互信任,并且在知识、技能、经验、资源等方面互补时,才能充分发挥其组合潜能,强化团队成员间彼此的合作,发挥出"1+1>2"的效果。

3. 精简高效原则。

为了减少创业初期的运作成本,最大比例地分享成果,创业团队人员构成应在保证企业能高效运作的前提下尽量精简。

4. 动态开放原则。

创业过程充满了不确定性,创业团队成员可能因为能力、价值观等问题选择离开,同时也可能会有新人加入。因此,在组建创业团队时,应注意保持团队的动态性和开放性,使真正与职位匹配者能进入创业团队中来;在创业活动中,应适时调整团队成员的角色分工,使创业伙伴聚同化异,做到"人尽其才,才尽其用"。

组建高效的创业团队是创业成功的前提和基础。创业失败的原因,90%以上都是团队成员配置出了问题。因此,创业者首先需要十分用心组建和经营自己的团队。

(二) 组建流程

创业团队的组建是一个较为复杂的过程,不同的创业者由于资源、能力等不同,所需的创业团队成员不一样,组建创业团队的方法与流程也就不尽相同。通常情况下,创业团队组建流程包括以下几个方面。

1. 确立创业目标。

创业团队的总目标是以创业项目的目标为基础,通过完成创业阶段的公关、技术、管理、生产、销售等各项工作,实现企业从无到有、从起步到成熟的过程。总目标确定后,再将总目标分解,设定若干可行的、阶段性的子计划和子目标。创业者的目标与企业目标之间有不可分割的联系,故在确定企业目标之前,创业者必须对自己的个人目标一清二楚。创业者明确个人创业目标后,方可明白需要建立什么样的企业、要承担什么样的风险及能否承受相应的风险等问题。

2. 制订创业计划。

明确创业目标之后,紧接着就要研究如何实现这些目标,这就需要制订周密的创业计划。创业计划是在对创业目标进行具体分解的基础上以团队为整体来考虑的计划。

创业计划需要确定不同创业阶段的任务,通过逐步实现这些阶段性任务来最终实现创业目标。

3. 招募合作伙伴。

招募合适的成员是组建创业团队最为关键的一步。团队成员的来源最好是自己的学生、朋友等,也可以利用各种平台资源,招贤纳士。如果有志向相投,又能优势互补的好友助阵,将是比较理想的状态。

创业团队成员招募的流程主要如下。

(1) 拟定招募方案。创业者应根据创业项目的需要制订方案,包括招募岗位职责、人数,合作内容、方式、方法,时间要求等。

(2) 确定合作条件。根据创业企业运转弥补创业资源的要求,明确合作对象的条件,制定相关岗位合作人选的具体要求,通常注重德、才、资。德指品质,要求具有高尚的道德情操;才指才能,即具备胜任岗位工作的能力;资指资历,包括学历、经历、经验和工作成绩。总之,合作对象要德才兼备。

(3) 选定对象。创业者可以通过发布招聘广告、委托猎头寻找、亲朋好友推荐、从合作客户中物色等途径,选定拟合作对象。选定对象候选人之前必须确定招聘岗位所要求的人数,以便择优录用。

(4) 跟踪考察。创业者要组织人员了解各候选人的情况,并进行全面深入考察。通过考察,了解候选人的知识结构、教育背景、性格特征、合作动机、愿望等。创业者应亲自与候选人面谈,以便进一步考察验证。

(5) 择优录用。挑选团队合作伙伴时要全面评估各候选人的优势与劣势,力求德才兼备。最为理想的状况是合作伙伴的知识、性格、特长(能力)、教育背景、资源等方面互补,而创业动机、创业愿景、个人特性方面则相似。经过反复比较推敲,在达成共同愿景的基础上,择优录用。

适度的团队规模是保证团队高效运转的重要条件。团队成员太少则无法实现团队的功能和优势;而团队成员过多又可能会产生交流的障碍,团队很可能会分裂成许多较小的团体,进而大大削弱团队的凝聚力。在团队创建初期,人数不宜过多,能满足基本的需求即可,并且创业团队中至少需要管理、技术和营销三个方面的人才,形成良好的沟通协作关系后,创业团队才可能实现稳定高效的发展。

4. 明晰职权划分。

根据执行创业计划的需要合理划分职权,确定每个团队成员所要担负的具体职责以及相应的权限。通常,将创业企业中从事相似或相同职能工作的人员集中在一起,形成不同的工作部门,再根据各部门的职能,给不同的人分配不同的工作任务,使团队成员的工作能够有效地协调起来。团队成员间职权的划分必须详细、明确,既要避免职权的重叠和交叉,又要避免无人承担造成工作上的疏漏,同时还应根据团队成员的变动情况,动态地对成员的职权进行调整。

5. 选择合作方式。

通常,团队成员共同合作创业的方式有以下两种。

(1) 合伙制。团队成员共同订立合伙协议,成立合伙企业,共同出资、合伙经营、共享收益、共担风险,并对合伙债务承担无限连带责任,运用合伙企业的运作机制及形式进行合伙创业。

(2) 公司制。团队成员以股东身份投资入股,制定公司章程,设立有限责任公司或股份有限公司,公司以其全部财产对公司的债务承担责任,股东以其认缴的出资额(或认购的股份)为限,对公司承担责任,运用公司的运作机制及形式进行合作创业。

创业团队具体采取哪种形式、怎么合作,应根据团队成员的价值观、创业项目、创业资源等具体情况进行综合考虑。

6. 构建制度体系。

制度是对成员进行约束和激励的基础,应该通过各种制度来约束创业团队成员的行为,以确保创业团队的稳定。创业团队制度体系体现了创业团队对成员的控制和激励能力,主要包括团队的各种约束制度和激励制度。制度体系应以规范化的书面形式确定下来,以免带来不必要的混乱。一方面,创业团队通过各种约束制度(主要包括纪律条例、组织条例、财务条例、保密条例等)指导其成员,避免成员做出不利于团队发展的行为,从而维护团队的稳定秩序;另一方面,有效的激励机制(主要包括利益分配方案、奖惩制度、考核标准、激励措施等)是创业团队实现高效运作的重要保证,充分调动成员的积极性,最大限度发挥团队成员的作用,创业目标才能得以实现。创业团队要实现有效的激励,首先必须把成员的收益模式界定清楚,尤其是关于股权、奖惩等与团队成员利益密切相关的事宜。

7. 团队调整融合。

完美的创业团队是随着企业发展逐步磨合出来的。在创业过程中,创业团队的组建并非一蹴而就的事。随着时间的推移,团队组建时在人员匹配、制度设计、职权划分等方面的不合理之处会逐渐暴露出来,这就需要适时地对创业团队进行调整,以保持团队成员之间的有效沟通与协调,培养和强化团队精神,提升团队士气。由于问题的暴露需要一个过程,因此,团队调整也应是一个动态持续的过程。

选择团队合作创业已成为当今大多数创业者的共识。能力、资源等方面互补的成员组成的创业团队将更具有竞争力。

很多创业团队存在"一年合伙、两年红火、三年散伙"的现象。团队分裂如果能促进企业成长不是坏事,但在通常情况下,初创企业的团队分裂将导致新创企业元气大伤甚至导致创业失败。如能重视创业团队建设,形成共同的目标和愿景,实现优势互补,股权分配合理,沟通畅通高效,那么创业团队分裂的危险就可避免。

任务

一、课后独立完成

唐僧取经回到东土大唐之后的某一天,唐僧、孙悟空、猪八戒、沙和尚四人想创办一家公司,该公司有五个工作岗位:总经理、技术总监、财务总监、保卫部长和公关部长。请问,他们分别最适合哪个岗位? 请阐述理由。

二、课堂小组讨论

1. 请学生在小组中讲解自己完成任务一后的体会(1~2 条)。

2. 请学生在小组中出 1~2 个问题考考别人。

3. 请学生在小组提出 1~2 个自己不懂的问题,请其他学生解答。

三、师生互动

教师抽选小组代表就小组讨论内容作简要发言,教师进行点评。

项目二 创业团队的股权结构设计

 学习目标

1. 理解股权结构设计的重要性。
2. 学习在创业过程中如何设计科学有效的股权结构。
3. 学习如何打造一支优质高效的创业团队。

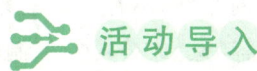

创业股权结构设计

A 准备做一个校园水果配送电商业务,他负责水果进货和协调学校关系,另外需要一个小伙伴 B 做新媒体运营推广和在线支付程序开发,需要一个小伙伴 C 帮忙配送,还需要一个小伙伴 D 负责校园地推和兼顾配送。

A 说服了三位小伙伴一起来做这个项目,项目原始资本 4 万元,他投入 3 万元,推广和程序开发的(B)以技术入股,另外两个小伙伴一人 5000 元。

你认为怎样才能比较合理地分配股权比例?

问题:在股权分配中,是完全由出资多少来决定的吗? 如果不是,那决定股权分配的是什么?

启示:除了资金以外,人力、技术等各种资源都可以作为股权分配的标准。这些资源在不同类型的公司可以占得多少股份,又是需要重点关注的。

 理论点拨

一、股权结构类型

在创业企业中,由于股东的种类以及持股比例不同,会有不同的股权结构。概括起来,主要有以下三种类型。

(一)高度集中型股权结构

在这种股权结构下,绝大多数股票掌控在少数股东手中,尤其是第一大股东往往持股数目非常大,占有绝对控股地位,掌握着公司的控制权。相对于这些大股东,其他股东只占有公司少量的股票,在企业的经营决策、利润分配等方面都受制于大股东。

在创业企业中,这种股权结构占多数。

(二)适度分散型股权结构

在这种股权结构下,既有一定的股权集中度,又有若干大股东存在,主要是机构法人互相持股,控股者也多为法人股东。这种股权结构能促使股东适度、有效地行使最终控制权,既不忽视权力,又不滥用权力,从而有效地解决"委托— 代理"关系下效率损失的问题。这是一种较为合理的股权结构。

(三)过度分散型股权结构

在这种股权结构下,有相当数量的股东持有相当数量的股票,不存在大股东,股权高度分散,股东之间容易出现互相推诿"搭便车"的现象,也就容易造成公司的控制权实际上掌握在经营者手中,即所谓的"内部人控制"的现象。

二、股权结构的设计原则

(一)人力资本所有者与投资人共同分享利润

对于高科技企业而言,技术和产品的完整结合是完成产品研发和企业发展的必要条件,因此,企业获得的利润是人力资本所有者和投资人共同的贡献,人力资本所有者和投资人共同分享利润是合理的。两者之间的分配比率最终由其反复博弈之后而定。

(二)采用期权制度

因为创业企业在研发新产品、销售产品的过程中不仅会产生现金利润,同时还会产生无形资产,因此,人力资本所有者和投资人按比例分享企业的无形资产是合理的。但是,与现金利润不同的是,无形资产往往是和企业的发展联系在一起的,以企业为载体,难以分割。只有企业的股东才有权享受企业的无形资产。因此,要想让人力资本所有者能像投资人一样享受企业的无形资产,就要想办法让人力资本所有者变成企业的股东。其中,比较有效的方法就是期权制度,也就是说,人力资本所有者首先得到的就是分红权和在一定时间内按原始价格收购一定比例股权的承诺;而技术人员分到红利以后,从投资人手中收购部分股权,成为投资股东,再按原定比例与投资人一起分享企业的所有利润。

(三)遵循股权动态变化的原则

创业企业是在不断发展的,这就需要不断地为企业输入新鲜血液,不管是人力资本还是非人力资本。对于新加入的投资人和人力资本所有者,他们也要参加到企业的股权分配中去。这就要求企业的股权比例呈现动态变化。

三、股权分配的十大陷阱

（一）团队中没有大家都信服的老大

企业的股权架构设计，核心是老大的股权设计。若老大不清晰，则企业股权没法分配。创业企业，要么一开始就有清晰明确的老大，要么磨合出一个老大。很多公司的股权战争，缘于老大不清晰。

企业有清晰明确的老大，并不必然代表专制。苹果、微软、谷歌、"BAT"、小米……这些互联网企业都有清晰明确的老大。老大不控股时，这些企业都通过 AB 股计划、事业合伙人制度等确保老大对公司的控制力。创业团队的决策机制，可以民主协商，但当意见出现分歧时必须集中决策，一锤定音。

在公司的股东会与董事会层面，老大只有对公司有控制，公司才有主人，才不会沦为赌徒手里不断转售的纸牌。老大在底层运营层面适度失控，公司才能走出老大的短板与局限性。有些声称试验失控的创始人，也未必敢在公司股权层面冒险失控。

（二）只有员工，没有合伙人

在过去，很多创始人是一人包打天下。新东方三驾马车、腾讯五虎、阿里巴巴十八罗汉……我们已经进入了合伙创业的新时代。创始人单打独斗心力难支，只有合伙人并肩兵团作战共进退才能胜出。创始人需要寻找在产品、技术、运营或其他重要领域可以独当一面的同盟军。

"初创企业合伙人的重要性胜过风口的商业模式"，这并不为过。在实践中，有很多创业者会问如何做员工股权激励，但很少有创业者会问如何做合伙人股权设计。合伙创业，合伙人既要有软的交情，也要有硬的利益，这样才能长远。只讲交情不讲利益，或只讲利益不讲交情，都是不妥的。

（三）团队完全按照出资比例分配股权

如果把创业看成一场远距离拉力赛，赛车手最后可以胜出的原因，至少包括跑道的选择、赛车手的素质与跑车的性能。跑车赖以启动的那桶汽油，肯定不是胜出的唯一重要因素。创业企业合伙人的早期出资，就好比那桶汽油。

在过去，如果公司启动资金是 10 万元，出资 7 万元的股东即便不参与创业，占股 70% 是常识；就现在而言，只出钱不干活的股东"掏大钱、占小股"已经成为常识。

在过去，股东分股权的核心甚至唯一的依据是"出多少钱"，钱是最大变量。现在，人才是股权分配的最大变量。

我们见到，很多创业企业的股权分配，是"时间的错位"：根据创业团队当下的贡献，去分配公司未来的利益。创业初期,不好评估各自的贡献,创业团队的早期出资就成了评估团队贡献的核心指标。这导致有钱但缺乏创业能力与创业心态的合伙人成了公司大股东,有创业能力与创业心态但资金不足的合伙人成了创业小伙伴。

我们建议,全职核心合伙人团队的股权分为资金股与人力股,资金股占小头,人力股要占大头。人力股要和创业团队四年全职的服务期限挂钩。对于创业团队出资合计不超过100万元的,我们建议,资金股合计不超过20%。

(四) 没有签署合伙人股权分配协议

许多创业公司容易出现的一个问题是在创业早期大家一起埋头、一起拼,不会考虑各自占多少股份和怎么获取这些股权,因为这个时候公司的股权就是一张空头支票。等到公司的前景越来越清晰时,早期的创始成员会越来越关心自己能够获得的股份比例,而如果在这个时候再去讨论股权怎么分,很容易导致分配方式不能满足所有人的预期,导致团队出现问题,影响公司的发展。所以,在创业早期就应该考虑好股权分配,签署股权分配协议。

(五) 合伙人股权没有退出机制

合伙人股权战争最大的导火索之一,是完全没有退出机制。例如,有的合伙人早期出资5万元,持有公司30%股权。6个月后由于与团队不和主动离职了,或由于不胜任、健康原因或家庭变故等被动离职了。离职后,退出合伙人坚决不同意退股,理由很充分:①《中华人民共和国公司法》没规定,股东离职得退股;② 公司章程没有约定;③ 股东之间也没签过任何其他协议约定,甚至没就退出机制做过任何沟通;④ 他出过钱,也阶段性参与了创业。其他合伙人认为不回购股权,既不公平也不合情、不合理,但由于事先没有约定合伙人的退出机制,对合法回购退出合伙人的股权束手无策。

对于类似情形,通常建议在企业初创期,合伙人的股权分为资金股与人力股,资金股占小头(通常占10%~20%),人力股占大头(80%~90%),人力股至少要和四年服务期限挂钩,甚至核心业绩指标挂钩。如果合伙人离职,资金股与已经成熟的人力股,离职合伙人可以兑现,但未成熟的人力股应当被回购。

(六) 外部投资人对公司控股

对股权缺乏基本常识的,不仅是创业者,也包括大量非专业机构的投资人。例如,我们看到,有投资人投70万元,创始人投30万元,股权一开始简单、直接、高效、粗暴地做成70∶30。

外部投资人控股存在很多问题:首先,创始团队没有足够的工作动力,感觉是在为别人打工;其次,没有预留足够股权利益空间吸引优秀的合伙人加入;最后,这类股权架构让投资机构避而远之,影响公司的下一步融资。

(七) 给兼职人员分配大量的股权

很多初创企业热衷于找一些高大上的外部兼职人员撑门面,并发放大量股权。但是,这些兼职人员既没多少时间投入,也不承担创业风险。股权利益与其对创业项目的参与度、贡献度严重不匹配。这也经常导致全职核心的合伙人团队心理失衡。对于外部兼职人员,我们建议以微期权的模式合作,而且对期权设定成熟机制(如顾问期限、顾问频率,甚至顾问结果),而不是大量发放股权。经过磨合,如果弱关系的兼职人员成为强关系的全职创业团队成员,公司可以给这些人员增发股权。

(八)给短期资源承诺者分配过多股权

很多创业者在创业早期需要借助很多资源推动公司的发展起步,这个时候最容易给早期的资源承诺者许诺过多股权,把资源承诺者变成公司合伙人。

但是,创业公司的价值需要整个创业团队长期投入时间和精力去实现,资源只是一个方面,更重要的是对资源的利用。对于只是承诺投入资源,但不全职参与创业的人,更适合优先考虑项目提成,谈利益合作,而不是股权绑定。

(九)没有给未来员工预留股权

公司的发展离不开人才,股权是吸引人才加入的重要手段。创始人最初分配股权时就应该预留一部分股份,将其放入股权池,用于持续吸引人才和进行员工激励。股权池的股份可以由创始人代持。

(十)配偶股权没有退出机制

全职直接参与公司运营管理的核心团队,是创业合伙人。容易被忽视的是,创业合伙人的配偶,其实是背后最大的隐形创业合伙人。配偶股权很重要。中国的离婚率近年有上升趋势,创业者群体的离婚率可能高于平均水平。根据我国法律,婚姻期间的财产属于夫妻共同财产,除非夫妻间另有约定。创业者离婚的直接结果是,公司实际控制人发生变更。土豆创始人王微因为配偶股权纠纷,影响了土豆的最佳上市时机,为此付出了巨大的代价。创投圈还专门为此设计了"土豆条款",直接要求创业者配偶放弃就企业股权主张任何权利。为了既保障公司股权与团队的稳定性,兼顾配偶合理的经济利益,稳固创业者后方的和谐家庭关系,一方面,约定股权为创业者个人财产;另一方面,创业者同意与配偶分享股权变现利益,做到钱权分离。

 **案例**

火锅店的股权分配

A、B、C 三人合伙想开一家火锅店。A 是个厨子,拥有独家秘方,让人吃了一次想吃第二次,念念不忘;B 钱多而且熟悉各种工商流程,愿意提供大部分启动资金和负责初期的开店注册手续;C是个年轻IT小伙,有IT技术,会做微信平台开发,也提出了一个全新的商业模式,听起来前景诱人。三个人都没有什么运营餐饮行业的经验和经历,但决定开店后共同经营管理,此时股权怎么分? 如果按A、B、C分别拥有40%、40%、20%的股权进行分配,那三个人就会开始扯皮,每个人都可能会觉着自己还是吃了点亏。

A说,餐饮其实没什么壁垒,人人都能做,味道好坏是招徕顾客的第一要素。所以厨师的手艺是很重要的,B和C都同意。B说,光有手艺也不能把我们的事业做起来,开店要一大笔启动资金,再说咱一起做这事不也是为了赚钱回来嘛,一开始的资金投入也是非常重要的,A和C没有任何异议。C说,光满足以上两点呢,可能只是小打小闹,累不说也赚不到大钱,我提出的这套商业模式结合好的推广,一定能帮我们提高很多营业收入。A和B琢磨了一下,觉得这新的模式因为谁都没有去验证过,风险很大。A和B觉得在运营方面C也没有特别多的经验,于是跟C说,这样好了,我们暂时认可如果能按你预想的那样,我们可以得到更多的营收,但这事也没个准,等我们做起来之后发现你的方法确实有效——带来了额外的营收和利润,再给你兑现这部分股权,你这部分贡献是预期的,所以相应部分现在你要先拿期权。C是个通情达理的人,觉得这样做比较合适。

经过一番友好的商讨之后,他们结合餐饮这个行业的实际情况,把100%的权重分为手艺25%,合伙人出资55%,商业模式和运营20%三个部分,然后A、B、C三人各自对这三项进行打分,值为0~5分,表7-2为他们的最后商讨结果。

表7-2 股权分配方案打分表

项目	A	B	C
手艺25%	5	0	1
资金55%	2	5	1
运营20%	1	2	5
总股权	37.10%	39.40%	23.50%

接下来他们还约定了与权利相对应的职责和义务。对应股权相应的责任约定为:① 做菜方面:A主要负责调料制作和烹制,C打下手,B不参与;② 出资方面:A、B、C出资比为2:5:1;③ 运营方面:A因为主要负责烹饪,只会参与重大决策,B会参与部分,C主要负责。

除此以外,C与A、B还有个共同承诺:一年以后提出的运营模式要初见成效,为了便于判断,还约定了一个数额,如未达到这个数字则按情况稀释相应数量股权。同时他提出A也要保证自己的手艺确实能得到顾客的认可,可以招来很多回头客才好兑现相应部分股权。最后在股权分配协议上,细化了每个人的权益和责任,并提出了可考量的指标,以三个月和六个月和一年为期限,逐步兑现相应的股东权益。

任务

一、课后独立完成

如果你是一个小组负责人,现在你来负责拟一份征集合伙人的广告,然后进行三分钟的演讲,并注意以下几个方面。

（1）你是召集人,不一定是领导者。

（2）创业的初始目标、计划。

（3）你掌握的资源及你需要的资源。

（4）所需伙伴的数量和特点。

（5）你对股权分配、团队管理的设想。

（6）有吸引力的回报及可能的风险。

现在请制作一个广告并张贴在教室,用三分钟的演讲宣传你的优势,吸引学生自愿加入你的团队。

二、课堂小组讨论

1.请学生在小组中讲解自己在完成任务一后的体会(1~2条)。

2.请学生在小组中出 1~2 个问题考考别人。

3.请学生在小组提出 1~2 个自己不懂的问题,请其他学生解答。

三、师生互动

教师抽选小组代表就小组讨论内容作简要发言,教师进行点评。

项目三 案例展示及分析 7

 案例

创业团队案例:"我的课堂"创业失败的启示

90后大学生创业、互联网社群经济、媒体瞩目、短短三个月估值1000万元……在当事人看来,它原本能够成为大学生创业的标杆。但现在,曾被推下水的大学生创业者已起身上岸,离开了风起云涌的创业浪潮,其项目在烧光风投资金后,也悄无声息地转型。它的幕后推动者曾意气风发地表示,它"要么伟大,要么什么都不是",而现在,他说,"我们已经错过了风口,这就是一场彩票级别的赌博。"这个创业项目叫"我的课堂"。

对李佳音(化名)而言,一开始,创业并非他自己强烈的意愿。他是一个被选中的参与者。而选中他的人,叫王总(化名),是武汉小有名气的"王总管理沙龙"的创始人。李佳音与王总的结识,缘于偶然。大三时怀着对创业者的好奇,李佳音主动打入光谷创业圈,访问了很多创业人士,与王总有过一次访谈之交,王总认为他"情商智商双高"。

2012年国庆节,王总在中南路一家早餐店请李佳音吃早餐,邀请他做一件"可能改变世界,也会承担风险的事"。这件事,就是"我的课堂"。在做沙龙的过程中,王总发现会员经常有一些主题学习的需求,彼此间也各有所长,于是,他开始尝试组织小规模的主题授课分享,让沙龙会员来授课,收取的授课费与授课者对半分成。这便是"我的课堂"雏形。

2013年7月,就在王总思考如何将这一模式运营扩大之时,他主动联系了有一面之缘的李佳音,向他描绘了自己的宏伟蓝图,期望说服李佳音与自己合作创业,一起打造"我的课堂"。根据王总的要求,双方议定,从项目品牌形象和发展战略考虑,李佳音出任CEO,站到台前;王总则以项目合伙人和创业导师的角色进行幕后支持,以王总沙龙的资源支持项目前期运作。王总希望,等到项目品牌建立起来,李佳音能独立上路了,自己的引路人角色就算完成了。双方约定股份比例是王总35%,李佳音5%;推荐李佳音与王总认识的去创吧创始人严重捷也投资了6%的股份,其余股份留给未来的投资人和其他战略合伙人。为了让李佳音对创业"更有感觉",王总要求他必须出资5000元。当时,还没毕业的李佳音不敢把创业的事告诉家人,最后,打欠条向王总借5000元。两个人的创业就这样开始了。

正式注册公司后,李佳音的职位是CEO,带着一名助理负责完成开课、请老师、招募学员、准备活动现场等一系列事务性工作,王总则负责提供相关资源支持。创业之初,王总告诉李佳音,他坚信这个项目有BAT般划时代的前景,希望李佳音能坚持到底,并告诉他"只要你坚持,我绝对会陪你到底"。然而,一个月后,李佳音就想打退堂鼓了。"不停地请老师、

开课,每场活动都不一样,非常累;关键是无法复制,也就没有商业模式。"这让李佳音看不到前景,觉得自己没有信心坚持下去。这时,有投资人看好这一项目,投了 30 万元。随后,李佳音开始正式搭建团队,将"我的课堂"当作一个互联网项目进行运营。李佳音找到的团队成员包括一个在百度工作的朋友、一个大学同学和一个学弟。

2014 年初,整个项目的运营包括线上平台开发规划,原先的线下课堂组织和新的沙龙活动开发,并做了 1000 万元营收的年度规划……在摊子既大又分散的情况下,王总也全职投入到项目中。但两个人的矛盾分歧也逐渐显现。2014 年 3 月底,李佳音突然找到王总,要求获得更多的项目掌控权。在李佳音看来,王总虽然有丰富的商业和管理经验,但并不熟悉互联网,团队的其他成员也不想有两位管理者。王总最初听到这一提议还挺高兴,认为李佳音成长了,可以更平等地跟自己对话了。他认同了李佳音的提议,退出了项目的具体运营,当然自始至终王总都是说了算的人。然而,就在王总退出项目运营的一个月后,李佳音告诉他"团队崩掉了"。在李佳音看来,根本原因是项目没有清晰的方向,问题恰恰出在线下。当时,团队的主要精力都放在线下活动,"虽然能聚集一些人气,但根本没有什么盈利",整个团队都看不到好的前景。李佳音自己也从一开始就怀疑这种模式。

在一次王总沙龙现场,有会员质疑"我的课堂",认为其论系统性不如学校、论专业性不如培训机构、讲课者水平不一、每一次新的课程和沙龙都是不可复制的……几乎每一条都切中了痛点。在经验和资源都明显不足的情况下,李佳音当时摸索的方向,是想做一个大学生演讲分享平台,类似于 TED 演讲,也尝试过邀请专家来做第一个演讲嘉宾,但没有实现。"项目没有进展,大家的激情就慢慢消退了。"李佳音说。随着毕业季的到来,整个团队分崩离析,各自出去找工作。李佳音自己也回到校园做毕业设计。整个项目除了维持原先的一些开课需求,基本处于半停滞状态。

这种状态持续两个月后,王总主动找到李佳音,问:"你到底还搞不搞?"此时,虽然整个 2014 年上半年"我的课堂"的营收只有不到 10 万元,离王总此前定出的 1000 万元年营收目标差得很远,但 30 万元的天使投资还剩一半,王总觉得仍然有机会。李佳音熟悉全套流程,也已声名在外,依然是运营"我的课堂"的最佳人选。此时李佳音已经毕业,在王总的说服下,他同意再试一把。这一次,虽然对外称李佳音仍是 CEO,但实际工作变成了王总主持。为了完成营收目标,王总决定采取预收学费的方式,每个学员预付学费 1800 元。在王总看来,要完成 1000 万元的年营收目标,5000 个学员就够了。而且,王总自己可以去和一些大机构谈合作,完成这个目标并非难事。李佳音要做的,就是发挥所长,配合王总策划更多有意思的课堂沙龙,将现场效果执行到位。

这一合作模式推动项目又有效运转了两个多月,到 2014 年 8 月,学员预存费用覆盖了支出的一半,王总预计,到同年 10 月,"我的课堂"就能实现收支平衡,拥有稳定的现金流。但在 2014 年 9 月,因为其他生意牵绊,王总将实际工作重新交回给李佳音负责。李佳音一面要负责线下活动,一面要承担项目推广和拓展学员的工作。但"我的课堂"微信公众号只有约 1500 个粉丝,王总许诺的大机构合作未能达成,整个 9 月份,项目营收不但没能如预期上升,反而下降了。2014年10月,"我的课堂"账面上的资产余额总共是3万多元,刚好是学员预存学费的数额,这意味着30万元天使投资刚好用完。始终看不到前景的李佳音再度萌生去意。与王总商谈后,王总接受了李佳音的离开。"我的课堂"重新回归王总沙龙的子品牌。随后,通过与第三方合作完成转型,变成了王总口中的"一个普通的挣钱项目"。

问题:

1. 读完这个故事,你认为王总在选择合伙人过程中疏忽了大学生创业的哪些弱点?

2. 这个项目失败的根本原因是合伙人的能力问题还是其他的问题?

3. 作为大学生的李佳音在投入这个项目过程中有没有失误?

4. 这个项目让你对项目合伙人的选择有了怎样的思考?

模块八　创业机会

所有的创业行为都来自绝佳的创业机会,创业团队与投资者对创业前景都寄予极高的期望,创业家更是对创业机会在未来所能带来的丰厚利润满怀信心。

不过对那些先天体质不良、市场进入时机不对,或者具有致命瑕疵的创业构想,如果创业者能先以比较客观的方式进行评价,那么许多悲剧结局就可以有效避免,创业成功概率也可能因此而大幅提升。本模块将重点介绍创业机会的内涵、来源以及评价创业项目的方法,为准备创业的你提供前进的方向。

▶ 项目一　创业机会的内涵及特征
▶ 项目二　创业机会的来源
▶ 项目三　创业项目的评价
▶ 项目四　案例展示及分析 8

项目一　创业机会的内涵及特征

学习目标

1. 掌握创业机会的内涵。
2. 探讨创业机会所具备的特征。
3. 通过实践活动在生活、学习中寻找创业机会。
4. 培养创业素养。

活动导入

阅读与思考

夏明宪在一年前开了一家美心五金商店,他发现到店里询问某种型号水管接头的人越来越多,而这种水管接头进货比较难,为何这么多人要买水管接头? 一打听,原来当时自制栅栏式铁门开始流行,水管接头是用来做铁门的。夏明宪抓住机会,成为全国第一家生产钢管门企业,产品成本低,利润高,供不应求,后来公司发展成为美心集团,专门生产美心防盗门品牌产品。

问题: 请学生们讨论,夏明宪到底抓住了什么机会?

启示: 满足市场需要并能带来利润的机会。

 ## 理论点拨

一、创业机会的内涵

发现、寻找和利用机会是每一个成功创业者的特征之一,它也是成功创办和管理创业的基础。创业者不仅要产生想法、识别机会,还要学会筛选和评估机会,从而决定把握利用最有价值的机会。

创业机会也称为商业机会或市场机会,就是个人、群体或者组织在环境中发现了需求,从而对拟创办的企业产生的初步设想。一家成功的企业既要满足顾客的需要,提供顾客想要的产品,又要为企业主带来利润。创业机会应当包括:① 你的企业将销售什么产品或服务；② 你的企业将向谁销售产品或服务；③ 你的企业将如何销售产品或服务；④ 你的企业将满足顾客哪些需要。

创业机会是能够满足消费者的需求并能使投资者收回投资的有吸引力的创业想法或主张。可是，一个好的想法未必是一个好的创业机会，这就是创业想法和创业机会之间的区别。

创业机会需要确保收入超过成本并能够得到利润。例如，你通过一项新技术发明了一个非常有创意的产品，但是市场可能并不需要它。或者一个想法听起来不错，但是在市场上没有竞争力，不具备必要的资源，也是不值得做的。尽管有时市场有需求，但是需求的数量却不足以收回成本。事实上超过 80% 的新产品都是失败的。很多发明家的想法看起来很好，但是不能经受市场的考验。

 **案例**

郭培正：用小辣椒走出援疆、精准扶贫新模式

有这样一位"老头儿"，身家过亿却喜欢穿旧军装，经常挂念的是远在天山的"少数民族好兄弟"，眼中最"无价"的物品是每天佩戴的党员徽章。

他从一个小小的香油作坊做起，发展成以芝麻、辣椒为主要原料的现代化大型农副产品加工企业。开创辣椒援疆、精准扶贫新模式，先后在新疆、内蒙古、甘肃、四川等七省建立辣椒种植示范基地 300 万亩，100 万农民受益。

他就是集退伍老兵、"辣椒大王"、全国文明家庭获得者、东西协作带头人、山东省优秀共产党员、山东好人，青岛柏兰集团有限公司董事长郭培正。

锻造现代化食品加工"旗舰"

郭培正自 1978 年创建个体加工点至今，从香油加工小作坊，到年产值 6 亿元的现代化农副产品加工企业；从一辆自行车载着两个油桶赶集，到产品畅销几十个国家和地区；从辣椒简单代收，到牵头成立辣椒产业商会（协会）党委，推动 300 多家会员企业抱团发展，年交易额达 120 多亿元，出口份额占全国辣椒贸易总量 70% 以上，每年上缴税收 2 亿多元，让"小辣椒"成为"大产业"。四十三年的风雨历程，凭借非凡的勇气和毅力，他锻造了与改革开放同心同向同龄的现代化食品加工"旗舰"。

1969 年，郭培正退伍回到青岛，看到乡亲们守着几亩薄地熬日子，心里一直憋着一股劲儿。党的十一届三中全会吹响"改革开放"的号角，鼓起了郭培正的致富雄心，他大胆承包了香油坊。创业伊始，他把家里的猪、羊，甚至口粮都拿到集市上卖掉，凑资金进设备学技术，一滴滴金灿灿的香油汇成汩汩流淌的致富乐章。风里雨里郭培正推着自行车走街串巷、赶集卖油，让他的香油声名鹊起。看到香油能挣钱，他就带领乡亲们一起搞香油加工，让前柏

兰村迅速成为致富先进村。

一个偶然的机会,郭培正了解到两位韩国客户急需一批芝麻粉的消息,他敏锐地把握住这一商机。好商机也是新挑战——国内没有设备。凭着一股不服输的劲头,郭培正带领5名工人对几十种设备进行改造调试,连续奋战16个昼夜,终于研制出我国第一台芝麻粉出粉机!他以惊人的速度将合格芝麻粉按时交给了韩国客户。1986年,得知外贸部门需要大量辣椒,他又"热"起来。"当时我就想,红红火火的辣椒经营起来也一定红红火火!"从简单的本地收购到200多个辣椒系列产品,连续成为4年海底捞"优秀供应商",郭培正也由"卖香油"的,变成远近闻名的"辣椒大王"。特别是任商会(协会)党委书记以来,他按照"突出特色拓空间、抱团发展拓市场"的思路,打造"红色产业"组团,不仅直接拿下国内辣椒定价权,而且带领上千名胶州"辣椒人"走南闯北,在新疆、内蒙古、甘肃等七省区建立种植示范基地300多万亩。"我们能走到今天,全靠党的政策好!"郭培正逢人便说。

架起连接天山黄海的"致富金桥"

从带领本村230多户农民致富,到带动100万农户每年增收48亿元,解决了80多万人就业。郭培正就像一头"老黄牛",足迹遍布新疆戈壁、东北黑土、内蒙古草原,在脱贫攻坚、东西协作一线,在家乡打造乡村振兴齐鲁样板中辛勤耕耘,形成了种植在内陆、加工销售在胶州的辣椒产业长廊。

"新疆独特的气候和土壤特点非常适合色素辣椒的生长,也能为少数民族兄弟增加收入!"2000年开始,郭培正来到新疆,在和静县试种辣椒成功,并大面积推广。2017年郭培正到了和田策勒县。"来了以后我感到很不是滋味,低矮的房子、荒漠化的土地、破旧的衣服,生活相当艰难。"郭培正决心要把和静县的成功经验带到策勒县,让更多百姓脱贫致富,吃再多的苦也不怕!他找到了巴什玉吉买村党支部书记麦麦提热伊木·买买提明,商讨让书记带领村民种植辣椒,但这对没有经验的维吾尔族老乡来说困难不小,第一年就失败了。"以前我们只负责提供免费种子,然后回收辣椒。但是策勒县没有辣椒种植基础,群众也缺少技术。"为了让他们掌握技术,郭培正计划对大伙儿进行培训。但就在这时,一个突如其来的变故打乱了计划,当地原本打算种植5000亩辣椒骤减到400亩。原来策勒县自然灾害频繁,加上试种失败,老乡们不敢贸然大面积种植这种"新鲜玩意"。种植面积达不到,经济效益就上不去,郭培正当即保证,自己会派技术人员指导种植,并以保底价格收购辣椒。这让老乡们打消了顾虑,改种辣椒后,每亩收入由原先的四五百元提高到三千元。买买提明在与郭培正多年的并肩战斗中建立起深厚情谊,郭培正多次来策勒县拜访,每次总要带着新的扶贫计划去见"好兄弟";买买提明的家人也应邀到胶州走亲,两个女儿都认了"青岛干妈"。近年来,辣椒产业商会(协会)会员企业已在新疆帮助少数民族兄弟建起70万亩辣椒种植基地,每年从当地收购辣椒原料40万吨,占总量的67%,10万人直接受益。小小辣椒红遍戈壁滩,架起连接天山与黄海的致富金桥,谱写了一曲"维汉民族情、鲁疆一家亲"的动人乐章!

二、创业机会的特征

（一）客观性和偶然性

创业机会是在特定条件下产生的,它是客观存在的。但是,创业机会的识别具有一定的偶然性。

（二）时效性和不稳定性

创业机会的持续时间受到众多因素的影响,如专利保护、先占优势、学习曲线等都会增加持续时间。

（三）均等性和差异化

市场机会在特定范围内对某一类人或企业是均等的;但是,不同个人和企业对同一市场机会的认识会产生差异。创业主体的素质和能力不同,利用机会的可能性和程度也会产生差异。

 案例

云南双江"牛圈咖啡馆":创业好点子助力乡村振兴

云南省临沧市双江拉祜族佤族布朗族傣族自治县的"牛圈咖啡馆"火了,返乡乡贤艾芒把闲置的牛圈改成咖啡馆,把佤族文化融入其中,让游客品尝当地优质咖啡,体验民族风情。

牛圈变成咖啡馆 展现淳朴民族风情

现年 49 岁的艾芒是地地道道的双江佤族人。1996 年,他离开家乡,踏上北京电影学院的求学之路。毕业后,艾芒留在北京打拼,凭借自身音乐艺术之长和佤族文化魅力,他找到了属于自己的一片天空,创办云南民族文化特色餐吧——北京"埃蒙小镇",并在北京成家立业。成功不忘众乡亲,艾芒把家乡一大批青年带到北京,让他们长见识、学本领、圆梦想。

一个偶然的机会,艾芒接触到咖啡,并有机会到埃塞俄比亚参加世界咖啡大会,从此,他与咖啡结下了不解之缘。

"品尝了各国的咖啡后,我感觉还是我们云南的咖啡品质最好。"艾芒说。适逢其时,双江县实施"产业兴县"和"文化名县"战略,鼓励引导农村各类优秀人才返乡创业,积极参与家乡建设。一直关心家乡发展的艾芒加入返乡乡贤的队伍中,2012 年,他回乡种植咖啡,与双江县布京村委会共同创建 13.4 公顷咖啡种植示范基地;2014 年,他开办了第一个"埃蒙小镇咖啡体验馆"。

2019年,临沧市大力发展乡村旅游,艾芒为家乡的发展献计出力,他把老家布京村一间闲置的牛圈改成了咖啡馆。咖啡馆主色调是佤族人喜欢的红色和黑色,馆内陈设古老的农耕用具、佤族木鼓,以及一些佤族"古董"。走进咖啡馆,能让人感受到淳朴的民族风情。

咖啡馆带火了双江 也带回了一批乡贤

"北漂20多年,当过歌手、开过餐厅,有时候觉得自己就像一只远飞的小鸟,但是,心里念的永远是家乡那片云。"艾芒表示,家乡的变化实在太大了,鲜花盛开、小桥流水,很多城里人都往这儿跑,我也带着当初一起闯荡的兄弟姐妹从北京回到这梦想开始的地方,和父老乡亲一起耕耘希望,一起收获幸福和快乐。

"远飞的鸟"回来了!2020年11月,双江第三个"埃蒙小镇咖啡体验馆"——位于双江县沙河乡景亢自然村的"牛圈咖啡馆"开业。和往常不同的是,艾芒这次从北京带回了一批乡贤,并将长期驻扎双江。白天,艾芒忙于咖啡基地管理和咖啡收购事宜;晚上,艾芒和另一个佤族歌手坐镇咖啡馆,弹吉他,唱民歌,传播民族文化和咖啡文化。景亢"牛圈咖啡馆"每天座无虚位,成为双江又一"网红打卡地"。

和艾芒一同回来的佤族小伙子艾狄说,在北京的9年,自己学会了餐饮业管理,还了解了一些咖啡文化,掌握了咖啡饮品制作工艺,回到家乡能够把自己所学施展出来,感觉很有归属感。

艾芒返乡 有信心振兴家乡咖啡产业

近年来,随着双江"产业兴县""文化名县"战略的深入实施,双江县绿色产业基地建设步伐加快,目前,双江县累计种植咖啡1333.4公顷。

前些年,由于当地咖啡市场不景气,双江群众对发展咖啡产业的信心和动力不足,对咖啡疏于管理。艾芒返乡向群众讲解咖啡产业的美好前景,向外拓展渠道,对接市场。仅2019年,艾芒共收购双江咖啡鲜果480吨,交易额达137万元。艾芒的返乡,又燃起了群众发展咖啡产业的激情。

北京那边的餐厅有专人管理,我现在的主要精力是搞好咖啡,打算每年在双江驻扎五六个月,做好咖啡基地、咖啡收购,做好咖啡体验馆;用六七个月的时间在北京寻找大市场,做强做大'老佤咖啡',对双江的咖啡应收尽收,让群众增加收入。"艾芒说,"我正在策划一个'咖啡节',想用独特的方式给家乡人民带来幸福和快乐,提振大家发展咖啡产业的信心。"

类似艾芒返乡的故事,在双江还很多。据统计,2020年,双江县共有30余名乡贤返乡,共计回乡投资2000多万元,为乡村旅游发展、美丽乡村建设注入新动力。

三、有价值的创业机会的特征

(一) 有吸引力

创业机会总会带来市场需求,并给创业者带来利润,因此受到创业者与投资者的追求与青睐。

(二) 持久性

创业机会取决于市场变化,市场的环境变化是持久的,而商业机会客观存在于一定的市场环境之中,也是持久的。

(三) 及时性

创业机会产生于一定的条件下。随着环境的变化,消费者需求的转移,创业机会也随之改变。创业者必须及时捕捉机会,科学地加以利用,以取得良好的经济效益。

　　时间对创业者来说,既可以是朋友,也可以是敌人。如果想要通过深刻细致的方法来评价创业机会,一个季度可能不够,一年不一定够,这就是残酷的事实。而在这个现实中最困难的一点就是:创业者必须找到能把好的思路付诸实施的最佳时机,并准确把握住这个时机。

 ## 任务

一、课后独立完成

　　本任务的目的是让学生思考如何挖掘周围的潜在机会,将学生带到教室外面观察周围的景象并询问他们看到了什么,然后鼓励学生思考有哪些商业机会,看看谁能识别到最多的商业机会。

(一)观察身边的事物

　　让学生走出教室,漫步在校园或教学楼周围,结合自己的兴趣爱好观察身边有意思的事物,可以是"建筑""汽车""商店""海报"等,把这些记录在表 8-1 上,可以写得更具体,十分钟后回到教室,让大家分享观察到的有意思的事情。

表 8-1　观察记录表

观察身边的事物	联想相应的公司	商业机会描述
建筑	公司 1	
	公司 2	
汽车	公司 3	
	公司 4	
共享单车	公司 5	
	公司 6	
商店	公司 7	
	公司 8	
……	……	……

(二)联想相应的公司

　　根据观察到的事物,请学生尝试想出尽可能多的相关公司,比如看到汽车,可能会联想到共享汽车、汽车租赁公司、汽车维修 4S 店、新能源汽车等,再让学生在十分钟的时间内想出 10～20 种以上的公司。

二、课堂小组讨论

1. 请学生在小组中讲解自己完成任务后的体会。

2. 让各小组讨论其改进方法对顾客的价值。例如,有人提出受共享单车的启发,可以设置共享篮球、共享雨伞等,以便更好满足学生的购物需求。

3. 让学生讨论这些方法是否能真正提供客户想要的产品,并思考公司在其中发挥的作用,同时填写商业机会描述表,如星巴克不仅咖啡受人欢迎,它的咖啡杯也受到年轻人喜爱和追捧。

三、师生互动

1. 教师抽选小组代表分享他们的商业创意。

2. 小组代表就小组讨论内容作简要发言,教师进行点评。

项目二　创业机会的来源

 学习目标

1. 了解创业机会的来源。
2. 掌握创业机会识别的方法。
3. 培养在日常学习、工作中发掘创业机会的意识。

 活动导入

请你给出一种以上每天能盈利 50 元的赚钱方法。

问题:你的方法是如何产生的?

启示:识别创业机会。

 理论点拨

创业机会是很难识别的,仅有少数创业者能够把握创业机会并成功创业。随着人们对创业机会价值潜力的探索,会逐渐衍生出一系列的创业机会,从而产生更多的创业公司。下面列出了一些创业机会的来源和识别创业机会的主要方法。

一、创业机会的来源

(一)未被解决的问题

在不满意中找机会(问题型机会),指的是由现实中存在的未被解决的问题所产生的一类机会。创业的根本目的是满足顾客需求,而顾客需求在没有满足前就是问题。寻找创业机会的一个重要途径是善于去发现和体会自己和他人在需求方面的问题或生活中的难处。

 案例

"五笔字型"的诞生

汉字在电脑时代曾遇到了历史性的挑战。如果汉字无法进入 26 个键位的现代电子计算机,就难以适应信息时代,那么汉字就将有被淘汰的危险。

20 世纪 70 年代初,名不见经传的青年王永民决心在茫茫的汉字汪洋中奋勇开拓,他以《现代汉语词典》为研究对象,把密布在其中的一万二千多个汉字,逐字拆分,反复琢磨,终于在汉字输入技术上获得突破性的发明创造。

1983 年"五笔字型"终于突破了汉字电脑化的"瓶颈",在国内引起轰动,被新华社评价为不亚于活字印刷术的伟大发明。

1998 年,王永民推出 98 版五笔字型输入法,提出了世界上第一个汉字键盘输入的全面解决方案,获得了中、美、英三国专利,王永民被誉为"把中国带入信息时代的人"。

1998 年,王永民创办了王码公司,经营"五笔字型"汉卡。

"五笔字型"汉卡给王永民创造了可观的经济效益。在那个年代,王码公司一年的纯利润就已经达到上千万元。

(二) 市场环境的变化

变化是创业机会的重要来源,没有变化,就没有创业机会。创业的机会大都产生于不断变化的市场环境,环境变化了,市场需求、市场结构必然发生变化。著名管理大师彼得·德鲁克将创业者定义为那些能"寻找变化,并积极反应,把它当作机会充分利用起来的人"。这种变化主要来自产业结构的变动、消费结构升级、城市化加速、人口思想观念的变化、政府政策的变化、人口结构的变化、居民收入水平提高、全球化趋势等方面。例如,居民收入水平提高,私人轿车的拥有量将不断增加,这就会派生出汽车销售、修理、配件、清洁、装潢、二手车交易、代驾等诸多创业机会。

 案例

两厘米的商机

1999 年 1 月 1 日在使用欧元的欧盟国家中实行统一货币政策,2002 年 1 月 1 日欧元现钞开始流通。这个消息对大部分中国人来说仅仅只是新闻,但对于一位南宁的企业家却意味着商机。通过研究,他发现新版欧元比原先欧洲的纸币长了两厘米。正是这小小的两厘米,将导致原来的钱包装不下新欧元。他马上和欧洲商人联系,立刻按照新尺寸做了一万个

钱包,这些钱包大受欢迎。

一则信息引发的商机

1993年的一天,王传福在一份国际电池行业动态上读到,日本宣布本土将不再生产镍镉电池,王传福立刻意识这一变化将引发镍镉电池生产基地的国际大转移,他意识到自己创业的机会来了。

一天,霍英东在翻阅一些报刊资料时,无意中看到香港特区政府的宪报,上面刊登不少拍卖战时剩余物资的通告。二战后,在冲绳岛、菲律宾周围海域等地方,残留有很多战时物资,如登陆艇、炮弹壳、胶管等。有关方面就把这些物资运来香港,当作废品拍卖。霍英东意识到此时的商机。

以上两个案例说明商机实实在在存在于我们的日常生活中,通过分析发现变化并抓住它的人常常能获得成功。在对待商机的问题上。很多情况下是"有心栽花花不发,无心插柳柳成荫""众里寻它千百度,蓦然回首,那人却在灯火阑珊处"。

(三)新知识、新技术的出现

当今社会是科技高速发展的时代,知识更新速度越来越快。新知识、新技术如果能够转化为生产力,必然会刺激人们的需求,促进社会的进步。例如,随着健康知识的普及和技术的进步,围绕"水"就带来了许多创业机会,上海就有不少创业者加盟"都市清泉"而走上了创业之路。

新知识、新技术的出现改变了企业之间的竞争手段和模式,也使得拥有新知识、新技术的人成功地发现和利用机会的能力大大提高,从而使得创业机会激增。例如,近年来,移动互联网、3D打印等新的技术带来了无限的创业机会。

(四)市场缝隙

这些市场缝隙在创业的过程中,是中小企业获取利润的基础,是大企业不愿涉足的空间,初创企业通过专业的经营能获取最大程度的收益。遍布世界各个角落的缝隙也是一个大的领域,存在着巨大的商机。

(五)专业技能的利用和发挥

要充分利用和发挥自身专业技能在发现创业机会过程中的重要作用。例如,湖北城市建设职业技术学院的董倩老师,作为海归一族的她喜欢利用寒暑假周游世界,向大师讨教卡通画的技巧,用漫画记录着生活的点滴,用画笔展示着当地的风土人情。她的很多作品创作均来源于生活,都是为亲朋好友创作出的卡通角色肖像作品,每一个朋友和同事的表情都是她创作的源泉,通过手中的画笔,经过夸张化再创造表现出来。

除了个人创作,董倩还将自己对艺术的热爱传递给学生,通过世界名画、著名建筑、雕塑等经典作品,引导学生提升欣赏水平,拓展设计思路。她的画展现场人气爆棚,董倩老师还与参观者展开互动,为关注画展微信公众号的观众现场手绘出一幅幅漫画肖像作品。

湖北城市建设职业技术学院为董老师专门成立了"董倩工作室",在她的带领下,数字媒体专业的学生于2016年创办了学生创业工作室——"空白页文化创意工作室"。正是对专业的执着追求,董老师和她带领的学生多次在全省及全国大学生信息技术创新大赛上获得了好成绩。

(六)发明创造

创造发明提供了新产品、新服务,既可以更好地满足顾客需求,又带来了创业机会。例如,随着电脑的诞生,电脑维修、软件开发、电脑操作的培训、图文制作、信息服务、网上开店等创业机会随之而来,即使你不发明新的东西,你也能成为销售和推广新产品的人,从而给你带来商机。

(七)市场竞争

如果你能弥补竞争对手的缺陷和不足,这也将成为你的创业机会。看看你周围的公司,你能比他们更快、更可靠、更便宜地提供产品或服务吗?你能做得更好吗?若能,你也许就找到了向传统行业延伸的机会。

二、创业机会的识别方法

(一)市场调查

(1)开展初级调查:通过与顾客、供应商、销售商交谈,直接与这个世界互动,了解正在发生什么以及将要发生什么。

(2)注重二级调查:阅读某人的发现和出版的作品、利用互联网搜索数据、浏览寻找包含你所需要信息的报纸文章等。

(3)记录你的想法:瑞士最大的音像书籍公司的创始人说他就有一本这样的笔记本,当记录到第200个想法时,他坐下来,回顾所有的想法,然后开办了自己的公司。

(二)通过系统分析发现机会

实际上,绝大多数的机会都可以通过系统分析得到发现。人们可以从企业的宏观环境(政治、法律、技术、人口等)和微观环境(顾客、竞争对手、供应商等)的变化中发现机会。借助市场调研,从环境变化中发现机会,是机会发现的一般规律。

(三)通过客户建议发现机会

问题分析从一开始就要找出个人或组织的需求和他们面临的问题,这些需求和问题可能很明确,也可能很含蓄。一个有效并有回报的解决方法对创业者来说是识别机会的基础。

这个分析需要全面了解顾客的需求，以及可能用来满足这些需求的手段。

从顾客那里征求想法，一个新的机会可能会由顾客识别出来，因为他们知道自己究竟需要什么。顾客建议多种多样，最简单的，他们会提出一些诸如"如果那样的话不是会很棒吗"这样的非正式建议，留意这些，有助于你发现创业机会。

（四）通过专利发明发现机会

这种方法在新技术行业中最为常见，它可能始于明确拟满足的市场需求，从而积极探索相应的新技术和新知识，也可能始于一项新技术发明，进而积极探索新技术的商业价值。通过创造获得机会比其他任何方式的难度都大，风险也更高。同时，如果能够成功，其回报也更大。

索尼公司开发随身听（Walkman）就是一个很好的例子。索尼公司觉察到人们希望随身携带一个听音乐的设备，并利用公司微缩技术的核心能力从事项目研究，最终开发出划时代的产品——随身听，并取得了巨大的成功。

 任务

一、课后独立完成

请学生使用手机打开新闻网站，搜索 2～3 个感兴趣的新闻标题，在该标题下想出一个创业的点子，并记录下搜索和思考的过程。

二、课堂小组讨论

1. 请学生在小组中讲解自己完成的任务。
2. 请学生在小组中提出一个问题考考别人。

三、师生互动

1. 教师抽选小组代表在课堂上向全班学生讲解分析创业点子。
2. 全班学生投票选出最有可能成功的创业点子。
3. 教师对每个创业团队进行点评。

项目三　创业项目的评价

**学习目标**

1. 理解蒂蒙斯的创业机会评价框架。
2. 掌握 SWOT 分析法。
3. 培养运用 SWOT 分析法分析评价创业机会的能力。

**活动导入**

田 忌 赛 马

　　齐国将军田忌常与齐国的贵族们赛马,并下很大的赌注。孙膑看见他们的马分为上中下三等,同时马的能力相差不远。于是孙膑对田忌说:"你只管和他们赌重金,我有办法可以使你取胜。"田忌听信孙膑的意见,和齐威王及贵族们下了千金的赌注进行比赛。等到临场比赛的时候,孙膑对田忌说:"现在用你的下等马和他们的上等马比,用你的上等马和他们的中等马比,用你的中等马和他们的下等马比。"三次比赛结束后,田忌一败两胜,终于拿到了齐威王的千金赌注。于是田忌把孙膑推荐给齐威王,齐威王向孙膑请教兵法,并任命他为军师。

　　问题:孙膑对比赛双方的赛马作了什么分析,进行了什么组合?

　　启示:优劣势分析与优劣势组合方式很重要。

理论点拨

　　创业机会是通过把资源创造性地结合起来,迎合市场需求(或兴趣、愿望)并传递价值的可能性。创业者对机会的评价来自他们的初始判断,而初始判断通常就是"假设＋简单计算"。这种直觉的商业判断,有时候是简单有效的。但对于一般创业者而言,这种判断显得有些武断,甚至不够科学。

　　成功识别创业机会,对创业机会进行科学、理性、系统的评价是创业活动成功的起点和基础。蒂蒙斯(Timmons)的创业机会评价体系,给我们提供了一套系统的评价框架和可量化的指标体系。这个工具可以帮助创业者们科学深入地评价创业项目的可行性及其价值性。

一、蒂蒙斯的创业机会评价体系

蒂蒙斯在 1999 年提出了包含 8 项一级指标、53 项二级指标的评价指标体系,几乎涵盖了其他一些理论所涉及的全部内容,包括行业与市场、经济因素、收获条件、竞争优势、管理团队、致命缺陷、创业家的个人标准、理想与现实的战略性差异(见表 8-2),被认为是目前最为全面的创业机会评价指标体系。

表 8-2　蒂蒙斯机会评价表

行业与市场	① 市场容易识别,可以带来持续收入; ② 顾客可以接受产品或服务,愿意为此付费; ③ 产品的附加价值高; ④ 产品对市场的影响力高; ⑤ 将要开发的产品生命长久; ⑥ 项目所在的行业是新兴行业,竞争不完善; ⑦ 市场规模大,销售潜力达到 1000 万～10 亿元; ⑧ 市场成长率在 30％～50％,甚至更高; ⑨ 现有厂商的生产能力几乎完全饱和; ⑩ 在五年内能占据市场的领导地位,达到 20％以上; ⑪ 拥有低成本的供货商,具有成本优势
经济因素	① 达到盈亏平衡点所需要的时间在 2 年以内; ② 盈亏平衡点不会逐渐提高; ③ 投资回报率在 25％以上; ④ 项目对资金的要求不是很大,能够获得融资; ⑤ 销售额的年增长率高于 15％; ⑥ 有良好的现金流量,能占到销售额的 30％以上; ⑦ 能获得持久的毛利,毛利率要达到 40％以上; ⑧ 能获得持久的税后利润,税后利润率要超过 10％; ⑨ 资产集中程度低; ⑩ 运营资金不多,需求量是逐渐增加的; ⑪ 研究开发工作对资金的要求不高
收获条件	① 项目带来的附加价值具有较高的战略意义; ② 存在现有的或可预料的退出方式; ③ 资本市场环境有利,可以实现资本的流动

竞争优势	① 固定成本和可变成本低； ② 对成本、价格和销售的控制较高； ③ 已经获得或可以获得对专利所有权的保护； ④ 竞争对手尚未觉醒,竞争较弱； ⑤ 拥有专利或具有某种独占性； ⑥ 拥有发展良好的网络关系,容易获得合同； ⑦ 拥有杰出的关键人员和管理团队
管理团队	① 创业者团队是一个优秀管理者的组合； ② 行业和技术经验达到了本行业内的最高水平； ③ 管理团队的正直廉洁程度能达到最高水平； ④ 管理团队知道自己缺乏哪方面的知识
致命缺陷	不存在任何致命缺陷
创业家的 个人标准	① 个人目标与创业活动相符合； ② 创业家可以做到在有限的风险下实现成功； ③ 创业家能接受薪水减少等损失； ④ 创业家渴望进行创业这种生活方式,而不只是为了赚大钱； ⑤ 创业家可以承受适当的风险； ⑥ 创业家在压力下状态依然良好
理想与 现实的 战略性差异	① 理想与现实情况相吻合； ② 管理团队已经是最好的； ③ 在客户服务管理方面有很好的服务理念； ④ 所创办的事业顺应时代潮流； ⑤ 所采取的技术具有突破性,不存在许多替代品或竞争对手； ⑥ 具备灵活的适应能力,能快速地进行取舍； ⑦ 始终在寻找新的机会； ⑧ 定价与市场领先者几乎持平； ⑨ 能够获得销售渠道,或已经拥有现成的网络； ⑩ 能够允许失败

评价体系说明如下。

(1) 该指标体系主要适用于具有行业经验的投资人或资深创业者对创业企业的整体评价。

(2) 该指标体系必须运用创业机会评价的定性与定量方法才能得出创业机会的可行性

及不同创业机会间的优劣排序。

（3）该指标体系涉及的项目比较多,在实际运用过程中可作为参考选项库,结合使用对象、创业机会所属行业特征及机会自身属性等进行重新分类、梳理简化,提高使用效能。

（4）该指标体系及其项目内容比较专业,创业导师在运用时一方面要多了解创业行业、企业管理和资源团队等方面的经验信息,另一方面要掌握这些指标内容的具体含义及评估技术。

二、SWOT 分析法

（一）SWOT 分析的含义

SWOT 分析法是指从企业内部因素——优势(Strength)和劣势(Weakness),企业外部因素—— 机会(Opportunity)和威胁(Threat),分析项目可行性的方法。以上四个单词的首字母组成 SWOT。进行 SWOT 分析时,要考虑项目的实际情况,并写下企业的所有优势、劣势、机会、威胁。优势和劣势是分析存在于企业内部可以改变的因素;机会和威胁是需要了解存在于企业外部无法施加影响的因素。

（1）优势。优势是指企业的长处。例如,企业产品比竞争对手好的方面,企业员工的技术水平很高等。

（2）劣势。劣势是指企业的弱点。例如,企业产品比竞争对手的贵,企业没有足够的资金按自己的愿望做广告宣传,企业无法像竞争对手那样提供综合性的系列服务等。

（3）机会。机会是指周边地区存在的对企业有利的事情。例如,企业制作的产品越来越流行,许多新的住宅小区正在这个地区建设,潜在顾客的数量将会上升等。

（4）威胁。威胁是指周边地区存在的对企业不利的事情。例如,在这个地区有生产同样产品的其他企业,原材料价格上涨导致企业出售的商品价格上升,不知道企业的产品还能流行多久等。

（二）SWOT 分析结果

SWOT 分析有四种可能组合,分别是 SO 策略、WO 策略、ST 策略、WT 策略。

（1）SO 策略。SO 策略就是依靠内部优势去抓住外部机会的策略。例如,一个资源雄厚(内在优势)的企业发现某一市场未曾饱和(外部机会),那么它就应该采取 SO 战略区开拓这一国际市场。

（2）WO 策略。WO 策略是利用外部机会来改进内部弱点的策略。例如,一个 IT 区,面对不断增长的计算机服务需求(外在机会),却十分缺乏技术专家(内在劣势),那么就应该采用 WO 策略培养技术专家,或购入一个高技术的计算机公司。

（3）ST 策略。ST 策略就是利用企业的优势,去避免或减轻来自企业外部的威胁。例如,一个企业的销售渠道很多(内在优势),但是由于各种限制又不允许它经营其他商品(外在威胁),那么就应该采取 ST 策略,走集中型、多样化的道路。

(4)WT 策略。WT 策略就是直接克服内部弱点和避免外部威胁的策略。例如,一个商品质量差(内在劣势)、供应渠道不可靠(外在威胁)的企业应该采取 WT 策略,强化企业管理,提高产品质量,稳定供应渠道,或走联合、合并之路以谋生存和发展。

针对自身企业的项目,最终会有以下几种选择。

(1)坚持自己的企业构思并进行全面的可行性研究(SO 组合)。

(2)修改原来的企业构思(ST 组合)。

(3)改善自身不足,利用好市场机会(WO 组合)。

(4)完全放弃这个企业构思(WT 组合)。

当完成 SWOT 分析后,我们应该评估自己的企业构思,并作出决定。我们必须学会运用 SWOT 分析法对自己的企业构思进行独立分析,并做出判断。教师或专家只是告诉我们如何进行分析,最终的判断(决策)必须由自己做出。

 案例

用 SWOT 分析淘宝网

一、竞争优势(S)

(1)技术优势:独特的生产技术,低成本生产方法,领先的革新能力,雄厚的技术,完善的质量控制系统,丰富的营销经验,高质量的客户服务,卓越的大规模采购技能。淘宝网依托阿里巴巴集团雄厚的技术和超前的理念,基本成为行业的规范和方向标。

(2)有形资产优势:充足的资金,完整的资料信息。淘宝网即将建立的物流系统将大大减轻网店的物流开支,促进商品以更加低廉的价格销售,取得成本上的优势满足消费者网上购物的最终需求。阿里巴巴集团充裕的现金流是经济危机时期非常宝贵的财富,也为淘宝网的发展提供了强大的后盾。

(3)无形资产优势:优秀的品牌形象,杰出的商业信用,积极进取的公司文化,淘宝网这一品牌也是极其重要的,"淘宝"已经成为人们的口头语。

(4)人力资源优势:有专长的职员,积极上进的职员,很强的组织学习能力,丰富的经验。淘宝网在经济危机之时,大规模招聘应届大学毕业生,在劳动力低廉的时候为自身的发展储备足够的人才。

(5)组织系统优势:高质量的控制系统,完善的信息管理系统,忠诚的客户群,强大的融资能力。淘宝网接纳会员制,只对注册会员提供生意业务服务。淘宝在注册时身份认证更为严密,接纳实名认证,符合我国国情。

（6）竞争能力优势：产品开发周期短，强大的经售商网络，与供应商杰出的伙伴关系，对市场情况变化的灵敏反应，市场份额的主导地位。支付宝作为它的生意业务工具，它的地位是难以撼动的。有类似的即时生意业务沟通工具——"淘宝旺旺"，其目的是让生意业务双方更加方便快捷地进行网上生意业务。淘宝还提供留言管理、站内信件、淘宝社区等非及时的会员交流。

二、竞争劣势(W)

（1）缺乏具有竞争意义的技能技术。淘宝网的各项标准已在其他平台上得到了复制。

（2）缺乏有竞争力的有形资产、无形资产、人力资源、组织资产。现当代界各大投资者都看上了中国电子商务市场，日后必将带来更加激烈的竞争。例如，亚马逊公司收购卓越网。

（3）关键范畴里的竞争能力正在丧失。互联网的技术几乎是透明的，可复制的。

三、机会(O)

（1）客户群的扩大趋势或产品细分市场。中国有世界上最多的网民，这是一个巨大的消费群体，具有巨大的消费潜力。并且这些人大部分是年轻人，这对于淘宝的持久发展意义重大。

（2）技术向新产品新业务转移，为更大客户群服务。口碑网的并入，支付宝的支撑，阿里巴巴集团的资金支持都将起到重大效用。大淘宝战略的实施将新技术向新产品新业务转移更是极大地丰富客户体验。

（3）市场需求增加强劲，可快速扩张。未来的电子商务必然是购物的一个趋势，为淘宝网作为这一行业的带领者提供了丰厚的利润源泉。

（4）向其他地理区域扩张，获取更大的客户群。阿里巴巴已经拓宽了日本、印度以及欧洲市场。据悉淘宝网也将瞄准美国市场，与美国最大的 C2C 网站易趣合作，这是其国际化的重要步骤。

四、威胁(T)

（1）出现新的竞争对手。拍拍网、中文搜索网站、有啊网等 C2C 平台的建立对淘宝网产生了一定的冲击。

（2）替代品抢占公司销售额。B2C 的发展也对淘宝网产生了一定的影响，各大公司在网上建立了自己的网上商城，挤压了 C2C 的份额。

（3）人口特征，社会消费方式的不利变动。在我国，不诚信生意业务是危害网络购物发展的最重要方面，相关法律体系还不健全，导致人们对网络购物仍心怀戒心，影响了淘宝网的发展。

（4）容易遭到经济萧条和业务周期的冲击。2008 年发生的经济危机给网购也带来了一定的负面影响,降低了消费者的购买力。而这类经济危机的周期性,未来的影响也是可预期和必然的。

 任务

一、课后独立完成

将之前课堂活动中投票选出的创业点子作为分析对象,通过 SWOT 分析法验证创业构思的可行性,完成表 8-3。

表 8-3　团队项目的 SWOT 分析

		内部能力分析	
		优势(S)	劣势(W)
外部环境分析	机会(O)	S-O	W-O
	威胁(T)	S-T	W-T

二、课堂小组讨论

1. 请学生在小组中展示并讲解自己完成的任务。

2. 请学生在小组中提出 1～2 个自己不懂的问题,请其他学生解答。

三、师生互动

教师抽选小组代表就小组讨论内容作简要发言,教师进行总结和点评。

项目四　案例展示及分析 8

聚焦五类模式,职教扶贫更精准

职教扶贫目前形成了以政府为主导、职业院校实施、各类社会组织协同参与的局面。通过各类职业教育活动开展精准扶贫工作,在帮扶贫困家庭子女接受职业教育、帮扶农民工接受职业培训、东西职业院校合作扶贫等方面取得了巨大成就,为探索新时代下职业教育扶贫新模式,助力我国精准扶贫工作。日前,受教育部职业教育与成人教育司委托,全国电子商务职业教育教学指导委员会对我国职教扶贫工作进行了详细调研,归纳总结出五类职教扶贫模式。

模式1:扶人才。

该模式适合职业院校在搭建"校企"合作平台的基础上,利用自身技术技能人才培养的优势,根据产业需求,有针对性地进行技能培育。该模式下,职业院校可以向贫困对象提供符合本地产业发展需求的技能资格证书课程、技能教学项目,可以选配职业技能导师,对扶贫对象开展专业、精准、创新和个性化培养。其重点在于职业院校以推进教学资源的本地化为目的,对扶贫对象进行适应性优化帮扶,提升扶贫对象的综合竞争力。

"扶贫先扶智"。作为人才培养的重要基地,职业院校既拥有丰富的教育资源和人才培养经验,同时肩负着服务企业和社会,培养实用人才的重任。因此,立足职教资源,与政行企对接,深化产教融合,定向培养人才,成为职业院校最直接最常见的教育扶贫模式。

根据贫困地区产业需求,职业院校发挥联盟和平台的作用,融合多所职业院校在教育教学、科学研究、社会服务、人才培养、国际合作与交流等方面的优质资源,确定扶贫方向,制定扶贫举措,确定资源投放主体,定向开展教育扶贫,有针对性地进行技能培育,逐步形成连点成面、以点带面的扶贫工作局面。

与普通培训不同,教育扶贫不但要将目光放在培训本身,更要放在培训目标未来的职业规划和发展潜力上,为贫困学生选配合适的职业技能导师,开展个性化精细培养,突出发展个人的一技之长,使贫困学生真正精通一门技艺,并以此为基础培养未来的职业迁移能力,为职业发展奠定坚实的基础,实现个人脱贫带动家庭脱贫。

【案例1】

浙江是全国电梯生产大省,电梯维修保养服务跟不上巨大的市场需求,电梯安装、维护和维修方面的专业人才存在着巨大的"缺口"。针对这种情况,杭州职业技术学院搭建"校校企"合作平台,在对口支援院校选择贫困学生免费来杭学习电梯安装、维修与保养技术;2个月后,安排学生到杭州西奥、西子奥的斯、通力等电梯企业进行为期3个月的实习;毕业后,安排学生到生源地就业,给予杭州标准的薪资。

模式 2：扶文化。

该模式适合文化程度较低的中西部偏远贫困山区和少数民族地区，以及长期处于封闭落后环境的地区。这些地区公共文化效能较低，缺乏模范带头人的积极宣传。职业院校可以以具体贫困对象的文化基础建设作为重点，构筑"以党建带扶贫，以扶贫促发展"的工作格局，把更多精力、资金投向贫困村镇，不断增强公共文化服务的生活化、本土化。

"治贫先治愚"。贫困地区之所以贫困，除了客观原因之外，同群众知识贫乏、观念滞后、视野狭窄、思维陈旧有着密切关系。文化扶贫，就是要革除贫困者因贫守旧的贫穷文化，用新的文化价值观念改造旧的、迂腐的文化价值观念；用文化充实扶贫内涵，提升群众的精神境界和道德素养。

在职教文化扶贫工作中，职业院校把贫困村文化基础设施建设作为重点，投放文化娱乐设施，筑牢贫困村的文化阵地，帮助贫困地区培养文化人才，提升贫困地区的"文化造血"能力。职业教育文化扶贫特别注重党员的模范带头作用，把夯实农村基层党组织同脱贫攻坚有机结合起来，全面加强党对农村文化扶贫工作的领导。

职教文化扶贫注重搭建和完善多元文化活动载体和平台，结合贫困村和农民实际，有计划、有针对性地组织文化团体开展文化下乡活动，不断提高农民文化生活的质量。特别是充分挖掘和利用农村集市这个文化宣传阵地，搞好集市基础设施科学规划和建设，为农民赶集购物娱乐提供干净、整洁、有序的良好环境；利用集市人员聚集的特点，采取灵活多样的形式开展积极的、正能量的各类演出、宣传；利用节假日，尤其是春节、端午节、中秋节、国庆节、元旦等节日，挖掘和举办具有地方特色的欢庆活动，让集市成为丰富农民文化生活、提高农民文化素养和水平的重要平台。

职教文化扶贫中注重发挥农民群众的主体作用，调动农民的力量，发掘和传承传统文化。在重点人和重点事上取得突破，培育一支有号召力、有凝聚力、受乡村群众欢迎的基层文化宣传中坚队伍，强调农民的"主场"和"在场"，同时通过制度建设管理好农村文化队伍，保证这支队伍的新老交替和永葆活力。

【案例2】

湖南工艺美术职业学院与通道侗族自治县牙屯堡镇人民政府签订对口帮扶框架协议，助力牙屯堡镇打赢脱贫攻坚战。牙屯堡镇文坡村由5个村合并而来，当年全村人均纯收入仅500余元。湖南工艺美术职业学院根据自身专业和人才优势，以文坡村为重点，开展乡村风貌或公共设施改观设计，结合当地非遗特色，帮助打造"田梅"侗锦品牌，创建"侗锦之乡"。同时，还通过组织教授、专家前往当地指导发展，开展乡村工匠等技能培训，指导贫困户在电商平台开展线上推广销售等方式，协助贫困户解决生产、销售难题，助推"山货出山"。

模式 3：扶产业。

该模式适合生态环保基础好，农业或以农业为基础的农产品加工、休闲农业与乡村旅游等产业集中，且具有特殊资源和乡村传统产业的贫困乡村。这些贫困地区通常具有产业门槛低、基础设施落后、流通成本偏高、市场信息不畅、品牌建设滞后，产品"运不出、卖不掉、价不高"等特征。职业院校可以开展创业致富带头人培训、工程机械技能培训等项目,将现代技术、管理和人才等要素引入贫困地区,促进其区域特色产业和支柱产业的发展。

职业院校与产业联系紧密,具备扎实的产业发展思路,可以帮助贫困地区的产业打好特色牌,形成规模化,提升附加值,增强竞争力。职业院校在充分尊重和了解本地资源禀赋的基础上,帮助制定整体合理的发展规划,同时教育行政部门将产业扶贫与科技扶贫相结合,将现代技术、管理和人才等要素引入贫困地区,促进区域特色产业和支柱产业的发展。

脱贫的根基在产业,难点在增收。职教扶贫通过培训新农村建设村级带头人,发挥领头雁的引领作用,促进贫困农民脱贫增收。职教扶贫帮助贫困户通过各种方式进入企业、合作社和家庭农场这些新型经营主体主导的产业体系中,由有竞争力的经营主体带动贫困户共同发展。职教扶贫抓住新农村建设契机,通过扶持、培育、引进等方式,帮助各贫困村采取"企业＋合作社＋贫困户"等模式,成立产业发展新型经营主体,与贫困户结成股份合作的紧密联结,或订单、购销合同等半紧密联结,使贫困户分享更多产业增值收益,加快增收脱贫步伐。同时帮助各贫困村建立可以吸纳贫困户的合作经济组织,重点建立以村集体资产折股量化、贫困户承包土地经营权及农民家庭财产入股、财政专项扶持资金股权合作等股份合作经济组织。

产业扶贫是从"输血扶贫"到"造血扶贫"转变的主要方式和核心举措,产业发展需要职业教育扶贫工作更加接地气、重发展。职业院校要立足产业,联合当地部门因地制宜、因村因户、因人施策,以明确的目标、对路的政策、有力的举措、扎实的行动,积极引导贫困户加入农民合作社等组织,实现"抱团"发展。

【案例3】

海南经贸职业技术学院与昌江黎族自治县石碌镇水头村建立帮扶结对关系,一方面通过扶志行动和技能培训为水头村的产业发展提供内生动力与智力支撑,另一方面以资金投入扶持当地特色产业发展,帮助当地将资源优势转化为产业优势、竞争优势。学校还派出旅游管理专业科研团队到水头村开展旅游资源调查,编制水头村乡村旅游发展可行性研究报告,为吸引旅游投资企业、拓宽农民增收路径创造条件。

模式4:扶经营。

该模式适合农村电子商务起步阶段地区。贫困地区电子商务基础设施建设滞后,缺乏统筹引导,电商人才稀缺,市场化程度低,缺少标准化产品,贫困群众网上交易能力较弱。职业院校可以采取学习培训、下乡指导培训等多种方式,组织返乡青年、贫困户、创业大学生、合作社负责人、乡镇村电商服务点负责人等参加电子商务培训,指导电商从业人员创业,帮助当地农民销售农副产品。

随着互联网的普及和农村基础设施的逐步完善,农村电子商务发展迅猛,交易量持续保持高速增长,已成为农村转变经济发展方式、优化产业结构、促进商贸流通、带动创新就业、增加农民收入的重要动力。但从总体上看,贫困地区农村电子商务发展仍处于起步阶段,电子商务基础设施建设滞后,缺乏统筹引导,电商人才稀缺,市场化程度低,缺少标准化产品,贫困群众网上交易能力较弱,影响了农村贫困人口通过电子商务就业创业和增收脱贫的步伐。

职业院校及时应对这一问题,将扶贫对象和焦点放在农村电子商务扶贫方面,开展贫困地区电商人才培养,输送企业和社会需求的专业电商人才。面对层次多样、文化基础差异大的受训对象,采取学习培训、下乡指导培训等多种方式,面向返乡青年、贫困户、创业大学生、合作社负责人、乡镇村电商服务点负责人等开展电子商务培训,指导电商从业人员创业,及时进行跟踪孵化。职业院校还让具备一定专业知识的学生志愿者帮助扶贫地村民创建电商销售平台。这不仅锻炼了学生的专业能力,也帮助了当地农民销售农副产品,从而构建一个新型的营销模式。

电商扶贫面临的困难,还包括网络基础落后、快递物流不发达、农产品质量不达标、人才匮乏等。职业院校坚持问题导向,从打基础的事情开始,如加强人才培养,真正扶上马,再送一程;破解快递物流问题,树立协同共享理念。特别是将"手"伸长,从卖农产品延伸到改造农产品生产体系,推动供给侧改革,打通供应链、创新产业链、重塑价值链,形成脱贫攻坚的"组合拳",让贫困群众"淘"出一条精准脱贫路。

【案例4】

江西工程职业学院团队帮扶婺源县里官亭村设计农产品生产和销售模式,形成精品化、定制式的品牌市场战略。在乡委和村委的支持下,团队组织村民众筹成立农村合作社,同时在县域范围募集社会资本,成立零售端"众望"有限公司,注册了"刀耕火种"商标,突出产品的原生态特色。合作社采用原生态方式养殖和种植,通过摄像设备监控和拒收约束机制,实现生产过程"一原四无"(原生态、无农药、无添加、无激素、无抗生素)。依托微信公众号,讲好扶贫故事,吸引一批具有情怀的深度粉丝人群。该品牌目前在江西省已小有名气。

模式5:扶志气。

适合家庭相对贫困、受教育程度较低,由于自身的缺陷,很难参与劳动生产的残疾人群体。职业院校可以通过助残扶持创业,助农助残培训,举办大型残疾人就业招聘会,建立农村残疾人扶贫基地培训班等项目,增加残疾人收入,手把手传授残疾人就业创业技能。

残疾人是社会的特殊困难群体,也是决胜全面建成小康社会的重要关注对象。残疾人群体的文化水平较低、劳动能力不强、市场竞争力不足,很难适应劳动力市场发展的需要,总体的就业层次和水平较低,就业稳定性不强,很难实现全面脱贫。在这些影响因素中,残疾人群体受教育水平偏低是根本性的问题。打赢残疾人脱贫攻坚战,教育先行,已成为全社会的一个普遍共识。

为保证残疾适龄青少年和贫困残疾人家庭子女能顺利入学,职业院校采取"一人一策",放宽资助条件、扩大资助范围、提高资助标准,为符合条件的残疾学生和经济困难残疾家庭学生提供助学金。同时做好建档立卡残疾学生和残疾家庭学生扶贫措施梳理、脱贫成效反馈、跟踪结对帮扶等工作。残疾学生要实现真正意义的就读,需要克服心理自卑,为此职业院校设立残疾贫困学生特殊心理帮困项目,为他们创造更多展示自我的机会,以自己的潜能缩小与其他同学的差距,通过心理扶贫帮助学生树立自信心。

职业院校还与政府和残联携手合作,关爱扶贫地区的社区和家庭,本着"帮助一名残疾人就业,成就一个幸福家庭"的理念,引导和帮助更多的残疾人走出家门,参加电器装配、插花、计算机、营养师、网店经营、农村实用技术等培训班,实现就业创业梦想。

【案例 5】

南宁职业技术学院选派优秀师生团队进驻贫困地区,与当地残联、商务局、供销合作社等机构联手,开展助农助残培训,手把手传授残疾农民网上就业创业技能。2015 年至 2018年间,在田东县、横县、上林县等开展 10 多场"电商知识下乡"专项培训和 6 期"残疾人网上就业创业"培训,同步推行专业学生助学帮扶,帮助学员不仅系统学习了电商基本概念、网上开店流程、商品推广与营销等专业知识,还有结合项目进行操作实践。培训结束后,每位残疾人学员基本能够熟练掌握并开设自己的网店,走出创收脱贫第一步(全国电子商务职业教育教学指导委员会)。

问题:

1. 职教扶贫是属于创业机会来源中的哪一种?

2. 作为职业院校的一名大学生,你会选择哪种模式来实现职教扶贫? 请具体阐述原因。

模块九　创业计划

通过讲解创业计划书,让学生深入思考创业过程中所遇到的一些重要问题,找出解决创业计划中所存在问题的最佳方案,最终把学到的理论知识内化为自己的具体行动。

项目一　创业计划的制订

学习目标

1. 了解创业计划制订的作用。
2. 了解创业计划制订的作用和内容。
3. 了解并熟悉制订创业计划书。

 活动导入

请思考,李女士计划失败的原因在哪里?

美好的幻想　精准的计划

"五一"劳动节即将到来,李女士突然想自己一个人带着孩子去芜湖方特欢乐世界游玩。在凡事要先计划的思想的指导下,李女士在脑海中迅速做出了以下计划,如表9-1所示。

表9-1　李女士的计划表

计 划 事 项	开 始 时 间	结 束 时 间	资 源 需 求
收拾东西	2019-4-30　21:30	2019-4-30　22:00	×××
睡前洗漱及睡觉	2019-4-30　22:00	2019-5-1　6:00	×××
起床洗漱吃早餐	2019-5-1　6:00	2019-5-1　7:00	×××
出门到车站	2019-5-1　7:00	2019-5-1　7:15	×××
乘车	2019-5-1　7:30	2019-5-1　9:30	×××
火车站到方特	2019-5-1　9:35	2019-5-1　9:55	
方特游玩	2019-5-1　10:00		

该计划精确到分钟。4月30日,一切顺利进行。5月1日早上7点,她们准时出门,可惜汽车站人太多,一切计划都在到达车站后被排队买票及候车时间无条件变更了。未来已被改变,计划被整体延期2个小时。

问题:

1. 由于没有及时上车,为了让孩子开心买了零食,花费15元。

2. 由于中午才到,太热,大人孩子都很辛苦,心情不好。

3. 少玩了很多项目,还得多去几次。

启示：

1．最重要的原因是整份计划没有抓住主要矛盾,甚至关键任务——买车票都没列进去,结果只能失败。

2．没有备选方案。例如,果断选择换乘火车,或者选择更换游玩地点。

3．笨鸟先飞对鸟有没有用,得看鸟的计划书。像李女士这样,虽然起得早,但是不如提前网上买火车票。信息技术很重要。

4．没有进行风险识别及风险评估表的维护。

 理论点拨

一、创业计划的制订

创业计划是指由创业者准备的一份书面计划,用以描述创办一个企业时所有相关的外部及内部要素,包括商业前景的展望,人员、资金、物质等各种资源的整合,以及经营思想、战略确定等,是为创业项目制订一份完整、具体、深入的行动指南,又叫创业的商业计划。

制订创业计划,其目的是通过撰写计划,对企业自身进行自我评估,对创业前景有更加清晰的认识,并且希望通过计划书获得风险投资家的风险资本。

(一)创业计划书的作用

创业计划书的作用非常重要。对创业者个人而言,它可以让创业者对其创业思路进行全面的分析,让创业者知道,自己的设想是否可以实现,市场需求究竟有多大,能从这个创业项目中获得多少回报,自己会有什么损失或风险。

一份很好的创业计划书对成功地吸引风险投资是极为关键的。由于创业企业大多是新成立不久的企业,缺乏有足够说服力的历史数据。对于迫切需要资金的创业者而言,更多的是通过创业计划书向风险投资者描绘企业前景。而风险投资家面对大量的潜在可行的创业项目时,也只能根据创业者的创业计划书和创业者的推介来做出自己的选择。因此,创业计划书是创业企业和风险投资家发生利益关系的第一载体。一份优秀的创业计划书往往被称为新创企业吸引风险投资的"敲门砖"。

(二)创业计划的特征

1．涉及未来,具有预见性。

不论个人或组织,我们都必须在对未来进行充分估计的基础上行动。因此,运用科学的方法对未来进行预测,应是计划的一个基本组成部分。正确的预测将有助于创业者免于掉入灾难的陷阱。

2. 涉及行动,具有可行性。

创业就是行动,没有具体的行动,创业就是一句空话,所以创业计划又可称为创业行动计划。它既指出了所要达到的目标,又指出了所要遵循的路线、阶段和使用的手段。创业计划失去了可行性,就会失去指导行动的功能。

3. 涉及许多复杂的环境因素及其变化,具有灵活性。

创业者受自身知识结构、所获信息数量和质量的限制,完全准确地看清未来是不可能的。因此对于不确定的未来,创业计划应是相当灵活的,能根据人们认识的深化而调整。计划的灵活性越大,由偶发事件造成损失的风险就越小。另外,创业的不同阶段对计划的要求是不同的。一般来说,在创业的初期,要求计划更具有指导性;在创业的成长期,要求计划更为具体详细;在创业的成熟期,要求有长期的、具体的战略发展计划。

(三) 创业计划的内容

创业计划的内容一般围绕企业的发展目标、业务模式、竞争能力、市场调查等展开,主要包括以下四个方面。

1. 企业描述。

企业描述是对创业企业的各项相关事宜的总体介绍。

(1) 企业概述。企业概述是指企业成立时间及形式、创业团队简介、企业发展概述。

(2) 企业目标。企业目标是指企业奋斗的方向和所要实现的理想。

(3) 产品或服务介绍。产品或服务介绍是指产业环境发展、产品或服务的开发过程以及产品或服务的特性、优势等方面的阐述。

(4) 进度安排。进度安排是指公司的进度,主要包括:收入、市场份额、产品开发、主要合作伙伴、融资计划。

2. 营销计划。

(1) 市场分析。市场分析主要描述过去、现在和未来的市场需求,分析市场潜力,预测市场价格的发展趋势,列举市场上主要竞争者的优势和劣势,明确竞争策略。

(2) 运营计划。运营计划要提供有关产品生产和服务开发方面的信息,具体包括:厂房的选址和建造、原材料需求、设备购置、生产方法、制造流程、产品包装、成本预算、生产计划等方面的内容。

(3) 销售计划。销售计划主要说明未来的销售策略(销售方法、促销手段、定价策略)、销售计划、销售渠道、宣传方式与成本预算。

3. 组织与管理计划。

这部分是指企业的组织结构以及可能的变动,营销团队与管理团队的基本资料、专长和工作理念,企业薪资结构,人才需求计划和培训计划等,即企业的组织结构及其关键人物背景资料的说明。

4. 财务计划。

财务计划主要包括企业过去财务状况、融资计划、融资后的财务预算与评估及未来 5 年的损益平衡分析。其中,过去财务状况主要是指资产负债表和利润表,融资计划主要是指融资用途、时机与金额。

鉴于创业计划在创业过程中的战略性地位,创业者在制订创业计划时应当从上述几个方面入手,充实内容,力争详备,有理有据。但是,有两点需要注意:一是不可能面面俱到,要重点突出、详略有度;二是不能千篇一律,要体现特色、彰显风格。

 任务

一、课后独立完成

请在 30 分钟之内,将自己的创业想法写下来。

二、课堂小组讨论

1. 请学生在小组中讲解自己在完成任务一后的体会(1～2 条)。

2. 请学生在小组中出 1～2 个问题考考别人。

3. 请学生在小组提出 1～2 个自己不懂的问题,请其他学生解答。

三、师生互动

教师抽选小组代表就小组讨论内容作简要发言,教师进行点评。

项目二　创业计划的信息收集

 学习目标

1. 了解创业计划信息收集的方法和内容。
2. 了解市场调查的步骤。
3. 可以独立进行市场调查。

活 动 导 入

找到 1 个创业公司的产品或服务，提前准备好人们为什么购买（将要购买）的五个最佳理由，然后与创业公司主管市场的管理人员面谈并填写表 9-2。

表 9-2　创业信息收集表

描　　述	重要性 (1～10)	公司/产品/服务优势		
		低	平均	高
1.				
2.				
3.				
4.				
5.				

同时，思考以下问题：

1. 顾客什么时候购买产品或服务？
2. 描述顾客购买产品或服务的场景。
3. 顾客在哪里/如何购买产品或服务？
4. 描述目标顾客（年龄、性别、收入、兴趣、教育、职业等）。
5. 在我们所在的这个区域市场有多少目标顾客？
6. 有多大比例的人将会购买与创业公司类似的产品或服务？
7. 你期待这些数据改变吗？为什么？

问题：前期信息的收集对创业的意义是什么？怎么样才能做好信息收集？

启示：创业者要创业成功，必须依靠各方面信息来组织生产、从事经营。只有这样，创业者才有可能最终赢得市场，而创业计划的信息收集离不开全面的市场调查。

理论点拨

市场调查即调查市场状况、周边环境和消费者需求，通过收集、整理、分析有关市场营销的数据信息，了解市场现状和发展趋势的过程。详尽的市场调查有助于创业者做出更好的企业营销决策，减少失误，增强成效。

一、市场调查的内容

（一）市场需求调查

所谓市场需求调查，是指调查现有市场的购买需求和趋势。购买需求包括购买力、购买动机、需求量和影响需求的因素。

（二）经营环境调查

1. 宏观环境调查。

宏观环境是指影响企业的各种宏观力量，包括经济环境（社会经济结构、经济发展水平、经济体制和政策、当前经济状态）社会和文化环境（人口因素、社会流动性和各阶层对企业的期待、消费者心理、文化传统和价值观）和政治法律环境（政治形势、政府行为、法律法规、路线方针等）。

2. 行业环境调查。

行业环境调查是指调查经营项目所属行业的历史、现状、趋向、结构、行规和管理。若想做冷链物流，那么，有必要调研冷链物流这一服务性行业在国内的发展现状和未来趋势，了解该行业的行规、制度以及相应的管理措施，弄清有没有市场壁垒。

3. 竞争对手调查。

竞争对手调查是指一项关于竞争环境、竞争对手和竞争策略的调查研究。竞争对手调查的目的是通过各种渠道收集信息、查清竞争对手的状况，包括产品及价格策略、渠道策略、营销策略、竞争策略、研发策略、财务状况及人力资源等，了解其竞争优势和弱势，以期做到知己知彼、百战不殆。

在对竞争对手的调查中，创业者一要了解竞争对手的数量与规模，如果现有行业竞争激烈，不妨另辟蹊径；二要了解竞争对手的分布与构成，假如你的实力足够雄厚，可以直接选址在竞争者旁边；三要了解竞争对手的经营策略与销售方案，可以模仿成效好的套路，也可以在这些营销之外探寻更加有效的方法以吸引消费者的眼光。如此，才能采取相应的竞争策略。

4. 经营策略调查。

经管策略调查是指调查本企业产品的价格、销售渠道、广告、商标及外包装等存在的问题及跟进情况。

（1）销售策略调查。销售策略包括营销策略、促销手段和销售方式。

（2）广告策略调查。广告是行之有效的营销手段，有时能够达到立竿见影的效果，广告策略要讲求实效。

（3）其他情况调查。其他情况调查指对产品设计、形状、包装、口味、价格等方面是否符合消费者需求和接受能力的调查。

二、市场调查的步骤

市场调查工作必须有计划、有步骤地进行，以防止调查的随意性。一般来说，市场调查可分为确定目标、正式调研、分析资料、撰写报告四个阶段。

（一）确定目标

市场调查的内容很多，范围很广。企业在不同的发展阶段或不同的战略实施阶段所要了解的信息是不同的。

（二）正式调研

明确调查目标后调查员就可以放开手脚，正式工作了。首先，确定应该收集哪些资料，哪些资料是重要的，哪些相对次要。分清了主次，才能做到心中有数。接下来，要确定收集资料最有效的方式。收集资料的方法很多，询问、观察、实验、抽样等方法各有各的特点与优势。哪种最恰当、最有效，哪种必须采用，哪种起辅助作用，调查员要根据调查目标和问题症结做出正确的选择。

（三）分析资料

当资料在手、数据在握后，调查员要对其进行整理和分析。因为此时的资料是原始且散乱的，只有经过去伪存真、去粗取精、查漏补缺，才真正具备参考价值和利用价值。调查员可以先将这些资料按价值大小、适用领域等角度进行分类，以方便取用。

（四）撰写报告

调查报告是对供求关系、营销状况、消费情况等调查内容所做的书面报告。它既是市场调查的一部分，又是企业促进管理水平提升竞争能力的必要活动。调查报告重在根据调查过程得出有用的结论。

市场调查报告没有固定的格式，具体行文依照调查目的、内容和结果来展开。

任务

一、课后独立完成

假如你计划加盟一家知名品牌熟食连锁店,请根据课堂所学知识,学会运用进行市场调查的方法收集创业计划信息。

二、课堂小组讨论

1. 请学生在小组中讲解自己在完成任务一后的体会(1～2条)。

2. 请学生在小组中出 1～2 个问题考考别人。

3. 请学生在小组提出 1～2 个自己不懂的问题,请其他学生解答。

三、师生互动

教师抽选小组代表就小组讨论内容作简要发言,教师进行点评。

项目三　创业计划书的撰写

学习目标

1. 理解创业计划书的概念。
2. 掌握创业计划书撰写技巧。
3. 尝试撰写创业计划书。

创 业 故 事

王先生毕业于某重点大学环境工程专业。经过多年的潜心研究,他在环境污染治理技术方面取得了一项重要突破,这项技术如果在现实中得到应用,前景非常广阔。于是他辞去原来的工作,准备自己创业。

但是,由于多年的积蓄都用在了环境污染治理的研究上,在七拼八凑注册成立了一家公司后,他便没钱购买原材料和设备了。无奈之下,他想到了风险投资,希望通过引入风险投资走出困境。

经过多方联系,王先生与一些个人投资者、风险投资机构进行了商谈。虽然他反复地强调自己的技术多么先进,应用前景多么广阔,并拍着胸脯保证投资自己的公司回报绝对不低,但总是难以令对方相信。而投资人问到的许多数据,如一年可以有多大的销售量,每年投资回报率究竟有多高时,他也没办法提供。此外,他在招聘技术、管理骨干时,也遇到了同样的难题,因为应聘者对公司的前景同样缺乏信心。

问题: 王先生为什么屡屡受挫? 如何帮助他想办法?

启示: 一份好的创业计划书可以让其团队、投资人等更好地了解创业者的创业蓝图,从而使创业者更高效地获得创业资源。

理论点拨

一、把创业构想变成文字

创业计划书是将创业者有关创业的许多想法,通过深入研讨,结合创业计划有关信息收集、分析、判断、评估,并由文字的形式呈现出来的载体。创业计划书是完善的、系统的、可靠的、可执行的创业构想。

在高校中,具有创业想法的学生有不少,但创业想法只是一个有特色有亮点的创业构思,想法往往只有概要,没有细节,经不起推敲。俗话说:"细节决定成败"。如果能够把创业构想变成文字,客观上就强迫准创业者去考虑各方面的细节问题,有了收集信息、调查市场、可行性分析等,再把它写下来,形成比较标准的格式文本,这就是一份创业计划书。做出一份完整的创业项目计划书,是对自己创业之路的指导,也能让别人理解你的创业想法,看到项目未来的发展方向,以至全力支持、资助、投资你的创业项目。大学生创业计划书的质量好坏,往往会直接影响创业发起人能否找到合作伙伴、获得资金、参加创业比赛及其他政策的支持等。

所以,有一个好的创业构想,一定要对创业构想进行深入研讨,撰写出详细、完整、严谨的创业计划书。

二、创业计划书的基本结构和样本

创业计划书的起草和创业本身一样,是一个复杂且系统的工作,不但要明确自己的想法,更要对行业、市场进行充分的研究,而且要有比较好的文字功底。通过准创业者将心中的设想编写成书面的、规范的创业计划,创业者可能会发现,事情原来并非想象中的简单,原来很多因素都没有想到,很多的设想都不现实。这个时候,就需要创业者保持清醒的头脑,客观、严肃地从整体角度审视自己的创业思路,并且适当地进行调整,使得计划更趋完美,以确保计划的可操作性。

(一)创业计划书的基本结构

创业计划书的撰写虽然没有固定的格式,但是一定要包括创业者的创业目的、对创业企业和环境的描述、创业团队、创业项目的风险和回报分析等重要内容。创业计划书可以为创业者描绘一个完整的创业蓝图,在具体撰写时,可以根据创业内容选择适合自己的创业计划书格式。

创业计划书从结构上大致分为以下三个部分。

一是形式部分,包括封面、扉页、目录等,这是创业计划书的外包装。其中,封面通常包括所创建公司的名称、地址、邮箱及通信地址、编制日期等。

二是主体部分,这是创业计划书的主要部分,包括计划摘要、项目介绍、市场分析等内容。

三是补充部分,主要是对主体部分的补充,在创业计划书中称作附录或附件。由于篇幅的限制,有些内容不宜在主体部分过多描述,或者需要提供参考资料,一并放在附录部分,供投资者阅读时参考。

（二）创业计划书的主体部分

主体部分是创业计划书的主要部分，包括以下十个方面的内容。

1. 市场因素。

（1）企业所处的行业，企业经营的性质和范围。

（2）企业主要产品的内容。

（3）企业的市场在哪里，谁是企业的顾客，他们有哪些需求。

（4）企业的合伙人、投资人是谁。

（5）企业的竞争对手是谁，竞争对手对企业的发展有何影响。

2. 项目介绍。

这部分主要介绍项目的基本情况，产品或服务的基本内容。

3. 产品市场分析。

这部分主要介绍产品或服务的市场情况，包括目标市场基本情况、未来市场的发展趋势、市场规模、目标客户等。

（1）企业拥有多大的市场，目标市场份额多大。

（2）目标顾客群是谁。

（3）五年的生产计划、发展规模是多少。

4. 行业分析。

这部分主要介绍企业所归属的产业领域的基本情况、未来市场的发展趋势、市场规模、目标客户的购买力等。

（1）该行业发展程度如何，现在的发展动态如何。

（2）社会经济发展对该行业的影响程度如何。

（3）哪些因素决定着该行业的发展。

（4）进入该行业的障碍是什么，如何克服。

（5）针对竞争，应采取什么样的策略。

5. 营销战略与策略。

这部分主要介绍企业的发展目标、发展策略、发展计划、实施步骤、整体的营销战略以及风险因素的分析等。

（1）市场机构和营销渠道的选择。

（2）营销队伍和管理人员。

（3）促销计划和广告策略。

（4）价格决策。

6. 团队情况。

这部分主要介绍管理理念、管理结构、管理方式、管理人员的基本情况等。企业的管理人员应该是互补的，要有团队精神，在创业计划书中要对主要管理人员加以阐述，介绍他们所具备的优势,在本企业中的职务和责任。同时,还要对公司的组织结构做出简要介绍。

(1) 列出企业的关键人物(含创建者、董事、经理、主要雇员等)。

(2) 企业共有多少员工。

(3) 管理团队的优势与不足。

(4) 人才战略与激励制度。

7. 财务分析。

这部分主要对未来五年的企业盈利和成本估算,包括销售估算表、成本估算表、利润表、现金流量表、投资回报率等,如表 9-3 所示。

表 9-3　未来五年的企业盈利和成本估算　　　　　　(单位:万元)

项　　目	第一年	第二年	第三年	第四年	第五年
年收入					
销售成本					
运营成本					
净收入					
实际投资					
资本支出					
年终现金余额					

创业计划要说明创业工作需要的财务总预算,主要介绍需要资金的数额、申请的方式以及使用规划,创业产品的原材料价格、生产流动资金等。

(1) 预计的风险投资数额。

(2) 投资收益和再投资的安排。

(3) 投资资金的收支安排及财务报告编制。

(4) 投资者介入公司经营管理的程度。

8. 产出状况。

这部分主要告诉投资者投资策略、预计回报数额和时间表等情况。

9. 风险分析。

这部分主要介绍本项目将来会遇到的各种风险,以及应对风险的方法。

(1) 公司在市场、竞争、技术等方面有哪些基本风险。

(2) 准备怎样应对这些风险。

(3) 公司有哪些新的机会。

10. 整个计划的结论性概括。

(三) 创业计划书的样本

大学生初次创业适合较为简易的创业计划书样式(如图 9-1 和图 9-2 所示)。

```
┌─────────────────────────────────────────────┐
│                创业计划书                      │
│                                               │
│   项目名称：                                   │
│                                               │
│   公司地址：                                   │
│                                               │
│   设计人：                                     │
│                                               │
│   指导教师：                                   │
│                                               │
│   联系电话：                                   │
│                                               │
│   日期：_____年_____月_____日               │
│                                               │
└─────────────────────────────────────────────┘
```

图 9-1　创业计划书首页

图 9-2　创业计划书目录

三、创业计划书的撰写原则和撰写技巧

　　创业计划书的读者对象是投资者、团队成员及合作方等。因此,一份好的创业计划书应该让以上对象对企业的产品与服务有明确的认识并能向他们展示企业的亮点,必须真实呈现企业的实际情况、核心竞争力和创业团队情况。我们所提供的信息必须包括与项目有关的所有技术参数、经营功能与风险情况,如此才能充分体现自己的信心和能力,从而提高企业融资成功的概率。

(一) 撰写原则

　　(1) 循序渐进,逻辑性强。创业计划要考虑的内容非常多,在创业计划书的写作过程中要注意逻辑性,循序渐进,避免杂乱无章,前后不一致。

　　(2) 目标明确,优势突出。优秀的创业计划书一定要有一个明确的目标,能够呈现项目的具体优势。优势虽不能面面俱到,但一定要抓住核心。以下几点能够帮助我们明确计划书目标,突出项目优势。

　　第一,突出产品或服务的核心价值,在阐述中让投资者相信产品或服务的发展空间。

　　第二,写明目标市场规模,让投资人看到预期销售前景。

　　第三,分析竞争对手,阐明自己居于竞争态势中的位置,让投资人相信该企业是同行中的有力竞争者并能成为某领域中的领先者。

　　第四,介绍企业运营模式和盈利途径,让读者尤其是投资方对风险的担心降到最低。

　　第五,描述整个创业团队和管理团队的职责与目标,让投资人从你的创业团队中看到企业的未来。

　　(3) 内容真实,体现诚意。创业计划书要体现项目的真实情况,包括企业可能面临的风险。成功与风险并存,优势与不足同在,任何一家企业都是如此。因此,在具体成文时,创业者一定要明确指出企业的市场机会、竞争威胁、潜在风险并尽量以具体资料为依据。关键还要分析可能的解决方法,绝不能含糊交代。

　　(4) 要素齐全,内容充实。创业计划书的内容和格式不是千篇一律的,但无论哪种项目的创业计划书都要涉及这些内容:计划摘要、产品与服务、团队和管理、市场预测、营销策略、生产计划、财务规划、风险分析。

　　(5) 结构严谨,风格统一。如果我们的创业计划书让人读起来感觉很乱,表明它是失败的。受创业者精力、计划等因素影响,一份创业计划通常由多人合作完成。这就难免存在体例不一、风格迥异、结构松散等问题。为了创业计划书的完美,最后应由创业团队中的某一人统一定稿。

　　(6) 详略得当,篇幅适当。一份创业计划书,不能因为创业者熟悉哪些方面就详细叙述哪些方面,也不能因为哪些方面容易驾驭就将其作为整篇的重点。计划书的对象可以是投资者,可以是银行,也可以是企业自身,不同的目的也会使计划书的侧重点有所不同。因此,创业计划书一定要把握适度原则。在一般情况下,要着重强调企业的优势和持续盈利的可能,如市场分析、竞争分析、营销方案、成本预算、风险分析与应对策略等。

(二) 撰写技巧

不同的章节有不同的撰写技巧。

(1)封面。总体风格要简洁大方,线条要美观流畅,公司名称、总经理姓名、联系方式等文字要易认明朗。

(2)目录。明晰各章节标题及所对应的页码,通常不超过3页。

(3)摘要。作为计划书的浓缩版,摘要讲求以简洁的手法勾勒出一幅诱人的图景以感染投资者。语意精益求精,语句清晰流畅,语言富有感染力。篇幅以1~2页为宜。

(4)企业概况。简单明了,概括即可。重点介绍该企业的与众不同之处。

(5)市场分析。市场分析包括市场需求现状、市场竞争现状、企业产品在市场中的地位预测,要以平实的语言进行说明。

(6)产品介绍。对于产品或服务是什么,简明地讲清楚即可,没有必要介绍太多的技术原理和内容;产品或服务的特点,重在市场化的特点;附带产品原型、图片,以吸引读者,加深读者对产品的印象。

(7)组织结构。组织结构最好采用图表的形式;对于创业团队的描述关键是叙述管理者的素质和能力;经验和经历也很重要,大胆任用新人要说明理由。

(8)营销策略。该部分需要把营销计划、宣传策略、价格决策和营销队伍几大要素先概括后具体地讲清楚。核心问题诸如市场竞争是否激烈,激烈到何种程度,当市场成长时市场占有率是上升还是下降,客户在哪里,预算是多少,应对策略是什么等,缺一不可。

(9)生产计划。该部分把设备现状与更新、质量控制与改进以及新产品投产计划讲明即可。

(10)财务规划。该部分重点是提供未来3年的现金流量表、资产负债表以及利润表。

(11)风险分析。风险在哪里,如何应对,资本如何积累,最好和最坏的设定是怎样的,将这些问题解答完毕,这一部分的编写就完成了。

(12)附录。将管理层简历、销售手册、产品图纸说明等需要补充的材料附加在此即可。

创业计划书的写作有一定的原则可依,有一定的技巧可讲,但并不意味着所有的创业计划书千篇一律。项目不同、用途不同,创业计划书的内容和结构也不同。有的创业计划书仅供内部参考,有的为了寻找合作伙伴,有的为了吸引风险投资,有的为了向投资人汇报。总之,创业计划书是个性的体现,并没有通用的模板。

尽管如此,成功的创业计划书还是有一些共同的特征的,即客观真实、有效可行、创新性强、讲求逻辑。

案例

创业计划书的测评

由于创业计划书所选择的创业项目、创业环境、创业人员等各方面都存在差异,所以要想对一个创业计划书的优劣进行准确评价非常不容易。目前,投资人员和创业大赛的评审多采用量化打分制来评定创业计划书之间的差异。在此,参考比赛及专家的经验,提供以下创业计划书的评价体系(见表9-4)供创业者对自己的创业计划书进行自评。

表9-4 创业计划书的评价体系

评价指标	评价标准
执行概要	简明、扼要、具有特色
产品(服务)	能够满足关键顾客需求,适应市场
竞争	分析行业内现有及潜在竞争者,有应对策略
市场	了解市场变化趋势及潜力,预估市场份额和销售额
营销	构建合理的促销渠道,保持和提高市场占有率
经营	材料的供应、设备的运行、人力的安排,准确合理可操作
组织	团队成员明确管理分工,做到优势互补
财务	资金流量、变动情况及持久性发展
总体评估	条理清楚、重点突出、数据准确

 任务

一、课后独立完成

以下案例中小黄失败的原因是什么?可以采取哪些措施来避免?请发表自己的看法,并思考这些内容应该如何体现在创业计划书中。

失败的创业计划

大学最后一学期,大学生小黄参加了一场接一场的招聘会,但一次又一次地失望而归。"我们不停地奔波于各种招聘会,在海量的招聘信息里想要找到一个适合自己的企业却很难。"在与企业的接触中,小黄了解到企业也存在类似的烦恼。因为缺乏对学生的了解,企业仅通过一次招聘会或一次简单的面试签订用人协议,事后却发现招聘来的员工并不适合这份工作,为此浪费了大量人力物力。于是,他萌发出这样一个想法——办一个不同寻常的求职网站。小黄介绍说,在网站中,他将为企业和大学生搭建起一个长期稳定的接触平台,只要大学生和企业登录注册,双方就可以通过这个平台相互了解,企业甚至可以跟踪大学生在校期间的各方面表现,决定毕业时是否录用。

接下来的几个月,小黄开始了广泛的市场调研。他拜访了 20 多家企业,与人力资源管理部门负责人沟通了这一想法,网站的特色服务内容得到 70% 的人的肯定。"我会用两到三年的时间向外界推广网站,吸纳大学生和企业登录,并向企业收取一部分会员费。三年后,点击量有了一定提升,广告将成为网站盈利的又一渠道。未来,在继续完善网站服务内容的基础上,推出一系列产品,我相信这会有更大的发展前景。"实际上,小黄已明确了网站的盈利模式。至于网站的长远规划,小黄表示他已制订了相应的计划。

尽管制订了自己的创业计划、确立了盈利模式、进行了市场调研,也得到了父母兄长的资金支持,但小黄却忽视了创业最为关键的因素之一——组建得力的团队。"刚开始我以为这不是问题,懂程序的人多,肯定能吸引到这样的人。"直到制订创业计划的后期,小黄才向身边好友发布信息,结果只找到一个做网站的高中好友。"人太少了,编好这个网站的程序至少要两年。"小黄说,目前高校内具备这方面技术的人太少,而有丰富经验和能力的人却不愿意放弃工作跟他一起创业,好比没有左膀右臂,孤军奋战的小黄只能退下阵来。

二、课堂小组讨论

1. 请学生在小组中讲解自己在完成任务一后的体会(1~2 条)。
2. 请学生在小组中出 1~2 个问题考考别人。
3. 请学生在小组提出 1~2 个自己不懂的问题,请其他学生解答。

三、师生互动

教师抽选小组代表就小组讨论内容作简要发言,教师进行点评。

项目四 案例展示及分析 9

浩杰云创养殖项目计划书

浩杰生态养殖基地(以下简称公司)是一家生态养殖公司。

公司承包有油茶山、杉树山等实体养殖基地,共占地面积为 110 亩,公司建有 150 平方米猪舍 1 间,180 平方米鸡舍 1 间,饲料加工房 1 间,水电设施齐全。公司目前拥有 35125 颗栾树,27548 颗油茶树,1524 只鸡,1558 只鸭,525 头猪,其中母猪 84 头。公司主要的经营范围为猪、鸡的养殖及相关产品的销售;油茶树、栾树的种植、销售;羊毛衣物定制;现榨植物油等产品销售。公司团队核心成员为高校老师和草根学生团队。创立背景依托于响应国家和地方的乡村振兴战略及 2021 年湖北省大学生创业扶持相关政策。

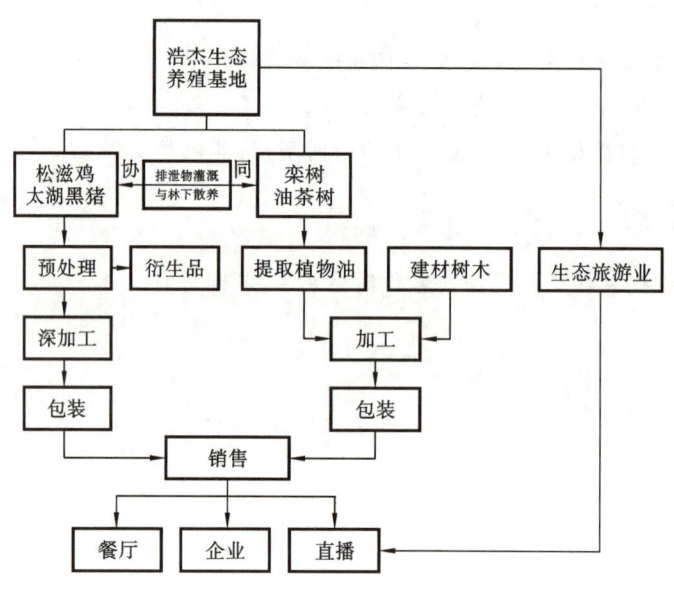

本公司目前经营流程图

注册时间:2020 年 6 月 19 日。

公司法人:郑君杰。

产品定位:原生态、纯天然、绿色、有机。

经营地址:湖北省松滋市斯家场镇舞龙山村。

2021 年 4 月,云宝团队借助"互联网＋"大学生创新创业大赛,在国务院印发《关于积极推进"互联网＋"行动的指导意见》、中央一号文件、乡村振兴战略、规模养殖补贴等一系列的政策文件支持下,对该公司进行创新与包装。云宝团队为湖北城市建设职业技术学院 7 名不同专业的在校生组成的"草根学生团队",并配有两名专业指导老师。

浩杰生态养殖基地平面图　　　　　　　　　　　公司 logo

团队成员表

姓　　名	职　位	负责项目
郑君杰	董事长	公司法人
童权凯	总经理	负责项目的运营与策划
李冬东	财务总监	负责项目资金的管理
张可瑶	广告总监	负责 UI 设计与制作
张迪	行政总监	负责人力资源管理
刘晓峰	技术总监	负责 HTML5 前端页面制作
周琦	营销总监	负责产品的推广与宣传
周玮璐和林紫薇	指导老师	

云宝团队将"互联网十"与农业进行有机结合,打造"互联网十人工智能十原生态基地"的"云养殖"公司,开创云养殖模式。团队总结出传统农业的 4 大痛点:① 源头把控不过关;② 城市资源匮乏;③ 传统养殖弊端显见;④ 社交分离度高。为解决以上 4 大痛点,团队结合市场调研结果提出了 4 大解决方案:① 农产品源头进行安全把控;② 拥有纯天然绿色养殖基地;③ 开发浩杰智能 AI 监测分析系统;④ 开发浩杰云创养殖 App。

浩杰云创养殖App主要面向客户端,其功能模块分为领养区(牧场区和农场区)、个性化服务、监控直播、拼猪猪、智慧养殖、收益管理、生鲜商城。

浩杰云创养殖App界面

浩杰智能AI监测分析系统主要面向企业内部,提高工作及生产效率,系统功能模块分为环境检测、智能预警、行为分析、联动控制调控。

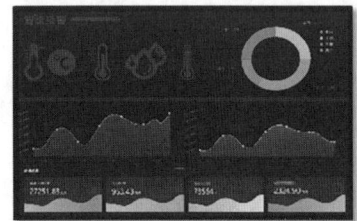  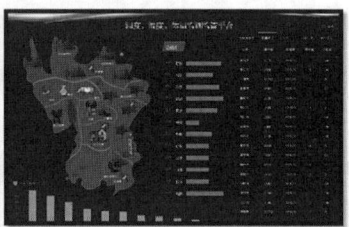

浩杰智能AI监测分析系统

浩杰云创养殖项目是以浩杰云创养殖App+浩杰智能AI监测分析系统+原生态基地三个核心模块组合而成。

本项目以"科学养殖、操作简便、透明可视化、安全可靠、资源整合平台、人性化服务、填补行业空白"为优势,以"原生态、纯天然、绿色、有机"为营销点。本项目将目标市场定位为:城市人群和没有养殖条件但追求健康生活品质的人群。本项目将产品定位为:为看得见的健康买单,为绿色无公害买单。

本项目的商业模式为O2O的商业模式,即线上下单,线下服务,并将线上线下的优质资源整合到一起。营销方式分为线上和线下营销,线上营销方式为搭建官方网站,投放广告到主流社交媒体,撰写激发情感共鸣的广告语。线下营销方式为建立农家乐体验中心、代理分销等。盈利模式为:① 领养收费;② 会员收费;③ App增收;④ 商城交易抽成;⑤ 平台入股;⑥ 用户分级;⑦ 为生态农业经济实体做广告宣传收取的广告费用;⑧ 提供融资服务,获得的金融收益。

下表是公司现有的合作伙伴。

公司现有的合作伙伴

名　　称	供应原材料	图片
红顶鼎餐饮公司	为旗下二十多家门店供应原材料,其中公司供应的松滋鸡为门店的招牌菜,深受广大消费者的喜爱	
武汉维恩生物科技有限公司	达成长期战略合作,长期提供植物油、油茶果等	
武汉中矩有限公司	长期提供公司的特色产品,用于房租建筑的木材消耗	
武汉心良源餐饮服务有限公司	供应食品原材料,如猪肉、鸡肉等	
武汉湘大饲料有限公司	供应饲料原材料	

　　本项目计划为公司打造一片生态实验基地,开发高校纪念林、义务植树市场,为学校师生提供平价、优质的树苗与木材,并与高校联合开设校企班,为公司输送人才。本项目长期计划为与武汉梁子湖友爱生态发展有限公司合作建立武汉养殖基地,拟发展1000亩原生态基地,同时为毕业生提供实习岗位,增加就业机会,解决部分农村留守人群的就业问题。

如何打造一个好的计划书?

创业计划书是公司的第一颜面。第一印象很重要,一份逻辑清晰、文字精练、内容完整、视觉美观的创业计划书会让你从众多项目中脱颖而出,写计划书的过程也是团队内部统一思想、明确思路的过程。

计划书基本结构

(1) 执行概要:就是把整个计划书内容做一个精选浓缩,放在最前面做一个亮相展示,需要达到一览全貌、先声夺人的效果。

(2) 项目背景:讲清楚项目的来源、初心和市场机遇,本部分在策划书中可以不写。

(3) 产品和服务:做到外行能看懂! 不做常识科普,不做技术深究! 运用各类示意图(工艺流程图、产业链图、功能示意图、小动画、小视频)去讲解。

(4) 市场分析:要严谨、精准,切勿纸上谈兵,需要权威的分析报告或者真实的市场调研。可从艾瑞研究院、CBNData、普华永道行业分析、友盟数据报告等一些权威的数据平台提取需要的相关数据。

(5) 营销策略:目的就是向大家说明怎么赚钱。

(6) 团队介绍:要体现其专业性。专家顾问、指导老师为高校和行业企业的人员;团队成员中相关经历特别出众的,可以放在前面;其目的是证明你能干这件事。

(7) 财务分析:符合客观规律,注意当前政策,逻辑严谨、环环相扣。

(8) 风险控制:对风险的规避是项目可行性的重要环节。

(9) 附件:项目评审中十分重要的环节。① 佐证和支撑重要节点;② 解答可能的疑问;③ 呈现出项目的精神风貌;④ 必须是真实的文件。

在编写计划书中,总的来说有以下几点加分项。

(1) 项目名字有特点,既反映项目内涵,又给人留下深刻印象。

(2) 项目概述主题清晰,有吸引力。

(3) 项目计划书制作要专业、美观、用心。

(4) 项目价值、意义、市场潜力说明到位,有翔实数据。

(5) 项目与学校特色、专业特色相结合。

(6) 科研成果转化项目有加分可能,国家大力鼓励高校科研成果通过大学生创新创业进行转化。

(7) 项目团队的良好资质、背景,如院士、重点实验室负责人、科研成果拥有人等。

（8）项目产品服务有明显功能、性能与市场优势有加分可能。

（9）项目产品服务与竞争对手相比有明显优势有加分可能。

（10）项目如已经实现收入，并有较好成长预期有加分可能。

（11）项目团队与创业项目的强相关。

（12）项目如已经有投资轮，做清晰说明，有加分可能。

（13）项目计划书的结尾有感染力，能给评委留下深刻印象，有加分可能。

在编写计划书中，有以下几点减分项。

（1）行业和市场分析与项目的相关性不强，前面分析过的问题，在后面产品介绍中没有解决方案。

（2）制作粗糙，没有经过专门的美化，排版随意，甚至出现错字。

（3）内容过多，逻辑混乱，重点不突出。

（4）只有文字，没有相关图片和材料支撑。

（5）错误的数据，知识产权归属不清等，出现硬伤。

问题：

1. 在组建创业团队时，团队成员应如何配置及分工？

2. 有哪些小技巧可以使本团队的项目计划书在开头就夺人眼球？

3. 在产品与服务这一章节中有哪几种思路结构？

模块十　创新创业大赛

项目一　举办创新创业竞赛的必要性

学习目标

1. 了解中国国际大学生创新大赛的价值和意义。
2. 激发学生参赛热情,以赛促学。
3. 引导学生透过大赛关注时事热点,关注我国创新创业事业的发展。

活动导入

北京理工大学"中云智车——未来商用无人车行业定义者"项目从全国 64 万个项目中脱颖而出,获得第四届中国"互联网＋"大学生创新创业大赛冠军。

中云智车作为大赛初创组"互联网＋制造业"的新星,项目是从北理工特种无人车辆创新地、方程式赛车队孵化而来,是国内首个车规级特定场景无人车研发者,拥有车规级无车全栈研发能力,项目负责人倪俊曾经担任学校方程式赛车队队长。

为了参加比赛,倪俊和他的团队不断对参赛的产品进研发和创新,且敢于实践,带领团队研制出世界领先的无人驾驶赛车、全线控重型无人车、纯电动无人赛车等。

因为大赛夺冠,倪俊更加肯定和坚信了以后自己会继续从事无人驾驶技术的研究和创新、创业工作,他要为我国的汽车工业发展与国防安全建设贡献一分力量。

随后,倪俊成立了中云智车有限公司,目前已经形成了"模块化车规级无人车道通用底盘＋订制化功能上装及算法"的无人车整车研发与生产新模式,还不断打造出无人物流车、无人摆渡车、无人运货车、无人军用车等等特定场景商用无人车,为推动其快速落地与汽车产业升级而不懈努力。参加比赛后,多家物流电商、高等院校主动与他的公司达成战略合作,生产基地完成建设,并预估年产能超 1200 台,实现了经济增长飞跃。

问题:请与你的团队成员一起讨论大学生参加创新创业大赛有什么意义?

启示:挖掘大学生参与创新创业大赛的意义和价值。

 | 理论点拨

为贯彻落实党的二十大精神,深入贯彻落实习近平总书记关于教育的重要论述和给"青年红色筑梦之旅"大学生重要回信精神，"三位一体"统筹推进教育、科技、人才工作，把创新教育贯穿教育活动全过程，加强拔尖创新人才自主培养，培育新质生产力发展新动能，为教育强国建设支撑引领中国式现代化作出更大贡献，教育部定于 2024 年 4 月至 10 月举办中国国际大学生创新大赛（2024）。

举办该大赛的总体目标和主要任务有：

更中国、更国际、更教育、更全面、更创新、更协同，落实立德树人根本任务，传承和弘扬红色基因，聚焦"五育"融合创新创业教育实践，开启创新创业教育改革新征程，激发青年学生创新创造热情，打造共建共享、融通中外的国际创新盛会，让青春在全面建设社会主义现代化国家的火热实践中绽放绚丽之花。

以赛促教，探索人才培养新途径。全面提高人才自主培养质量，强化高校课程思政建设，深入推进新工科、新医科、新农科、新文科建设，深化创新创业教育改革，引领各类学校人才培养范式深刻变革，形成新的人才培养质量观和质量标准，切实提高学生的创新精神、创新意识和创新能力。

以赛促学，培养创新创业生力军。着力造就拔尖创新人才，激励广大青年扎根中国大地了解国情民情，在创新创业中增长智慧才干，怀抱梦想又脚踏实地，敢想敢为又善作善成，做有理想、敢担当、能吃苦、肯奋斗的新时代好青年。

以赛促创，搭建产教融合新平台。把教育融入经济社会发展，推动成果转化和产学研用融合，促进教育链、人才链与产业链、创新链有机衔接，以创新引领创业、以创业带动就业，推动形成高校毕业生更高质量创业就业的新局面。

一、大学生创赛的价值

1. 落户政策帮助。

对于非沪籍应届生 72 积分落户政策中明确规定的三种比赛能够根据省奖到国奖，给予 1～10 分的落户加分。

2. 保研、考研复试。

各大保研高校把此类竞赛规定为保研加分竞赛，包括考研复试加分。科创竞赛是各大高校评定保研资格的重要参考。以某高校保研政策为例，竞赛成绩足够优秀可以直接申请推免资格，学习成绩只要满足 50％即可，如果竞赛成绩不够突出，则也可以按照相关制度折合成学分绩点进行综合排序确定推免名额。

3. 促进大学生就业，缓解社会就业压力。

第十二届挑战杯创业计划竞赛上海市获奖者：应届毕业生可直接到达上海农商银行终面，非应届生可进入上海农商银行人才储备池，并且能够根据本人意愿提供可拿全职 offer 的实习。

4. 培养大学生创新创业能力。

成为一名创业者，就是从创赛入门，找到自己愿意深耕的方向，开辟出与原本职业规划不同的道路,既是兴趣使然,也是无比幸运。

5. 社会影响力、含金量极高。

创新创业大赛作为一个开放性的、显性化的知识创新载体,为大学生创新与实践能力的提升提供了良好的平台。它凭借极高的社会参与度的优势影响社会价值观念并造福于大学生。据统计,2023 年中国国际大学生创新大赛共有来自国内外 151 个国家和地区 5296 所学校的 421 万个项目、1709 万人次报名参赛,1260 个优秀项目脱颖而出,于 12 月 3 日—6 日在天津大学参加决赛阶段现场比赛,423 个项目获得金奖,国内 4 支团队、国外 2 支团队参加冠军争夺赛。诸多投资机构、企业参与评审工作,无形中成功搭建企业、投资机构和大学生之间的桥梁。综合素质较高、表现优异的大学生团队在参赛过程中有机会得到企业的"天使投资",这无疑为大学生毕业后走上自主创业道路解决了资金问题,极大地调动了大学生的创业积极性,真正做到了创业带动就业。创新创业大赛有着强大的育人功能,是一项具有前瞻性并且可以促进培养创新人才模式的重要举措,在创新创业大赛的催化下社会各界人士对创新创业的积极性得到调动,使"大众创业,万众创新"落到实处。

二、国内主打创新创业介绍

1. 中国国际大学生创新大赛。

主办:由中华人民共和国教育部、中国共产党中央委员会统一战线工作部、中央网信办、国家发展和改革委员会、中华人民共和国工业和信息化部、中华人民共和国人力资源和社会保障部、中华人民共和国农业农村部、中国科学院、中国工程院、国家知识产权局、国家乡村振兴局、共青团中央等 12 个部门同承办市的人民政府主办。

简介:旨在以赛促教,探索人才培养新途径。全面提高人才自主培养质量,强化高校课程思政建设,深入推进新工科、新医科、新农科、新文科建设,深化创新创业教育改革,引领各类学校人才培养范式深刻变革,形成新的人才培养质量观和质量标准,切实提高学生的创新精神、创新意识和创新能力。以赛促学,培养创新创业生力军。着力造就拔尖创新人才,激励广大青年扎根中国大地了解国情民情,在创新创业中增长智慧才干,怀抱梦想又脚踏实地,敢想敢为又善作善成,做有理想、敢担当、能吃苦、肯奋斗的新时代好青年。以赛促创,搭建产教融合新平台。把教育融入经济社会发展,推动成果转化和产学研用融合,促进教育链、人才链与产业链、创新链有机衔接,以创新引领创业、以创业带动就业,推动形成高校毕业生更高质量创业就业的新局面。

官方网址:https://cy.ncss.cn//。

2. "挑战杯"全国大学生系列科技学术竞赛。

主办:共青团中央、中国科协、教育部和全国学联共同主办。

简介:挑战杯是"挑战杯"全国大学生系列科技学术竞赛的简称,是一项全国性的大学生课外学术实践竞赛。

"挑战杯"竞赛在中国共有两个并列项目:一个是"挑战杯"中国大学生创业计划竞赛,另一个则是"挑战杯"全国大学生课外学术科技作品竞赛。竞赛采取学校、省(自治区、直辖市)和全国三级赛制,分预赛、复赛、决赛三个赛段进行。

官方网址:http://www.tiaozhanbei.net/。

3.创青春全国大学生创业大赛。

主办:共青团中央、教育部、人力资源社会保障部、中国科协、全国学联等。

简介:党的十八届三中全会对"健全促进就业创业体制机制"作了专门部署,指出了明确方向。自2014年起共同组织开展创青春全国大学生创业大赛,每两年举办一次。

官方网址:http://www.cxcyds.com/。

4.全国大学生电子商务"创新、创意及创业"挑战赛。

主办:全国电子商务产教融合创新联盟。

简介:简称"三创赛",是由全国电子商务创新产教联盟主办,由"三创赛"竞赛组织委员会统一策划、组织、管理与实施。"三创赛"由校赛、省赛和国赛三级竞赛组成,分别由教育部认可的全国高校提出申请,经"三创赛"竞赛组织委员批准分别组成全国决赛承办单位、分省选拔赛承办单位和各参赛学校具体实施的全国性三级学科性竞赛。

全国大学生电子商务"创新、创意及创业"挑战赛五邑大学校赛是激发大学生兴趣与潜能,培养大学生创新意识、创意思维、创业能力以及团队协同实战精神的学科性竞赛。

官方网址:http://www.3chuang.net/。

 任务

一、课后独立完成

开启你的搜索雷达,找一位曾经参加过创新创业大赛的同学,请他谈谈参加大赛的感受,以及参加大赛对他有什么改变?

二、小组讨论

1.请学生在小组中讲解自己完成任务后的体会。

2.请学生在小组中提出1～2个问题考考别人。

三、师生互动

1.学生将自己采访到的信息制作成PPT文档,并在课堂上汇报。

2.请其他学生参与活动投票,评比出最佳汇报人。

项目二　中国国际大学生创新大赛解读

 学习目标

1. 了解中国国际大学生创新大赛的比赛背景。
2. 学习比赛的赛制和规则。
3. 培养学生参与双创实践活动的能力。

 **活动导入**

中国国际大学生创新大赛是各个省份和高校创新创业教育成果集中展示的有效载体和平台,也是进一步提升新时代高校大学生创新创业能力的有效载体。因此,各个省份和高校充分学习优秀集体和组织奖获得单位,采取行之有效的措施,形成自己独特的创新创业微生态,通过大赛展示创新创业的效果,进一步夯实创新创业教育。

湖北省注重搭建创新创业大环境,优化各类"双创"政策的落地落实。在武汉、宜昌、鄂州等地分别采取投贷联动试点、成立科技支行和"五权"担保方式开展金融政策扶持,同时注重加强众创空间载体链建设,如武汉市硚口区三新材料孵化器的"专业化服务＋创业辅导＋科技金融＋全链条"的"三加模式",武汉市武昌区东创创业"众创空间＋创业苗圃＋孵化器＋加速器"的"管家＋专家"服务模式。

浙江省大胆创新改革,推行"最多跑一次"的改革,进一步强化政策支持,充分发挥众创空间汇聚各类创新人才和要素的特点,建立一批创业园区和孵化基地。在学科竞赛方面,省教育厅办公室会同省团委、体育局、学联等部门深化高校创新创业教育改革,为培养大学生创新创业意识,展示高校创新创业教育成果,联合组织开展举办浙江省大学生创新创业大赛,统筹安排宣传浙江省大学生创新创业教育的最新成果,在全省掀起创新创业的新高潮。由此可见,浙江省在"双创"教育方面走在全国前列。

江苏省充分发挥各类创新创业人才优势,以核心创新创业人才为中心,打造一流团队,把人才放在最合适的位置,积极调动人才的主观能动性,结合江苏社会需求热点,创新解决社会生产实际问题,深化产学研之路。同时,采取七项举措深化高校创新创业教育改革,将创新创业教学成果作为高等教育教学成果评选表彰的重要内容。

浙江大学拥有4.6万名企业家校友,是江浙地区创新创业的主力军之一。在2018年校友企业家同学会上,规模高达1亿元人民币的"浙江大学校友企业家同学会公益基金"正式成立,而该基金会重点支持浙江大学教育事业发展、支持浙大学子的就业创业及其他社会公益活动等。浙江大学开设100余门创新创业课程,形成了以课堂教学为主的第一课堂和以教学实践活动为载体的二、三、四课堂的有机衔接,打造了"四位一体"的创新创业教育体系,形成浙大独特的创新创业微生态。

四川大学把"双创"工作渗透到人才培养全过程,作为"双一流"建设的重要内容来抓,形成了浓厚的创新创业教育氛围。四川大学通过开设2506门创新创业课程完善课程体系建设,建有创新创业教育与实践平台等5个平台,建有"学生就业与创业协会"等282个大学生学术社团,吸引众多师生参与"双创"活动,充分发挥创新创业教育与立德树人教育的协同效应。在创业保障体系中,允许学生弹性休学,实行创新创业学分与实践教学学分有机融合,设立"大学生创业贷款风险补偿基金",形成了川大独有的创新创业文化和创新创业体系,构建了独特的"双创"教育微生态。

华中科技大学将拔尖创新人才培养作为根本目标,通过"双创"教育促进人才培养质量的提升。华中科技大学打破教学平台、科研平台、转化平台三大平台壁垒,将三大平台贯通融合,实现点上集聚;此外,有机衔接教学体系、实践体系、帮扶体系,实现三大体系的线上贯通;统筹学生、教师、校友三个群体进而达到面上覆盖。华中科技大学从点、线、面三者结合,为湖北高校打造创新创业教育新名片提供有力支持。

问题: 请查找资料,了解其他省份还有哪些有效措施推动当地创新创业教育?并以小组为单位进行汇报。

启示: 通过对各个省份具代表性的创新创业教育模式或体系进行分析研究。一是要树立始终把创新创业教育作为高校育人重要载体之一的教育理念。二是创新创业教育要面向全体学生、促进全体教师参与、贯穿人才培养全过程;要真正做到创新创业教育与专业教育深度融合,在专业人才培养方案中明确其目标要求;同时深入挖掘和充实专业课程中的创新创业教育资源,才能够取得显著成效。三是创新创业教育的有效手段就是以赛促教、促学、促创,在学生培养中重视竞赛参与,通过竞赛提升本领和技能,在实践中巩固知识和陶冶情操。

 理论点拨

一、大赛背景

1. 定位高。

中国国际大学生创新大赛(及其前身中国"互联网+"大学生创新创业大赛)是我国最大的大学生双创赛事。2024年10月17日,习近平总书记给中国国际大学生创新大赛参赛学生代表回信,对他们予以亲切勉励并提出殷切希望,给予了"你们以大赛为平台,用在课堂和实验室学到的知识解决实际问题,在创新实践中增本领、长才干,在互学互鉴中增进中外青年的友谊,这很有意义""创新是人类进步的源泉,青年是创新的重要生力军。希望你们弘扬科学精神,积极投身科技创新,为促进中外科技交流、推动科技进步贡献青春力量。全社会都要关心青年的成长和发展,营造良好创新创业氛围,让广大青年在中国式现代化的广阔天地中更好展现才华"等寄语。

2. 发展快。

从数据上可以看出,自 2015 年其前身中国国际"互联网"大学生创新创业大赛创办以来,这一比赛已成为覆盖全国所有高校、面向全体大学生的影响最大的高校双创盛会(见表10-1),极大地激发了大学生创新创业的热情,培养了一大批有理想、有本领、有担当的源源不断的青春力量。

表 10-1　历届中国国际大学生创新大赛及中国"互联网＋"大学生创新创业大赛

大赛名称	大赛届数	参与项目/个	参与院校/所	参与学生/名	主题
中国"互联网＋"大学生创新创业大赛	第一届	36508	1878	约 20 万	"互联网＋"成就梦想,创新创业开辟未来
	第二届	12 万	2110	约 54 万	拥抱"互联网＋"时代,共筑创新创业梦想
	第三届	37 万	2241	约 150 万	搏击"互联网＋"新时代,壮大创新创业生力军
	第四届	64 万	2278	约 265 万	勇立时代潮头敢闯会创,扎根中国大地书写人生华章
	第五届	109 万	4093	约 457 万	敢为人先放飞青春梦勇立潮头建功新时代
	第六届	147 万	4186	约 630 万	我敢闯,我会创
	第七届	228 万	4347	约 956 万	我敢闯,我会创
	第八届	340 万	4554	约 1450 万	我敢闯,我会创
中国国际大学生创新大赛	2023 届	421 万	5296	约 1790 万	我敢闯,我会创
	2024 届	541 万	5406	2083.6 万	我敢闯,我会创

3. 效果好。

大赛是深化创新创业教育改革的载体,促进学生全面发展的重要平台,推动产学研用结合的关键纽带。

4. 评价高。

目前大赛成长已成为全球最大最好的路演平台。教育部高等教育司司长吴岩强调,在第三届中国国际"互联网＋"大学生创新创业大赛使该比赛发生了质变,"非同凡响、无与伦比、继往开来"是吴司长对此次比赛的评价。中国国际"互联网＋"大学生创新创业大赛自此也愈加契合时代要求,其目的为"创新引领创业、创业带动就业,推动高校毕业生更高质量创业就业"。

二、大赛目标与任务

1. 发挥开放创新效用,打通高校智力资源和企业发展需求,协同解决企业发展中所面临的技术、管理等现实问题。

2. 引导高校将创新创业教育实践与产业发展有机结合,促进学生了解产业发展状况,培养学生解决产业发展问题的能力。

3. 立足产业发展,深化新工科、新医科、新农科、新文科建设,校企协同培育产业新领域、新市场,推动大学生更高质量创业就业。

三、大赛赛事解读

1. 高教主赛道方案

以团队为单位报名参赛。允许跨校组建参赛团队,每个团队的成员不少于 3 人,不多于 15 人(含团队负责人),须为项目的实际核心成员。参赛团队所报参赛项目,须为本团队策划或经营的项目,不得借用他人项目参赛。

根据参赛申报人所处学习阶段,项目分为本科生组、研究生组。根据项目发展阶段,本科生组和研究生组均内设创意组、创业组,并按照新工科、新医科、新农科、新文科、"人工智能+"设置参赛项目类型。

1)创意组。

(1)参赛项目具有较好的创意和较为成型的产品原型或服务模式,在大赛通知下发之日前尚未完成工商等各类登记注册。

(2)参赛申报人须为项目负责人,项目负责人及成员均须为普通高等学校全日制在校本专科生(不含在职教育)。

(3)学校科技成果转化项目不能参加本组比赛(科技成果的完成人、所有人中参赛申报人排名第一的除外)。

2)创业组。

(1)参赛项目须已完成工商等各类登记注册(在大赛通知下发之日前注册)。

(2)参赛申报人须为项目负责人且为参赛企业法定代表人,须为普通高等学校全日制在校本专科生(不含在职教育),或毕业 5 年以内的全日制本专科学生(即 2019 年之后的毕业生,不含在职教育)。企业法定代表人在大赛通知发布之日后进行变更的不予认可。

(3)项目的股权结构中,企业法定代表人的股权不得少于 10%,参赛团队成员股权合计不得少于1/3。

2. "青年红色筑梦之旅"活动方案

参加"青年红色筑梦之旅"赛道的项目,须为参加"青年红色筑梦之旅"活动的项目。否则一经发现,取消参赛资格。根据项目性质和特点,分为公益组、创意组、创业组。

1)公益组。

(1)参赛项目不以营利为目标,积极弘扬公益精神,在公益服务领域具有较好的创意、产品或服务模式的创业计划和实践。

(2)参赛申报主体为独立的公益项目或社会组织,注册或未注册成立公益机构(或社会组织)的项目均可参赛。

2)创意组。

(1)参赛项目基于专业和学科背景或相关资源,解决农业农村和城乡社区发展面临的主要问题,助力乡村振兴和社区治理,推动经济价值和社会价值的共同发展。

(2)参赛项目在大赛通知下发之日前尚未完成工商等各类登记注册。

3)创业组。

(1)参赛项目以商业手段解决农业农村和城乡社区发展面临的主要问题、助力乡村振兴和社区治理,实现经济价值和社会价值的共同发展,推动共同富裕。

(2)参赛项目在大赛通知下发之日前已完成工商等各类登记注册,项目负责人须为法定代表人。项目的股权结构中,企业法定代表人的股权不得少于10%,参赛成员股权合计不得少于1/3。

3. 职教赛道方案

本赛道分为创意组与创业组。

1)创意组

(1)参赛项目具有较好的创意和较为成型的产品原型、服务模式或针对生产加工工艺进行创新的改良技术,在大赛通知下发之日前尚未完成工商等各类登记注册。

(2)参赛申报人须为团队负责人,须为职业学校的全日制在校学生或国家开放大学学历教育在读学生。

(3)学校科技成果转化项目不能参加本组比赛(科技成果的完成人、所有人中参赛申报人排名第一的除外)。

2)创业组

(1)参赛项目在大赛通知下发之日前已完成工商等各类登记注册。

(2)参赛申报人须为企业法定代表人,须为职业学校全日制在校学生或毕业5年内的学生(即2019年之后的毕业生)、国家开放大学学历教育在读学生或毕业5年内的学生(即2019年6月之后的毕业生)。企业法人在大赛通知发布之日后进行变更的不予认可。

(3)项目的股权结构中,企业法定代表人的股权不得少于10%,参赛团队成员股权合计不得少于1/3。

4. 产业命题赛道方案

本赛道分为产教协同创新组和区域特色产业组。

(1)产教协同创新组:聚焦国家重大战略需求,深度推进产教融合、科教融汇,基于“四新"建设的内涵和要求,推动解决制约产业高质量发展的各类难题,加速产业转型升级与迭代创新。

(2)区域特色产业组:服务区域经济社会发展,聚焦举办地上海的三大先导产业——集成电路、生物医药、人工智能及相关各类产业,提出具有创新性的技术解决方案,助力构建具有竞争力的区域产业生态。

5.萌芽赛道方案

参赛对象为普通高级中学在校学生。参赛学生须为项目的实际成员,鼓励学生以团队为单位参加(团队成员不超过15人),允许跨校组建团队。

(1)项目应紧密融合学习、生活、社会实践,能创造性地解决问题或提供解决思路,具有可预见的应用性与成长性,可以是教育部公布的面向中小学生的全国性竞赛活动名单中学生赛事获奖项目或作品。

(2)项目须真实、健康、合法,无任何不良信息,不得借用他人项目参赛。项目立意应弘扬正能量,践行社会主义核心价值观。参赛项目不得侵犯他人知识产权;所涉及的发明创造、专利技术、资源等必须拥有清晰合法的知识产权或物权,涉及他人知识产权的,报名时须提交完整的具有法律效力的所有人书面授权许可书、专利证书等;抄袭盗用他人成果、提供虚假材料等违反相关法律法规的行为,一经发现即刻丧失参赛相关权利并自负一切法律责任。

四、大赛评审要素、标准和评审流程

高教主赛道项目创意组评审要点如表10-2所示。

表10-2　高教主赛道项目创意组评审要点

评审要点	评审内容	分值
教育维度	1.项目应弘扬正确的价值观,厚植家国情怀,恪守伦理规范,有助于培育创新精神。 2.项目符合将专业知识与商业知识有效结合并转化为商业价值或社会价值的创新创业基本过程和基本逻辑,展现创新教育对大学生基本素养和认知的塑造力。 3.体现团队对创新创业所需知识(专业知识、商业知识、行业知识等)与技能(计划、组织、领导、控制、创新等)的娴熟掌握与应用,展现创新教育提升大学生综合能力的效力。 4.项目充分体现团队解决复杂问题的综合能力和高级思维;体现项目成长对团队成员创新精神、创新意识、创新能力的锻炼和提升作用。 5.项目能充分体现院校在"三位一体"统筹推进教育、科技、人才工作,扎实推进新工科、新医科、新农科、新文科建设方面取得的成果;体现院校在项目的培育、孵化等方面的支持情况;体现产教融合、科教融汇、多学科交叉、专创融合、产学研协同创新等模式在项目的产生与执行中的重要作用。	30

续表

评审要点	评 审 内 容	分值
创新维度	1.项目遵循从创意到研发、试制、生产、进入市场的创新一般过程,进而实现从创意向实践、从基础研发向应用研发的跨越。 2.团队能够基于学科专业知识并运用各类创新的理念和范式,解决社会和市场的实际需求。 3.项目能够从产品创新、工艺流程创新、服务创新、商业模式创新等方面着手开展创新创业实践,并产生一定数量和质量的创新成果以体现团队的创新力。	30
团队维度	1.团队的组成原则与过程是否科学合理;团队是否具有支撑项目成长的知识、技术和经验;是否有明确的使命愿景。 2.团队的组织构架、人员配置、分工协作、能力结构、专业结构、合作机制、激励制度等的合理性情况。 3.团队与项目关系的真实性、紧密性情况;对项目的各项投入情况;创立创业企业的可能性情况。 4.支撑项目发展的合作伙伴等外部资源的使用以及与项目关系的情况。	15
商业维度	1.充分了解所在产业(行业)的产业规模、增长速度、竞争格局、产业趋势、产业政策等情况,形成完备、深刻的产业认知。 2.项目具有明确的目标市场定位,对目标市场的特征、需求等情况有清晰的了解,并据此制定合理的营销、运营、财务等计划,设计出完整、创新、可行的商业模式,展现团队的商业思维。 3.项目落地执行情况;项目对促进区域经济发展、产业转型升级的情况;已有盈利能力或盈利潜力情况。	15
社会价值维度	1.项目直接提供就业岗位的数量和质量。 2.项目间接带动就业的能力和规模。 3.项目对社会文明、生态文明、民生福祉等方面的积极推动作用。	10

高教主赛道项目创业组评审要点如表 10-3 所示。

表 10-3　高教主赛道项目创业组

评审要点	评 审 内 容	分值
教育维度	1.项目应弘扬正确的价值观,厚植家国情怀,恪守伦理规范,有助于培育创新精神。 2.项目符合将专业知识与商业知识有效结合并转化为商业价值或社会价值的创新创业基本过程和基本逻辑,展现创新教育对大学生基本素养和认知的塑造力。 3.体现团队对创新创业所需知识(专业知识、商业知识、行业知识等)与技能(计划、组织、领导、控制、创新等)的娴熟掌握与应用,展现创新教育提升大学生综合能力的效力。	

评审要点	评审内容	分值
教育维度	4.项目充分体现团队解决复杂问题的综合能力和高级思维;体现项目成长对团队成员创新精神、创新意识、创新能力的锻炼和提升作用。 5.项目能充分体现院校在"三位一体"统筹推进教育、科技、人才工作,扎实推进新工科、新医科、新农科、新文科建设方面取得的成果;体现院校在项目的培育、孵化等方面的支持情况;体现产教融合、科教融汇、多学科交叉、专创融合、产学研协同创新等模式在项目的产生与执行中的重要作用。	20
创新维度	1.项目遵循从创意到研发、试制、生产、进入市场的创新一般过程,进而实现从创意向实践、从基础研发向应用研发的跨越。 2.团队能够基于专业知识并运用各类创新的理念和范式,解决社会和市场的实际需求。 3.项目能够从产品创新、工艺流程创新、服务创新、商业模式创新等方面着手开展创新实践,产生一定数量和质量的创新成果,获得相应的市场回报。 4.项目能够从创新战略、创新流程、创新组织、创新制度与文化等方面进行设计协同,对创新进行有效管理,进而保持公司的竞争力。	30
团队维度	1.团队的组成原则与过程是否科学合理;团队是否具有独特的支撑项目成长的知识、技能、经验以及成熟的外部资源网络;是否有明确的使命愿景。 2.公司是否具有合理的组织构架、清晰的指挥链、科学的决策机制;是否有合理的岗位设置、分工协作、专业能力结构;是否有良好的内部沟通机制;是否有合理的股权结构、激励制度等。 3.团队对项目的各项投入情况及团队成员的稳定性情况。 4.支撑公司发展的合作伙伴等外部资源的使用以及与公司关系的情况。	15
商业维度	1.充分掌握所在产业(行业)的产业规模、增长速度、竞争格局、产业趋势、产业政策等情况;具有明确的目标市场定位,充分掌握目标市场的特征、需求等情况;具有完整、创新、可行的商业模式。 2.经营绩效方面,重点考察项目存续时间、营业收入(合同订单)现状、企业利润、持续盈利能力、市场份额、客户(用户)情况、税收上缴、投入与产出比等情况。 3.经营管理方面,是否有清晰的企业发展目标;是否有完备的研发、生产、运营、营销等制度和体系;是否采用先进、科学的管理方法,以确保企业具有较强的竞争力。 4.成长性方面,是否有清晰、有效、全方位的企业发展战略,并拥有可靠的内外部资源(人才、资金、技术等方面)实现企业战略,以建立企业的持续竞争优势。 5.现金流及融资方面,关注项目融资情况、获取资金渠道情况、企业经营的现金流情况、融资需求及资金使用情况是否合理。 6.项目对促进区域经济发展、产业转型升级的情况。	25

评审要点	评 审 内 容	分值
社会价值维度	1.项目直接提供就业岗位的数量和质量。 2.项目间接带动就业的能力和规模。 3.项目对社会文明、生态文明、民生福祉等方面的积极推动作用。	10

"青年红色筑梦之旅"公益组赛道项目评审要点如表 10-4 所示。

表 10-4　"青年红色筑梦之旅"公益组赛道项目评审要点

评审要点	评 审 内 容	分值
教育维度	1.项目应弘扬正确的价值观,厚植家国情怀,恪守伦理规范,有助于培育创新精神。 2.项目体现团队扎根中国大地了解国情民情,遵循发现问题、分析问题、解决问题的基本规律,将所学专业知识、技能和方法应用于解决各类社会问题,展现创新教育对大学生基本素养和认知的塑造力和提升大学生综合能力的效力。 3.项目充分体现团队解决复杂问题的综合能力和高级思维;体现项目成长对团队成员创新创业精神、意识、能力的锻炼和提升作用。 4.项目能充分体现院校在"三位一体"统筹推进教育、科技、人才工作,扎实推进新工科、新医科、新农科、新文科建设方面取得的成果;项目充分体现专业教育、思政教育、创新教育的有机融合;体现院校在项目的培育、孵化等方面的支持情况。	30
创新维度	1.团队能够基于科学严谨的创新过程,遵循创新规律,运用各类创新的理念和范式,解决社会实际需求。 2.项目能够从产品创新、服务创新等方面着手开展公益创业实践,并产生一定数量和质量的创新成果。 3.鼓励将高校科研成果运用到公益创业中,以解决相应的社会问题。	20
团队维度	1.团队的组成原则与过程是否科学合理;是否具有从事公益创业所需的知识、技术和经验;是否有明确的使命愿景。 2.团队内部的组织构架、人员配置、分工协作、能力结构、专业结构、激励制度的合理性情况;团队外部服务支撑体系完备(如志愿者团队等)、具有一定规模、实施有效管理使其发挥重要作用的情况。 3.团队与项目关系的真实性、紧密性情况;团队对项目的各项投入情况;团队的延续性或接替性情况。 4.支撑项目发展的合作伙伴等外部资源的使用以及与项目关系的情况。	20
发展维度	1.项目通过吸纳捐赠、获取政府资助、自营收等方式确保持续生存能力情况。 2.团队基于一定的产品、服务、模式,通过高效管理、资源整合、活动策划等运营手段,确保项目影响力与实效性。 3.项目在促进就业、教育、医疗、养老、环境保护与生态建设等方面的效果。 4.项目的模式可复制、可推广,具有示范效应。 5.项目对带动大学生到农村、城乡社区从事社会服务就业创业的情况。	20

评审要点	评审内容	分值
公益维度	1.项目以社会价值为导向，以谋求公共利益为目的，以解决社会问题为使命，不以营利为目标，有一定公益成果。 2.在公益服务领域具有较好的创意、产品或服务模式的创业计划和实践，追求社会效益的最大化。	10
必要条件	参加由学校、省市或全国组织的"青年红色筑梦之旅"活动。	

"青年红色筑梦之旅"创意组赛道项目评审要点如表 10-5 所示。

表 10-5　"青年红色筑梦之旅"创意组赛道项目评审要点

评审要点	评审内容	分值
教育维度	1.项目应弘扬正确的价值观，厚植家国情怀，恪守伦理规范，有助于培育创新精神。 2.项目体现团队扎根中国大地了解国情民情，遵循发现问题、分析问题、解决问题的基本规律，将所学专业知识、技能和方法应用于科技创新、乡村振兴、城市社区治理、城乡融合发展，展现创新教育对大学生基本素养和认知的塑造力和提升大学生综合能力的效力。 3.项目充分体现团队解决复杂问题的综合能力和高级思维，体现项目成长对团队成员创新创业精神、意识、能力的锻炼和提升作用。 4.项目能充分体现院校在"三位一体"统筹推进教育、科技、人才工作，扎实推进新工科、新医科、新农科、新文科建设方面取得的成果；项目充分体现专业教育、思政教育、创新教育的有机融合；体现院校在项目的培育、孵化等方面的支持情况。	30
创新维度	1.团队能够基于科学严谨的创新过程，遵循创新规律，运用各类创新的理念和范式，解决科技创新、乡村振兴、城市社区治理、城乡融合发展中遇到的各类问题。 2.项目能够从产品创新、服务创新等方面着手开展创新创业实践，并产生一定数量和质量的创新成果。 3.鼓励院校科研成果和文创成果在乡村或社区进行产业转化落地与实践应用。 4.鼓励组织模式或商业模式创新，鼓励资源整合优化创新。	20
团队维度	1.团队的组成原则与过程是否科学合理；团队是否具有支撑项目成长的知识、技术和经验；是否有明确的使命愿景。 2.团队的组织构架、人员配置、分工协作、能力结构、专业结构、合作机制、激励制度等的合理性情况。 3.团队与项目关系的真实性、紧密性情况；对项目的各项投入情况；创立创业企业的可能性情况。 4.支撑项目发展的合作伙伴等外部资源的使用以及与项目关系的情况。	20

评审要点	评审内容	分值
发展维度	1.充分了解科技创新、乡村振兴、城市社区治理、城乡融合发展的内容和要求,了解其中的痛点、难点,进而形成对所要解决问题完备的认知。 2.在服务科技创新、乡村振兴、城市社区治理、城乡融合发展等方面有较好的创意、产品或服务模式,追求经济效益和社会效益的平衡。 3.项目对推动科技创新、乡村振兴、城市社区治理、城乡融合发展等方面的贡献度。 4.项目的持续生存能力,模式可复制、可推广、具有示范效应等。	20
社会价值维度	1.项目直接提供就业岗位的数量和质量。 2.项目间接带动就业的能力和规模。 3.项目对社会文明、生态文明、民生福祉等方面的积极推动作用。	10
必要条件	参加由学校、省市或全国组织的"青年红色筑梦之旅"活动。	

"青年红色筑梦之旅"创业组赛道项目评审要点如表 10-6 所示。

表 10-6　"青年红色筑梦之旅"创业组赛道项目评审要点

评审要点	评审内容	分值
教育维度	1.项目应弘扬正确的价值观,厚植家国情怀,恪守伦理规范,有助于培育创新精神。 2.项目体现团队扎根中国大地了解国情民情,遵循发现问题、分析问题、解决问题的基本规律,将所学专业知识、技能和方法应用于科技创新、乡村振兴、城市社区治理、城乡融合发展,展现创新教育对大学生基本素养和认知的塑造力和提升大学生综合能力的效力。 3.项目充分体现团队解决复杂问题的综合能力和高级思维,体现项目成长对团队成员创新创业精神、意识、能力的锻炼和提升作用。 4.项目能充分体现院校在"三位一体"统筹推进教育、科技、人才工作,扎实推进新工科、新医科、新农科、新文科建设方面取得的成果;项目充分体现专业教育、思政教育、创新教育的有机融合;体现院校在项目的培育、孵化等方面的支持情况。	20
创新维度	1.团队能够基于科学严谨的创新过程,遵循创新规律,运用各类创新的理念和范式,解决科技创新、乡村振兴、城市社区治理、城乡融合发展中遇到的各类问题。 2.项目能够从产品创新、服务创新、组织创新等方面着手开展创新创业实践,并产生一定数量和质量的创新成果,获得相应的市场回报。 3.鼓励院校科研成果和文创成果在乡村或社区进行产业转化落地与实践应用。	20
团队维度	1.团队的组成原则与过程是否科学合理,团队成员的教育和工作背景、创新能力、价值观念、分工协作和能力互补情况,是否有明确的使命愿景; 2.公司是否具有合理的组织构架、清晰的指挥链、科学的决策机制;是否有合理的岗位设置、分工协作、专业能力结构;是否有良好的内部沟通机制;是否有合理的股权结构、激励制度。	

评审要点	评审内容	分值
团队维度	3.团队对项目的各项投入情况及团队成员的稳定性情况。 4.支撑公司发展的合作伙伴等外部资源的使用以及与公司关系的情况。	20
发展维度	1.充分了解科技创新、乡村振兴、城市社区治理、城乡融合发展的内容和要求,了解其中的痛点、难点,进而形成对所要解决问题完备的认知。 2.在服务科技创新、乡村振兴、城市社区治理、城乡融合发展等方面有较好产品或服务模式,追求经济效益和社会效益的平衡。 3.项目通过商业方式推动科技创新、乡村振兴、城市社区治理、城乡融合发展等方面的贡献度。 4.项目的持续生存能力,模式可复制、可推广、具有示范效应等。	30
社会价值维度	1.项目直接提供就业岗位的数量和质量。 2.项目间接带动就业的能力和规模。 3.项目对社会文明、生态文明、民生福祉等方面的积极推动作用。	10
必要条件	参加由学校、省市或全国组织的"青年红色筑梦之旅"活动。	

职教赛道创意组项目评审要点如表 10-7 所示。

表 10-7 职教赛道创意组项目评审要点

评审要点	评审内容	分值
教育维度	1.项目应弘扬正确的价值观,厚植家国情怀,恪守伦理规范,有助于培育创新精神。 2.项目符合将专业知识与商业知识有效结合并转化为商业价值或社会价值的创新创业基本过程和基本逻辑,展现创新教育对大学生基本素养和认知的塑造力。 3.体现团队对创新创业所需知识(专业知识、商业知识、行业知识等)与技能(计划、组织、领导、控制、创新等)的娴熟掌握与应用,展现创新教育提升大学生综合能力的效力。 4.项目充分体现团队解决复杂问题的综合能力和高级思维;体现项目成长对团队成员创新精神、创新意识、创新能力的锻炼和提升作用。 5.项目能充分体现院校在职业教育建设方面取得的成果;体现院校在项目的培育、孵化等方面的支持情况;体现职普融通、产教融合、科教融汇、多学科交叉、专创融合、产学研协同创新等模式在项目的产生与执行中的重要作用。	30
创新维度	1.具有原始创意、创造。 2.具有面向培养"大国工匠"与能工巧匠的创意与创新。 3.项目体现产教融合模式创新、校企合作模式创新、工学一体模式创新。 4.鼓励面向职业和岗位的创意及创新,侧重于加工工艺创新、实用技术创新、产品(技术)改良、应用性优化、民生类创意等。	30

评审要点	评审内容	分值
团队维度	1.团队的组成原则与过程是否科学合理;团队是否具有支撑项目成长的知识、技术和经验;是否有明确的使命愿景。 2.团队的组织构架、人员配置、分工协作、能力结构、专业结构、合作机制、激励制度等的合理性情况。 3.团队与项目关系的真实性、紧密性情况;对项目的各项投入情况;创立创业企业的可能性情况。 4.支撑项目发展的合作伙伴等外部资源的使用以及与项目关系的情况。	15
商业维度	1.充分了解所在产业(行业)的产业规模、增长速度、竞争格局、产业趋势、产业政策等情况,形成完备、深刻的产业认知。 2.项目具有明确的目标市场定位,对目标市场的特征、需求等情况有清晰的了解,并据此制定合理的营销、运营、财务等计划,设计出完整、创新、可行的商业模式,展现团队的商业思维。 3.其他:项目落地执行情况;项目促进区域经济发展、产业转型升级的情况;已有盈利能力或盈利潜力情况。	15
社会价值维度	1.项目直接提供就业岗位的数量和质量。 2.项目间接带动就业的能力和规模。 3.项目对社会文明、生态文明、民生福祉等方面的积极推动作用。	10

职教赛道项目创业组评审要点如表 10-8 所示。

表 10-8　职教赛道项目创业组评审要点

评审要点	评审内容	分值
教育维度	1.项目应弘扬正确的价值观,厚植家国情怀,恪守伦理规范,有助于培育创新精神。 2.项目符合将专业知识与商业知识有效结合并转化为商业价值或社会价值的创新创业基本过程和基本逻辑,展现创新教育对大学生基本素养和认知的塑造力。 3.体现团队对创新创业所需知识(专业知识、商业知识、行业知识等)与技能(计划、组织、领导、控制、创新等)的娴熟掌握与应用,展现创新教育提升大学生综合能力的效力。 4.项目充分体现团队解决复杂问题的综合能力和高级思维;体现项目成长对团队成员创新精神、创新意识、创新能力的锻炼和提升作用。 5.项目能充分体现院校在职业教育建设方面取得的成果;体现院校在项目的培育、孵化等方面的支持情况;体现职普融通、产教融合、科教融汇、多学科交叉、专创融合、产学研协同创新等模式在项目的产生与执行中的重要作用。	20
创新维度	1.具有原始创意、创造。 2.具有面向培养"大国工匠"与能工巧匠的创意与创新。 3.项目体现产教融合模式创新、校企合作模式创新、工学一体模式创新。 4.鼓励面向职业和岗位的创意及创新,侧重于加工工艺创新、实用技术创新、产品(技术)改良、应用性优化、民生类创意等。	30

评审要点	评审内容	分值
团队维度	1.团队的组成原则与过程是否科学合理；团队是否具有独特的支撑项目成长的知识、技能、经验以及成熟的外部资源网络；是否有明确的使命愿景。 2.公司是否具有合理的组织构架、清晰的指挥链、科学的决策机制；是否有合理的岗位设置、分工协作、专业能力结构；是否有良好的内部沟通机制；是否有合理的股权结构、激励制度等。 3.团队对项目的各项投入情况及团队成员的稳定性情况。 4.支撑公司发展的合作伙伴等外部资源的使用以及与公司关系的情况。	15
商业维度	1.充分掌握所在产业（行业）的产业规模、增长速度、竞争格局、产业趋势、产业政策等情况；具有明确的目标市场定位，充分掌握目标市场的特征、需求等情况；具有完整、创新、可行的商业模式。 2.经营绩效方面，重点考察项目存续时间、营业收入（合同订单）现状、企业利润、持续盈利能力、市场份额、客户（用户）情况、税收上缴、投入与产出比等情况。 3.经营管理方面，是否有清晰的企业发展目标；是否有完备的研发、生产、运营、营销等制度和体系；是否采用先进、科学的管理方法，以确保企业具有较强的竞争力。 4.成长性方面，是否有清晰、有效、全方位的企业发展战略，并拥有可靠的内外部资源（人才、资金、技术等方面）实现企业战略，以建立企业的持续竞争优势。 5.现金流及融资方面，关注项目融资情况、获取资金渠道情况、企业经营的现金流情况、融资需求及资金使用情况是否合理。 6.项目促进区域经济发展、产业转型升级的情况。	25
社会价值维度	1.项目直接提供就业岗位的数量和质量。 2.项目间接带动就业的能力和规模。 3.项目对社会文明、生态文明、民生福祉等方面的积极推动作用。	10

产业命题赛道项目评审要点如表 10-9 所示。

表 10-9　产业命题赛道项目评审要点

评审要点	评审内容	分值
教育维度	1.项目应弘扬正确的价值观，厚植家国情怀，恪守伦理规范，有助于培育创新精神。 2.项目符合将专业知识与产业实际问题有效结合，并转化为商业价值或社会价值，展现创新教育对大学生基本素养和认知的塑造力和提升大学生综合能力的效力。 3.项目充分体现团队解决复杂问题的综合能力和高级思维，体现项目成长对团队成员创新精神、创新意识、创新能力的锻炼和提升作用。 4.项目能充分体现院校在"三位一体"统筹推进教育、科技、人才工作，扎实推进新工科、新医科、新农科、新文科建设方面取得的成果；体现院校在项目的培育、孵化等方面的支持情况；体现产教融合、科教融汇、多学科交叉、专创融合、产学研协同创新等模式在项目的产生与执行中的重要作用。	30

续表

评审要点	评审内容	分值
创新维度	1.用于解决命题的创意、技术、方案、模式等的先进性情况。 2.团队基于科学严谨的创新过程,遵循创新规律,运用各类创新的理念和范式解决命题。 3.基于产业命题赛道开放创新的内在要求,促进企业(机构)将内外部资源有机整合,提高其创新效率的情况。	20
团队维度	1.团队的组成原则与过程是否科学合理,是否具有支撑解决命题的知识、技术和经验。 2.团队的组织构架、人员配置、分工协作、能力互补、专业结构的合理性情况。 3.团队与项目关系的真实性、紧密性情况,团队对项目的各项投入情况,团队与企业(机构)持续合作的可能性情况。 4.支撑项目发展的合作伙伴等外部资源的使用以及与项目关系的情况。	20
实现维度	1.解决命题过程的规划和工作进度安排合理,在各阶段工作目标清晰,难点明确,重点突出,并能兼顾目标与资源配置。 2.解决方案匹配企业(机构)命题要求,解决方案具备先进性、现实性、经济性、高完成度等特点。 3.命题解决方案是否解决企业(机构)命题中涉及的问题,以及为企业(机构)带来经济效益、社会效益的潜力情况。	20
命题分析	1.全方位开展与所选命题相关的产业(行业)的产业规模、增长速度、竞争格局、产业趋势、产业政策以及市场的定位、特征、需求等方面的调研,形成一手资料。 2.系统、深入了解企业(机构)内外部环境情况,通过与企业对接,准确把握其实际需求与痛点,明确解决该命题所需的各类资源。 3.结合企业(机构)的产品、技术、模式、管理、制度等现实情况与本团队的创意、技术、方案、人才等实际情况,展开解题可行性和匹配度分析,为形成解决方案奠定基础。	10

萌芽赛道项目评审要点如表 10-10 所示。

表 10-10　萌芽赛道项目评审要点

评审要点	评审内容	分值
创新性	1.项目的想象力和创造力,就发现的问题和解决途径进行创意设计,创意设计过程符合客观规律。 2.科技创意证据充分,有足够的科学研究参与度(调查、实验、制作、验证等)。 3.文化创意逻辑清晰、完整,调研和分析数据充分。	40
团队情况	1.团队成员的创新精神和创新意识与能力。 2.项目团队成员的教育背景、基本素质、价值观念、知识结构、擅长领域。 3.团队构成和分工协作合理。	20

续表

评审要点	评审内容	分值
实践性	1.项目的可行性、应用性和完整性。 2.项目具备可执行的计划或实践方案。 3.项目具有可预见价值,能够让未来的生活更美好。	20
自主性	1.项目符合团队成员年龄段的知识结构和实施项目能力。 2.项目选题、创意模式构建主要由学生提出和完成。 3.团队成员能够准确表述项目内容及原理,真实可信。 4.涉及科技成果和专利发明的,需提供证明材料或授权证明材料。	20

五、历届大赛的金奖特点总结

1. 项目科技含量高。

鼓励大学生结合自身专业特长开展科技创新创业活动,将科研成果转化成实际项目。

2. 商业壁垒高。

商业壁垒包括技术壁垒、品牌壁垒、政治壁垒、资金壁垒、资源壁垒、贸易壁垒、地域壁垒等,不同行业的壁垒有所区别。只有你的商业壁垒足够高,建立自己的护城河,才能保证自己不容易被别人抢占挤压,甚至超越。

创业项目不管处于哪种创业阶段,创始人和初始团队都是非常重要的,在大赛的评审规则中,创意组、初创组和成长组的团队权重均为30%。

3. 项目团队要注意的方面。

(1) 团队组织结构是否合理(专业人做专业事),团队的互补性及协同能力。

(2) 股权结构是否合理。

(3) 团队价值观是否统一。

在大赛答辩时,评委们会设计一些环节考验团队的默契度。

4. 项目要可落地,还要具有可持续性和可复制性。

1) 可落地。

不能落地的项目,创意再优秀也毫无价值,创业项目要能把技术创新转化为实际市场需求,并拥有市场拓展空间,能不断优化和完善商业闭环,获得公司经营收益。

2) 可持续性。

项目要具有可持续性,首先项目的定位要做好,定位决定了你未来的发展方向(尽量选择朝阳企业)。

3) 可复制性。

成功的项目必须是可以复制的,项目产品或服务本质上是解决市场痛点的标准化方案,标准化的价值就在于可复制和可控。例如,一个人的经验无论多丰富其价值是有限的,只有把他的经验转化成可复制的标准化方案（书、课程和演讲等等），价值才能无限被放大。

5. 市场容量要足够大、增长快。

市场容量是指在不考虑产品价格或供应商策略的前提下，市场在一定时期内能够吸纳某种产品或服务的单位数目。只有市场容量足够大，才有更大的发展空间，否则脸盆儿再大，也养不出鲸鱼。

增长快是指公司的各种关键指标上升得非常快或上升的幅度非常大，包括销售额、客户量、利润额、市场占有率等都有一个明显的上升趋势。

 任务

一、课后独立完成

请按照以下范文对自己的商业计划做一个简易的开场白训练：我的项目是什么；为类客户提供什么服务、满足什么需求，现在成果如何。

范文：我是×××，我们的项目是＿＿＿＿＿＿＿（不超过 10 个字），旨在为＿＿＿＿＿＿＿（用户或客户）提供＿＿＿＿＿＿＿（差异化的产品或服务），解决＿＿＿＿＿＿＿（市场需求及痛点），实现＿＿＿＿＿＿＿价值。经过前期调研，已进入＿＿＿＿＿＿＿（测试、试运行、运营等当下项目状态，是否工商注册），已经拥有可以支持解决方案的核心技术和资源，有＿＿＿＿＿＿＿和＿＿＿＿＿＿＿（用事实、数据说话），现阶段的成果有＿＿＿＿＿＿＿（现金收入、积累的用户、产品成熟度、服务以及市场占有）等。

二、课堂小组讨论

1. 请学生在小组中讲解自己完成任务后的体会。
2. 请学生在小组中提出 1～2 个问题考考别人。

三、师生互动

1. 学生将自己完成的开场白制作成 PPT 或文档，并在课堂上汇报。
2. 请其他学生参与活动投票，评比出最佳开场白。

项目三　如何挖掘好的参赛项目

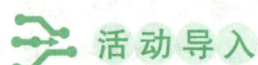 **学习目标**

1. 了解中国国际大学生创新大赛获奖作品的共性特征。
2. 培养学生对大赛特征的思考和探究能力。
3. 掌握比赛的规律,提升备赛能力。

 活动导入

"互联网+"大赛金奖项目案例:
广州番禺职业技术学院的智能点胶机器人

该项目荣获第五届中国国际"互联网+"大学生创新创业大赛职教赛道金奖。该项目由8位同学共同完成,聚焦当前LED行业,重点解决透镜贴装工序点胶机定位编程问题。"智能点胶机器人"项目成功通过了广东省光电技术协会在广州组织的成果鉴定。该项目提出了一种简化的相机系统标定数学模型,可以实现短焦镜头下大视野图像的准确,快速畸变校正。它避免了手工教学编程方法造成的停顿痛苦的问题,并克服了图像拼接模板匹配方法存在目标缺陷多的缺点,其整体技术达到国内领先水平。

(一) 项目概述

智能点胶机器人是人工智能发展的一个重要点,作为一个研究团队,广州番禺职业技术团队旨在创新,针对一些目前点胶机的技术问题给出有效的解决方案。在停工损失方面,给出了有关技术解决、无须停产、降人工要求、减少劳动力投入和降低机器维修率的有效的解决措施,为行业的技术发展做贡献。

(二) 市场分析及定位

点胶机市场需求数量逐年增加,2017年我国点胶机行业市场需求量约28.2万台,广泛应用于市场中。该项目的目标市场是照明行业,将目标市场设定为三级,并将一级市场放在了中山镇的LED行业。在政策支持、法律推动、经济迅速发展、社会迫切需求和技术日趋成熟的基础上,基于SWOT分析,所掌握的点胶机的高水平技术,对于打入市场有着自身特有的优势。对已在市场上的生产智能点胶机的公司,我们将采取提升平台提供的服务、加强技术开发、保护核心技术、提高自身品牌效应等措施加以应对。

（三）商业模式

将"迅速，精准，不停产，高性比"作为产品定位，提供上门安装与操作教学服务，做好质量与售后保证与公共关系管理，打造知名度与美誉度，树立口碑；以高性价比为基础，推出比同行业更为低廉的价格；以上门推销，展会展览的线下策略与工厂仪器设备采购或测评的网站进行广告与推广。通过专门定制，让厂家直销与电商预定。

（四）财务分析

点胶机将预测销售 300 万台。一台点胶机成本大约为 8 万元，售价 15 万元。预测利润为 2100 万元。

（五）风险控制

全智能点胶机器人作业过程中总会出现一些不可抗拒的风险。对于风险，项目组预测了一些确定性风险的分析，例如风险管理、财务风险和社会风险。同时也对一些不确定性风险做出了分析，例如市场上的市场供求关系、市场竞争、技术风险、融资风险和竞争风险等的风险防御与降低决策。

（案例来源于网络）

问题：什么样的项目才能在创新创业竞赛中走得更远呢？

启示：高职院校对当地产业的支撑，一方面体现在提高人才培养质量，真正把学生培养成企业需要的、能为企业解决问题的人才；另一方面体现在推动师生们发扬创新精神，以实际行动为产业解决实际问题，帮助企业转型升级，提质增效。

理论点拨

一、如何挖掘优秀的项目参赛

（一）优秀大赛项目的特征

大学生参加大赛，从校赛到省赛再到国赛，会产出一批优秀的大赛项目。所谓优秀的项目就是指质量高的、可塑性强的、发展潜力大的，具体体现在以下几个方面。

1. 项目有市场需求与空间。

好的项目应该是一个足够大的、有可持续性发展的且能引领未来社会趋势。

2. 项目有核心技术与能力。

大赛鼓励大学生结合自身专业特长开展科技创新创业活动,鼓励将师生科研成果转化成实际项目。项目要可落地,还要具有可持续性和可复制性。核心技术最容易被检测到的就是是否申请专利。

3. 一支优秀的创业团队。

一支优秀的创业团队包括创始人、合伙人、创业团队。创业项目不管处于哪种创业阶段,创始人和初始团队都是非常重要的。在大赛的评审规则中,创意组、初创组和成长组的团队权重均为 30%。团队要注意以下几点。

(1) 团队组织结构是否合理(专业人做专业事)。

(2) 团队价值观是否统一。任何一个具体的部分,归根到底是要服务整体的。任何项目的完成,是要对组织的使命有贡献。

(3) 团队的互补性及协同能力、沟通合作能力。做任何事情归根到底首先是要有共识,没有共识就没有办法做;其次要合作,什么叫要合作? 就是优势互补,每个人都要做最合适、最能干好的事情。

(4) 系统策划能力。知道了该干什么? 这个事情的生命周期、打交道的对象、生存的环境,这里面应有一个系统策划。

(5) 资源整合能力。有了资源接下来就是操作的问题了。

(6) 制度设计能力。要通过有效的制度设计将各方的力量整合起来。

(7) 应急、应变能力。因为事情总不会像我们想象的那样顺利,总是在变化的,整个团队都要有危机意识感。由于世界千变万化,有太多的不确定性,要因变化而变化。

(二) 优秀项目的主要来源

好的项目来源,代表着项目的基因或底子比较好,我们常说"好的开始,是成功的一半"。对于大赛的组织备赛工,这个"好的开始",就是更多地从项目源头做工作,更多地从项目起源、项目最初构思的角度去思考、去谋划。好的项目来源于以下几个方面。

(1) 科创融合:科技创新与发明创造(科研转化成果)。

大赛一直提倡并切实助力高校科技成果向产品、产业侧进行转化,即结合相关成果的领先性、成果对应的产业方向的市场容量,以及该成果目前产业化尝试的落地程度这三个方面进行转化。据统计,过往四届大赛中,共带动累计超过 10 万件项目进行转化。这类项目通常以"师生共创"作为团队组建方式,其转化的产品所服务的产业方向具备较大的市场空间和想象力,同时其转化的产品因为有核心领先技术所以具备很强的技术创新性。

这类项目在大赛金奖项目(尤其是总冠军项目中)里面的占比很高,一直在 50% 左右。其中,主赛道创意组的国赛金奖项目中这类项目的占比可能会更高。

这几年,大赛中让人印象深刻的科技项目举不胜举,如初创组的中云智车(第四届总冠军)。

（2）专创融合：院校优势学科与专业的项目。

与自己所学的专业知识相结合，充分发挥和运用专业优势进行项目的创意和实践，这也是大赛一直提倡的"专创融合"的大赛精神。科创融合其实也是专创融合的范畴，只是一般特指理工医科类专业，而且这类项目在金奖中占比较高，因此单独作为一类来介绍。对于第二类来源的专创融合，我们这里重点特指不同于科创融合的、非重大技术创新型的"硬科技"双创项目。大赛并不只是"硬科技"的舞台，相关赛道和项目类型的规则设计使得众多非重大技术创新型的"软实力"项目也有机会展示自己的风采。例如，如你所见、三昧动漫（吉林动画学院的两个金奖项目）——学校文创方向；缘蜜（江西外语外贸职业学院的金奖项目）——学校电子商务专业；掘金三板（对外经济贸易大学的金奖项目）——学校金融专业。

（3）自发创造：团队成员"敢闯会创"，能力突出的项目。

自发创造不同于专创融合，基本没有直接可依托的科技成果或专业优势，更多是依靠项目核心团队成员（如创始人、联合创始人等）基于自身对行业、市场的研究、洞察和思考，然后自己"白手起家"。

例如，oFo小黄车（第二届季军）的创始人戴威不是学的共享经济专业，其母校北大也没有现成的跟共享单车相关的科技成果。oFo小黄车是全球第一个无桩共享单车出行解决方案，首创"单车共享"模式。用户只需在微信服务号或App输入车牌号，即可获得密码解锁用车，随取随用、随时可还。

（4）家族传承：基于家族产业的继承与创新。

这一来源有各地中医馆的第N代传人、花商二代、卤鸭二代、面粉产业二代等。目前高校学生这一代的父母以出生在20世纪70年代左右人士为主，这个年代的父母基本是目前社会的中坚力量，完整见证了改革开放的整个过程。有些父母可能抓住改革开放的机会开创了自己的事业，并做得不错，成为家族产业的第一代，因此就会考虑是否让第二代也参与到家族产业里面来，或者让其逐步接管，或者让其在现有基础上去延伸和开拓新的业务版块。这样的项目在中国经济发展最活跃的京津冀、长三角、珠三角及沿海等地区相对比较容易见到。期待当代大学生利用自己所学，在传承家族产业的基础上，注入新的元素和动能。

 **案例**

罗小馒的红糖馒头，江湖人称"馒头哥"，获得了2017年第三届中国"互联网＋"大学生创新创业大赛国赛金奖、最佳带动就业奖。该项目负责人是云南大学滇池学院2014级经济管理学院本科学生罗三长。因为家庭原因，他从初中就开始做各种兼职，直到进入滇池学院，依然在快餐店打工；大二时，他与该店的老板一起创业开始做红糖馒头，结果一不小心，

成了云南最火的红糖馒头。

创业头一年,红糖馒头的销售额就达到 1.25 亿元,产生利润达 1200 万元,直接带动大学生、下岗职工共计 1312 人就业。在线下实体店取得成功后,罗三长还开通了微信公众号,通过网络进行售卖。现在,红糖馒头的直营店加上加盟店已经有 142 家,仅昆明市就有 70 多家,且遍布云南省内其他州市和广西、贵州。以每个门店每天要销售 1200~1500 个馒头来算,仅是一天的时间就能制作 2 万个馒头,每个馒头的售价为 1.5 元,如此一来所有门店每天的流水就能达到 30 万元。这就是红糖馒头带给大家的惊喜。

(5) 社会实践:以此为基础进行思考和转化。

在大学读书期间,社会实践是很多在校学生与社会发生联系的很重要的一种途径。因此,在大赛中看到很多项目,尤其是公益创业类、青红赛道类的项目都来自社今实践。作为参赛项目,可以来源于社会实践,但需区别于社会实践。两者的差异体现在:作为参赛项目,不管是公益类还是青红赛道,核心是创业,首先需要考虑的是项目的独立性和完整性,需要考虑如何养活自己的团队,让自己的项目持续运转下去,而这些要点都不是社会实践项目需要考虑的问题。因此,来源于社会实践的项目,需要积极地转变思维,从更全面的角度思考和深化自己的项目。

例如,厦门大学的"我知盘中餐——大数据精准助农平台"项目荣获第四届中国国际"互联网＋"大学生创新创业大赛"青年红色筑梦之旅"赛道金奖。每年暑期,该项目团队都会组织实践队奔赴革命老区和贫困地区,依托"我知盘中餐"平台开展红色筑梦之旅精准扶贫和振兴乡村实践活动,通过高校、企业、学校平台联合进行电商扶贫,利用大学生的知识和智慧,对农村地区原生态产品,从生产、包装设计、品牌策划及市场营销等方面进行全方位的指导和帮助,有效地解决了很多高校实践团队由于没有自己的平台而难以把电商扶贫做实、做细、做出成效的问题。

(6) 产创融合:与当地产业或区域发展相结合。

大赛通知文件的"大赛目的与任务"中提道:以赛促教,探索素质教育新途径。把大赛作为深化创新创业教育改革的重要抓手,引导各地各高校主动服务国家战略和区域发展;充分地发现区域机会,结合区域特点、发挥区域优势、满足区域需求、助力区域发展,并通过助力区域发展,最终助力自身项目或企业的发展。这是一个如何发掘和利用"大环境"优势的命题。

例如,采薇民绣(第一届金奖)——获得金奖的云南大学滇池学院"采薇民绣"项目,通过"互联网＋非物质文化遗产(刺绣)"的思路,将藏在深山人未识的云南民族刺绣"跨界"到互联网平台上,开创了一条"政府(非物质文化遗产保护性开发)＋高校(产品研发中心)＋公司(销售平台)＋绣娘(产品生产)"的现代化民族刺绣产业链。

二、参加大赛的常见问题

问题 1 大赛的参赛顺序是什么样的(大赛赛制)?

答:大赛采用二级学院选拔,校赛初赛、省级复赛、全国总决赛三级赛制。校级初赛由各高校负责组织,省级复赛由各省(区、市)负责组织,全国总决赛由各省(区、市)按照大赛组委会确定的配额择优遴选推荐项目。

问题 2. 报名参赛应该准备什么材料?

答:报名参赛的流程以及需要提供的材料,可以参考全国大学生创业服务网首页→下载资料→《学生操作手册》。材料包需准备以下资料。

(1) 商业计划书 Word 版。

(2) 商业计划书 PPT 版(10 分钟汇报,用于网评评审和比赛现场)。

(3) VCR(一分钟视频,一般到了省赛、国赛比赛现场才用)。

问题 3. 如何报名参赛?

答:参赛团队可通过"全国大学生创业服务网"或微信公众号(名称为"中国国际大学生创新大赛")任一方式进行报名,系统开放时间具体看当年文件。在网上报名后,参赛团队还应向项目负责人所在业院的大赛组织老师报名并提交资料(项目申报表、项目商业计划书等),该资料用于学校进行资格审查,否则无法参与校赛初赛。

问题 4. 项目团队的人数有何限制?

答:每个团队的参赛成员不少与 3 人(含项目创始人),须为项目的实际成员。团队成员上限暂无限制,项目可根据自身情况添加团队成员。参加全国总决赛现场赛的参赛成员应为 3～5 人(含项目创始人)。

问题 5.项目团队的指导老师有何限制?

答:大赛不要求项目团队一定要有指导老师,并且在人数上没有限制。建议项目团队在与老师沟通后自行决定是否添加指导老师。

问题 6. 可以跨校、跨学院报名参赛吗?

答:可以跨校、跨学院报名参赛,但以项目负责人所在学校算比赛成绩。

问题 7. 在大赛系统报名后还可以修改资料吗?

答:(1)如果需要更改项目名称,必须将原项目删除,重新创建新的项目(如果项目已通过审核进入校赛或者省赛,删除后项目会回到待审核状态,请谨慎操作。删除原项目前须及时和学校或者省里联系,以便在删除原项目后,重新申报的项目可以再次进行审核,以免影响项目参赛)。

(2) 如果已经通过校赛或省赛审核不能修改,项目名称和项目负责人都不能修改了。但在省赛系统关闭前可以修改团队成员、商业技术书、PPT 资料;修改项目计划书可以直接在项目里重新上传(项目计划书名称为系统默认,重新上传后可以下载计划书查看是否修改成功)。

问题 8. 一个人可以报多个项目吗? 一个公司可以报多个项目参赛吗?

答:一个人只可以作为一个项目的项目负责人,同一个人可以作为多个项目的成员参赛,但最多只能报 3 个项目;而作为已成立的公司,其参赛申报人须为企业法人代表,故一个公司只能申报一个项目。

问题 9. 项目可以参加多个赛道吗?

答:项目只能选择参加一个赛道进行报名参赛,具体要求详见大赛通知。

问题 10. 项目负责人如何添加团队成员?

答:团队成员应先在全国大学生创业服务网上进行注册,并验证个人学籍信息。验证通过后,项目负责人可通过搜索团队成员"姓名+手机号"进行添加,并且需要相应的团队成员在个人中心"消息"板块点击"确认"按钮,方可添加成功(请使用谷歌浏览器或 360 浏览器进行添加)。

问题 11. 项目计划书有格式要求吗?

答:技术书格式为 PDF、Word,不超过 20 MB,且文件数量限一个。

问题 12. 创建的项目一直处于待审核的状态,是怎么回事?

答:这种状态表示你的项目已进入学校的审核,请耐心等待。建议联系各二级学院大赛联络员跟进审核情况,不要影响项目参赛。

 任务

一、课后独立完成

登录"全国大学生创业服务网"(https://cy.ncss.cn/)或微信公众号,了解更多中国国际大学生创新大赛最新的比赛信息及获奖作品,以及所需备赛材料,将自己对比赛的理解和收集来的信息进行归纳和分析。

二、课堂小组讨论

1. 请学生在小组中讲解自己完成任务后的体会。

2. 请学生在小组中提出 1~2 个问题考考别人。

三、师生互动

1. 学生制作 PPT 或文档,并在课堂上汇报。

2. 教师对同学们所完成的任务进行点评。

项目四　案例展示及分析 10

第五届中国国际"互联网＋"大学生创新创业大赛湖北省级复赛银奖作品展示（湖北城市建设职业技术学院）

一、企业概况

武汉拓博创景规划建筑设计有限公司，成立于 2018 年 9 月 17 日，位于武汉东湖新技术开发区黄龙山北路，注册资本为一百万元整，法定代表人为李志博，且无变更。公司主要从事园林景观工程设计、城乡规划设计、室内外装饰设计、建筑幕墙工程设计、仿古建筑工程设计等业务，为委托方提供"策划＋规划＋设计＋服务"解决方案；以优质的作品和完善的服务为先导，搭建互联网设计平台，通过精诚合作，铸就卓越的规划设计品牌。

公司自成立以来，致力于服务武汉市及其周边快速发展的城市建设。在一年间相继参与了武汉东湖文旅综合体方案设计、武汉既济水电公司宗关水厂旧址外立面整治设计、武汉万家福茶园规划设计、武汉汇立——新华路智能充电站停车场规划方案设计、赤壁市陆水湖环湖绿道体系规划设计以及罗田县许多美丽乡村规划等设计项目。此外，公司还积极参与湖北省各地的城乡规划编制与咨询服务，为罗田、蕲春、通城等中小城市提供了城乡规划、专项规划的设计服务。

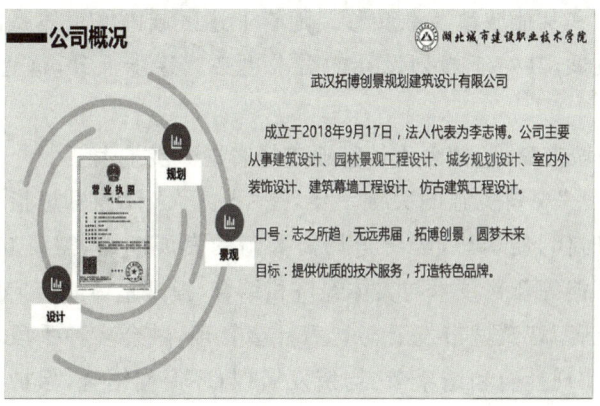

二、规划设计行业分析

近年来，随着我国城市化进入快速扩张阶段，城市规划市场规模从 2012 年的 126 亿元增长到 2017 年的 141 亿元。该规模逐年扩大，城乡差距越来越大。为了进一步缩小城乡差距，使得城乡统筹发展，在十九大上，习总书记提出乡村振兴战略。该战略的提出在乡村掀起了一阵规划热潮。

年份	2012	2013	2014	2015	2016	2017
城市规划市场规模(亿元)	126	129	131	134	138	141

我国城镇化发展带动的城市规划市场规模

新常态下,粗放式的大规模新城建设时代已经过去,我国的城市化进程开始进入精细化的"新城市"发展阶段。未来的城市建设强调"以人为核心",城市建设增量空间向中西部地区、村镇转移,大城市的城市存量更新逐步取代增量发展,以智慧城市建设为主题,业务构成将从新城新区建设转移到城市更新为主。

1. 城镇化的进程加快,规划设计市场空间巨大

随着城市化建设进程的加快,大量的农村人口向城市集聚,城镇化快速增长,到 2017 年来,常住人口城镇化率达到 58.52%。一方面,城镇化水平的进一步提升意味着城市建设增量空间仍然具有较大的潜力;另一方面,城市更新改造的需求也将带动城市建设的存量进一步增长。总体来看,预计未来城市规划设计市场空间巨大。

2. 城市群及中西部的发展,拓宽规划设计市场空间

未来,随着国家加大发展地区城市群的力度,将有利于本行业拓展新的市场空间。国务院在《全国主体功能区规划》中明确指出,未来的城镇化建设要发展集聚效率高、辐射作用大、城镇体系优、功能互补强的城市群,使之能支撑全国经济增长、促进区域协调发展,具体表现在以下方面。进一步优化提升东部地区、华南地区城市群,将显著提升规划设计行业的市场需求。我国东部及华南沿海地区已经形成了京津冀、长江三角洲、珠江三角洲等一批城市群,未来,要增强城市群内中小城市和小城镇的人口经济集聚能力,引导人口和产业由特大城市主城区向周边和其他城镇疏散转移。随着上述区域内城镇体系的逐步建立与完善,中小城市的进一步发展,其对于规划设计的需求也必然逐步上升,这将有利于行业的长期发展。

3. 智慧、绿色的城市建设,规划设计行业市场将进一步扩大

2018 年是"十三五"规划实施的关键一年,是"十九大"精神思想指导的首年,中国进入了新的发展阶段,新时代、新构想,经济迫切需要新的发展动力,需要互联网、物联网、大数据、移动互联、人工智能等新兴技术与实体经济相结合,提升整体经济实力;与城市建设和社会管理相结合,实现新型智慧城市发展与智慧社会管理,融合多种手段,解决当前社会发展不平衡的主要矛盾,实现社会和谐繁荣、均衡发展;与环保相结合,保护青山绿水,实现环境可持续发展,并促进整个国家经济持续稳定地高质量发展。

智慧城市建设正在快速发展,需要从整体结构立体布局,结合生态、环保,以及顶层规划,进行全方面考虑。在精细发展的阶段,要关注人的感受,合理运用新型信息技术,特别是像大数据、人工智能等热门技术,从而促进智慧社会的深入发展。

"2018 第十届智慧城市论坛"将从"新型信息技术和实体经济深度融合发展"的角度出发,从多角度阐述新时代下的新构想、新方案,并关注人的感受,着力介绍云计算、物联网、大数据、人工智能、智能硬件、增强现实等新技术不断催生的新应用、新业态、新的生产和管理方式,为城市治理、公共服务、产业转型升级提供智能、绿色、融合与分享等新型经济的发展模式,以新型数字技术促进数字中国的实现,进而引领智慧城市、智慧社会的健康、高质量发展。

三、规划设计市场竞争格局

随着经济的快速发展以及政策的不断完善,中国城镇化进程不断加快。在新时代下,城市更新已经成为城市创新发展的新动能,各地已从过去注重物质层面的拆旧建新过渡到以功能环境重塑、历史文化传承、人居环境改善为重心的有机更新阶段。如何对工业遗产进行保护性改造和再利用,使其重生为独具创意的城市片区和建筑空间,已成为我国城市发展中迫切需要解决的问题。我国规划设计行业已逐渐走向市场化,规划设计机构也更加趋于多元化,现今,城市规划设计院(公司)通常受政府部门或规划编制单位委托,通过规划成果和研究报告为政府决策提供依据。随着《城乡规划法》及其配套法规体系,以及各地不同条例规范等的颁布,规划设计市场更加凸显出"政府组织、专家领衔、部门合作、公众参与、科学决策"的工作机制。

经历了长时期的高速增长后,我国经济正在进入"稳增长、调结构"的发展阶段,而城镇化进程必须与经济增长相协调。为此,我国先后出台了诸多政策来促进城乡一体化,建设和谐生态的城市环境。例如,21世纪初广泛开展了撤县(市)设区为主要内容的行政区划调整,目的就是扩大城市空间;之后,为了推动城市集群发展和均衡发展,制定了大量高速交通规划;最近则出现了合并行政区划,呈现出结构调整趋势。规划设计也从原先的完全指定当地下属单位完成,渐渐转为向市场公开招标,并且按照最新法规进行招投标公示、接受公众参与。在此背景下,规划设计院逐步脱离了政府下属单位的职能,部分已经改制转变为公司运营,在接受市场公开竞争的同时,也享受着市场化带来的快速成长收益。

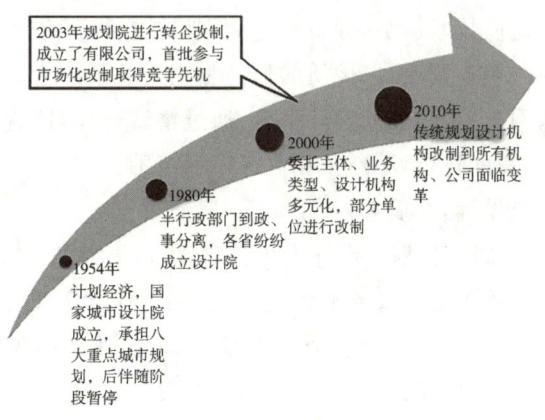

四、设计市场痛点分析

(1) 服务体系不完善。

(2) 服务跟进能力差。

(3) 服务内容单一。

(4) 用户参与度低,信息不对称。

解决方案如下。

我们规划创建一款规划设计服务 App——拓博设计,主要功能有:项目进度查询、预约项目洽谈、后续服务跟进、客户满意度评价等。它可为客户提供"设计＋规划＋策划＋服务"的全生命周期服务。在项目设计过程中,甲方每天都能了解设计进度及设计内容;在项目实施过程中,该 App 可为施工方提供良好的设计服务及实施建议。

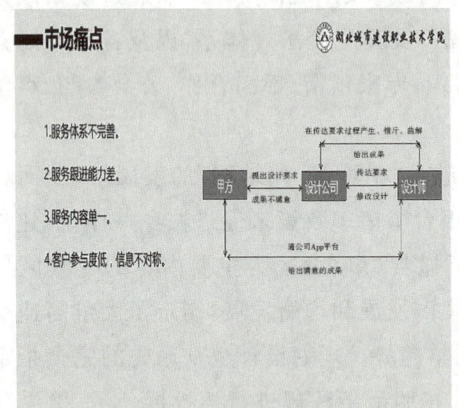
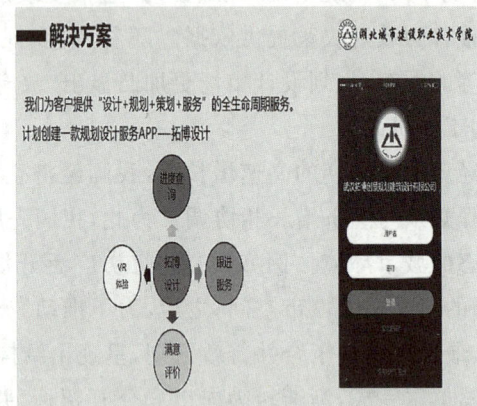

五、发展战略

要想打造一支提供优质技术服务,建立特色品牌,走上共赢之路的团队,必须五年内先从个人资质入手从而申办企业资质,以优质的作品和完善的服务为先导,提供系列的规划设计解决方案,搭建"互联网＋"工程创新设计平台,通过精诚合作,铸就卓越的规划设计品牌。在业务方面,还需得到客户的肯定,不断拓宽业务市场范围。

"互联网＋"规划建筑设计,发展规划。

(1) 为委托方提供"策划＋规划＋设计＋服务"全生命周期的服务。

(2) 建立与委托方的网络交互服务平台,委托方通过平台及时了解项目进展提出修改意见。在互联网发展的今天,我们传统行业也不甘掉队,预计在不久的将来会出现"滴滴设计院公司""滴滴设计师"的发展模式,要积极了解行业发展的前沿,勇于探索新道路(不畏浮云遮望眼,只缘身在最高层),奔跑新时代 ,勇做追梦人。

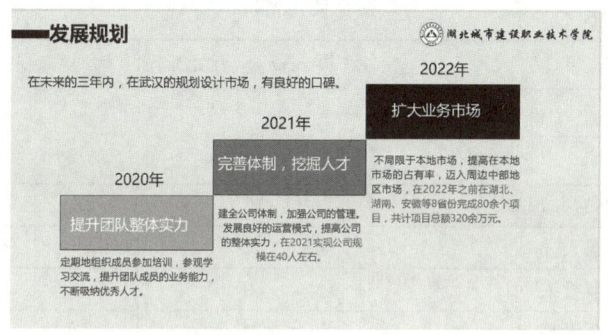

六、公司的社会效益及经济效益

（1）公司是履行社会责任、创造利益的源泉，是社会经济得以迅速发展的关键，能对社会经济发展产生重大的推动作用。公司要在社会中有所发展并获得一定的效益就必须结合自身的实际情况，不断进行革新以适应社会的发展趋势。在竞争激烈的社会市场环境中，企业人力资源的素质以及技能的转化为影响社会经济发展的重要因素。

（2）公司落实社会责任。实现公司经济责任、社会责任和环境责任的动态平衡的同时，会提升公司的竞争力与社会责任，为公司树立良好的声誉和形象，从而提升公司的品牌形象，获得所有利益相关者对公司的良好印象，增强投资者信心，更容易地吸引到公司所需要的优秀人才，并且留住人才等。

（3）随着公司的发展，可以为社会提高就业率，为学生提供实习就业岗位，让学生更好地进入设计这一行业。

（4）例如，我公司开展美丽乡村项目，建设美丽乡村不仅仅是农民本身的事情而是全社会的。大力发展美丽乡村，带动农民收入的同时缩短了城乡之间的差距，推动社会经济的增长，改善城乡风貌。开展"美丽乡村"创建，推进农业发展方式转变，加强农业资源环境保护，有效提高农业资源利用率，走资源节约、环境友好的农业发展道路，是发展现代农业的必然要求，是实现农业农村经济可持续发展的必然趋势。"美丽乡村"之美既体现在自然层面，也体现在社会层面。在城镇化快速推进的今天，"美丽乡村"建设对于改造空心村，盘活和重组土地资源，提升农业产业，缩小城乡差距，推进城乡发展一体化也有着重要意义。

七、融资计划

企业注册资本 100 万元，目前企业内部的股权构成创始人占比 100%，前期由创始团队自筹 30 万元，主要用于项目搭建、客户开发及交通工具等。为实现公司今后的发展目标，融资需求 50 万元资金，并出让 10% 股份，我们将这些资金用于拓宽市场、扩大业务量、引进高级技术人员使服务质量更加完善，公司资质的办理等。

资金使用情况

项　　目		投入资金(万元)	剩余资金(万元)
市场开拓	业务量扩大	5	45
	公司宣传		
公司资质的办理		10	35
公司挖掘人才		5	30
项目资金投入		10	20
运营资金管理		10	10
公司流动资金		10	0

现拟有以下两种融资模式。

(1) 向公司投资资金,拿到一定的公司股份。公司会在每个项目结款之后,按照相应的股份比例分红,以及年终分红。公司所承接的项目基本上是国家政策扶持项目,风险较小,回报期较短。

(2) 对单个项目的投资资金,项目完成后,按比例分资。

第七届中国国际"互联网＋"大学生创新创业大赛湖北省级金奖作品展示
(湖北城市建设职业技术学院)

《周礼·考工记》中,"匠人营国,方九里,旁三门","匠人"是指建筑工匠。概括来说,"匠人"就是指具有某一门手艺或一技之长的人。匠人要精通自己的手艺,一般需经过艰苦的学徒和练习过程,最终熟能生巧,实现从技术到艺术的升华。提到匠人就不得不说鲁班,鲁班的名字实际上已经成为古代劳动人民智慧的象征。在鲁班精神的指引下,造艺公社团队成员相识于校造艺公社(原本造艺公社是湖北城市建设职业技术学院为了备战世界技能大赛而组建的学生社团),在社团中他们一起集训,共历艰辛,最终获得荣耀,从此开启了人生中一段新的旅程。

2017 年 4 月,秉持着"技艺载道、道艺合一"的宗旨,由 16 级学生严英俊在母校湖北城市建设职业学院的实训基地创立了造艺公社,并担任初代社长。该社创立初期,原本计划承接一些简单的或是由学校指导老师介绍项目。得益于师长朋友的关注和扶持,造艺公社在随后不到一年的时间里快速成长,并在学校取得了一些在当时看起来还不错的小成绩。造艺公社早期主要从事各项世赛培训与辅助工作,团队先后实地考察北京、上海、杭州、重庆等地工坊运营情况;与以立邦油漆为主的几家企业探讨新时代职业工人的培训模式。同时,经学校介绍也会承接一些小型铺贴施工项目。造艺公社团队也以此为契机,拧成一股绳,不仅仅学习知识或技术,更重要的是全面培养自身的综合能力,尤其是传承匠人精神,在学习中认真敬业、不怕吃苦、精益求精,只有这样才能做出好的作品。

工匠是如何炼成的?

有一种力量无人能挡,它永不言败生来倔强!

◆ 团队成员参加两届世界技能大赛
　获得 2 项全国奖项,4 项省级奖项

◆ 训练期间,累计贴砖超过 36000 块

◆ 铺贴面积超过 10000 平米

◆ 贴过的砖叠加高度超过埃菲尔铁塔

被媒体誉为 "00 后贴砖猛男团"

world skills China
中国世界技能大赛

世界技能大赛是最高层级的世界性职业技能赛事,每两年举办一次,被誉为"世界技能奥林匹克"。
技能赛项名称:瓷砖贴面(WALL AND FLOOR TILING)

从工匠到创业英雄

有一种理想照亮了迷茫，
在那写满荣耀的地方！

项目简介

　　造艺公社成立于2017年，前身为学校备战世界技能大赛项目组。2019年，开始商业化铺贴服务。目前，造艺公社与各类设计公司以及岩板制造企业合作，为客户提供高端精装修项目的岩板铺贴外包服务。

　　其中六位核心成员，均为世界技能大赛瓷砖贴面项目获奖选手。成立至今，造艺公社已经完成38个商业项目，实现收入超过180万元。

◆ 优质工程：　　　　　◆ 合作伙伴：

武汉梦时代项目
华侨城原岸别墅
联投中心
名湖豪庭
正荣紫阙台
保利清能西海岸别墅
碧桂园晴川府
琨御府
保利十二橡树庄园别墅

我们走过的路

昂首挺胸，
仰望那鲜艳的旗帜飘扬！

追艺公社历任社长

严英俊　创始人
世界技能大赛瓷砖贴面一等奖

陈阳松　第二任社长
世界技能大赛瓷砖贴面一等奖

何国意　第三任社长
世界技能大赛瓷砖贴面一等奖

刘宇豪　第四任社长
世界技能大赛瓷砖贴面二等奖

发展历程

2019年12月：第一个项目城投瀚城璞岸岩板铺贴工程

2020年 9月：与天华建筑设计有限公司战略合作

第一个十万元收入的工程东湖楚家岩板装饰工程

2020年10月：与中建东方装饰签约战略合作

2020年11月：与沃能工具共建工具研发测试中心

2021年10月：计划成立公司，正式开始独立运营

第一个项目　　第一个十万　　战略合作　　战略合作　　工具研发

我国的陶瓷砖行业自 2017 年以来由于房屋竣工面积下降、环保政策趋严、经济下行压力较大等多种原因叠加的影响导致市场需求不振。国内陶瓷砖产量从 2016 年的 102.6 亿平方米下降到 2019 年的 82.2 亿平方米。越来越多的瓷砖厂商都在思考未来市场可能出现的新型替代产品,创造出新的市场增长点。目前市场上主流厂商的产品都有往薄型化、大型化方向发展的趋势,而在此背景下,2017 年才被引入国内的岩板成了 2020 年整个建筑陶瓷行业发展最引人瞩目的细分领域。

伴随着岩板市场快速兴起,造艺公社工作室业务立足于中高端客户群,精于别墅及复式等大户型的瓷砖铺贴设计与施工。对相关产业领域进行深度资源优化整合,构建起中国最具竞争力的铺贴团队和品牌梯队,形成齐发并举的战略体系和格局。

我们的优势

有一种精彩,叫成功;
更有一种感动,叫坚持!

工匠精神
对细节的极致把握——每块砖的接缝、平整都以世赛标准控制在一毫米以内
建立岩板施工规范要求——《岩板铺贴施工工艺规范》
建立服务工程师体系——《三级铺贴工匠训练与考核标准》

创新精神
新工具、新匠人
专业工具的改进发明;**申报专利**导轨切割机、三角开孔定位器

创业精神
第一单外包项目:**3.1万元**,五人团队工作一周。
发展至今,最大单一铺贴项目金额超过30万元。

专业资源
上游资源,专业设计公司与板材供应商提供**稳定业务来源**
专业工具制造企业提供**工艺创新与工具开发**平台支持

匠心造艺 从大赛冠军到创业英雄　•••• 　page 5

造艺公社项目团队成员 12 人,核心成员 6 人,公司现处于拟筹建阶段。目前通过校企合作单位接洽合作方,整合材料商、工具商各方资源以完成高端岩板真实项目,材料商、工具商项目如下。本项目团队管理体系完备、结构合理、功能精准,在保证各类项目超期完成的目标上,也能注重团队成员的个人成长和发展。项目开展至今,每年积极备赛世界技能大赛,学习世界先进铺贴工艺与技术,同时训练在校生铺贴技术,完成对社会与学校的反哺。

市场机会

消费升级带来岩板市场快速增长!

- ◆ 2017年,岩板进入国内市场
- ◆ 2018年,岩板市场持续升温
- ◆ 2019年,沿海转向内陆飞速发展
- ◆ 2020年,国内大型岩板生产线增长率达223.81%

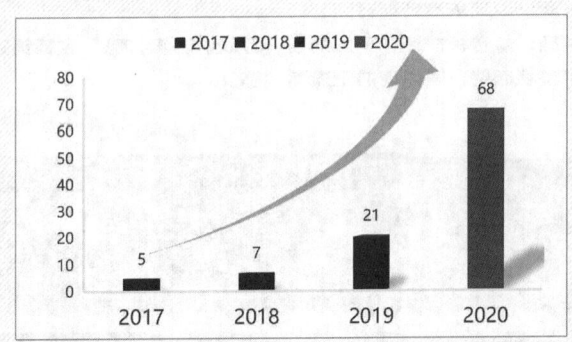

2017-2020年中国大规格岩板生产线数量及变化情况

业务特点

大型岩板装饰工程的设计与施工

业务特征

① 大型岩板铺贴作为装饰工程中的细分领域,具备高施工难度的特点。

② 区别于传统项目,大型岩板铺贴以单独外包形式独立于整个项目。项目主要源于设计师渠道、岩板生产商渠道。

③ 施工人员技术要求高,专业设备与新型工具应用多。

典型案例

案例一：武汉梦时代广场B区二楼

施工时间：2020年10月

岩板面积：425㎡

施工难点：表面结构不规整（圆弧、折角、高差）

地面超大岩板（单块面积超过4平方米）

项目金额：32.75万元

项目来源：中建东方装饰有限公司

项目实施：从岩板搬运、基层处理、打胶、岩板打磨、大板铺贴、开孔、平整度调整、表面清洁全流程实施。

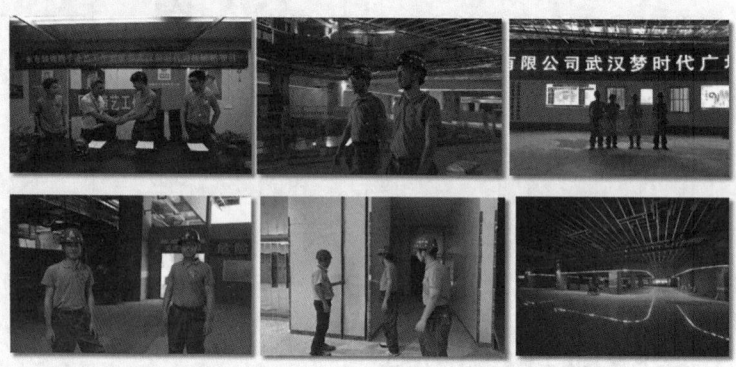

典型案例

案例二：绿地国际理想城三期

施工时间： 2020年9月

岩板面积： 86㎡

施工难点： 超高层吊装（23楼）

墙体超大岩板（单块面积超过4平方米）

项目金额： 8.37万元

项目来源： 武汉楼兰美家装设计工程有限公司

项目实施： 从岩板吊装、搬运、基层处理、打胶、岩板打磨、大板铺

贴、开孔、平整度调整、表面清洁全流程实施。

团队介绍

核心团队

刘宇豪 项目负责人

第四十六届世界技能大赛瓷砖贴面项目二等奖获得者
瓷砖贴面负责人兼教练
造艺公社第四代社长

陈阳松
技术负责人

室内设计专业

徐松松
技术负责人

室内设计专业

何国意
技术负责人

建筑装饰工程技术专业

齐旗
技术施工

建筑装饰工程技术专业

蒋龙
技术施工

建筑装饰工程技术专业

郭漆木
技术施工

古建筑建筑装饰工程技术专业

专家顾问

黄冠华
副校长
第46届世界技能大赛
全国选拔赛隔墙与抹灰赛项裁判
全国建筑业技能大赛
精细木工赛项裁判

韩勇
中建三局设计总院大师工作室 BIM 顾问

熊必辉
上海沃能实业有限公司董事长

指导老师

董倩
创新创业中心主任
武汉园林绿化发展投资有限公司技术顾问
武汉园博园项目技术顾问

范菊雨
副教授,高级工程师,
全国注册造价师,注册一级建造师、注册监理工程师

张春霞
副教授,高级工程师,
湖北城建职院装饰专业带头人

融资规划

股权设计

公司规划在2021年10月成立公司,拟出让10%股份，引入100万投资资金。

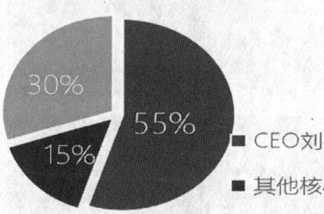

- 55%
- 30%
- 15%

- CEO刘宇豪
- 其他核心成员
- 预留风险投资

公司开办费用总计**300万**元。其中团队自筹**200万元**，引入投资基金**100万元**。

主要开支：
- ⊘ 新工具的研发　**45万元**
- ⊘ 培训团队组建　**35万元**
- ⊘ 培训基地建设　**10万元**
- ⊘ 市场推广　　　**10万元**

财务分析

与东方装饰等校企合作协议，每年可以为公司带来**100万元**的基础项目收入。同时通过市场拓展首年度预计达成**300万元**营业收入。

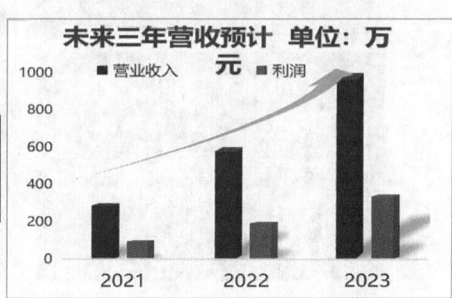

未来三年营收预计　单位：万元

■ 营业收入　■ 利润

	2021	2022	2023

未来将通过开辟湖北省内市场，国内一、二线城市拓展实现快速增长

引领教育

以创促研，以研促教

◆ **技能竞赛专项培训**

2017年至今累计培训1300人次实现专业能力精准输出

◆ **学校成立训练基地**

开展技能大赛训练与造艺公社员工培训。

◆ **建创新工具研发测试中心**

与沃能工具合作建立创新工具研发测试中心，联合研发新型专业施工工具。

◆ **多方科研立项，专创融合课题研究**

1.建筑装饰工程实训基地建设及运行机制研究
2.建筑装饰技能项目技能大赛对专业教学改革的思考与研究
3.建筑装饰工程技术专业多元协同育人模式的研究与实践
4.高职创新型装饰装修人才职业素养养成途径探索
5.现代学徒制模式下校企课程资源开发利用的策略探究

匠心造艺 从大赛冠军到创业英雄　● ● ● ●　page 11

　　新时代装饰产业工匠队伍要"大力弘扬劳模精神、劳动精神、工匠精神，建设知识型、技能型、创新型劳动者大军"的发展方向。

　　造艺工作室联合校企合作单位共同打磨岩板铺贴项目。每个校企合作单位都是工作室的孵化基地，为工作室提供新鲜血液。同时学校办学历史悠久，一直都有长期合作的装饰公司，公司也急切需要这样的施工人才，使他们成为行业标杆的法宝，无论是学校、企业还是工作室都是互利互惠的共同体。

目前以刘宇豪为创始人的造艺工作室,利用母校校企合作资源,为他们团队第一时间抢到了很多业务。例如,武汉楼兰美家装饰设计工程有限公司、武汉品胜在线装饰有限公司、中建东方装饰有限公司、武汉宇棋华瑞石材有限公司等。通过工作室发展,开启高职院校学生梯队工匠的新格局。

近年来,高职铺贴类技能大赛赛项内容、比赛形式、比赛时间、比赛设备等均发生变化,不断和企业一线真实生产相结合,造艺公社学员可以在高职院校接受公司的培训,同时参与世界技能大赛培训。校企共同培养出的人才,公司也会拿到企业一线去考核,考核内容贴近于"工匠精神"、吃苦耐劳的敬业精神、精益求精和更加专注创新精神。同时,高职院校学生在各种瓷砖镶贴类比赛中取得的好成绩也会口碑相传,吸引行业内的装饰企业引进人才。

铺贴行业涉及人群很多,每个业主的都有一个大圈子,朋友圈的往来,都会让更多的人认识到铺贴领域的就业机遇,造艺工作室以铺贴技术技能的精湛,铺贴成果高质量的展现,让客户满意的同时,也让客户了解公司以职业院校为主体的核心资源,让业主无形推广我们企业的优势,带来更多的商机,从而促进企业扩大规模,吸收更多高职人才,带动高职学生就业。

"互联网＋"参赛经历与感悟

匠心造艺项目负责人　刘宇豪

竞争是一种天性,拼搏是一种精神,比赛是一种展现。第七届中国国际"互联网＋"大学生创新创业大赛湖北省复赛已经落下帷幕,能够在这重重选拔中获得省赛金奖并冲进国赛,离不开学校以及指导老师们一路的帮助与支持。从世界技能大赛到创新创业大赛,看似是两个毫不相关的比赛,而我却将它们结合起来,将种子般的创业思路播种在城建学院这片沃土上。

相较于世界技能大赛,双创大赛不仅是一种体能上的比拼,更多的是一种思维的碰撞,一场湖北省各个大学生团队的思维较量。在最开始的校赛历程中,我还没有意识到这场比赛的较量之激烈,随着突破校赛进入省赛以至到后面的集训阶段,我才慢慢感觉到这场竞争所带来的前所未有的压力。从第一步商业计划书的撰写开始,从项目简介到市场分析,从商业模式到风险控制,我从迷茫到豁然开朗,在老师和团队成员的帮助下,从大到小一点点分析,并四处收集资料、调研市场,在大家的头脑风暴下,将这个想法衍生出数条不同的项目方案,最后一致决定选用了最合适的方案,并逐渐完善。在这个过程中,最大的感受是压力,虽然说压力可以转化为动力,但是这是一种难以捉摸的压力,没有头绪、无处下手的压力,好在有指导老师们对我的鼓励和帮助,让我有了更加明确的方向。拥有并完善计划书只是这参赛过程的第一步,进入省赛后,计划书、路演PPT、展示视频等,无一不是一个巨大的挑战。对于我来说想要独自制作这些是非常困难的,在老师与团队成员的协助下,我们开始了废寝忘食的制作,熬夜更是成了习惯,终于在我们的共同努力下完成并确定了最终方案。接下来便是最重要的路演环节,我要在十分钟内展示完我们的项目视频已经路演PPT,同时在接下来的五分钟内回答场下评委的提问。我们开始了汇报稿的撰写，它和PPT属于相互交织并且互补的关系，因为PPT难以将整个项目完整地在评委面前展现出来，所以我们对照计划书、PPT，以"查漏补缺""避重就轻"的原则写出了将近三千字的稿子。同时我们针对可能存在的提问进行准备，所谓"当局者迷旁观者清"，我们站在第三方的角度观看项目流程，是否存在让人一时难以理解并提出问题的地方，汇总问题、思考问题、解决问题并回答问题，这是我们的流程，也是我和路演时的搭档需要共同面对的问题。由于需要脱稿汇报，我要将演讲稿熟记于心，并且与PPT每一页一一对应，做到最佳状态，流利清晰地完整汇报，这对我来说是巨大的挑战，虽然有些难以完成，但我还是坚持下来，用一天时间将稿子完整地背了下来。但是在模拟路演时又一个问题出现了，由于缺少演讲的经验，我的气势与节奏十分欠缺，用通俗的话讲此时的我像一个"没有感情的演讲机器"，这是万万不可行的，因为演讲汇报就像朗读，需要有感情、有激情，才能带动听者的心。接着便开始演讲的训练，一遍不够五遍，五遍不够十遍……经过两天无数遍的模拟，我并没有因为次数多而疲惫，反而越发有气势越发的接近完美，最终达到了汇报的完美效果，就这样我们迎来了正式的路演。直到头天晚上，我依然在脑海中模拟，甚至对一些地方进行改动，能让我更加富有感情。路演当天，我到了现场，整理着装，自信地走进等待室。我知道来到这个舞台，代表的不仅仅是这个团队，更是代表着学校，我需要更加自信，相信自己一定可以行！怀揣这样的自信，我完成了一次完美的路演，接着便是紧张地等待结果。最终我们项目成功晋级金奖，接下来我们需要为第二天的金奖排位赛而做准备，这是一项更大的挑战，路演汇报过程要由十分钟缩减成五分钟，并进行现场直播。一瞬间让我感到压力倍增，但我们没有停下脚步，修改讲稿与PPT，并重新计时模拟。终于在第二天，怀揣一丝忐忑的心情走向路演场地，这一次我心中依然拥有无限的自信，我明白越是这样的时刻越是需要给自己心理上的鼓励，不慌不忙、不紧张，不论结果如何，将它当作一场完美的谢幕演出。功夫不负有心人，我们最终以湖北省金奖的成绩成功晋级国赛。但我知道接下来需要面对的是更加激烈的竞争。

回顾整个省赛过程，给我带来的收获颇丰，不仅拥有了更多办公技能，提升了演讲能力，还有思维上的跨越，让我明白只有站得高才能看得远。通过这次比赛我接触到了其他学校的优秀团队，见识到更多的领域，开拓了创新思维，我的逻辑思考能力也得到了提升，让我在做事时更具有条理性，且更加严谨。但我认为最重大的收获是培养了我的抗压能力，面对压力时我不再害怕、迷茫，反而能够更加自信。这一切都离不开学校对我的培养，非常感激能在城建这片"沃土"上生根发芽，也离不开老师与团队对我的帮助和支持，非常感谢这一路上永远支持我的大家，在未来的国赛路上我会更加努力，励志不负工匠之心！

问题：

1. 这两个参赛项目在比赛中都取得了不俗的成绩，你认为他们的优势到底在哪里？

2. 看完这些案例，你认为在参加比赛前需要做好哪些备赛的准备？

参考文献

[1] 任荣伟,梁西章,余雷.创新创业案例教程[M].北京:清华大学出版社,2014.

[2] 曹胜利.建设创新型国家与创新创业人才培养——关于"第三张教育通行证"几个认识问题的探讨[J].中国高教研究,2008(5):59-62.

[3] 东尼·博赞,巴利·博赞.思维导图[M].叶刚,译.北京:中信出版社,2009.

[4] 杰夫·戴尔,赫尔·葛瑞格森,克莱顿·克里斯坦森.创新者的基因[M].曾佳宁,译.北京:中信出版社,2013.

[5] 路甬祥.创新的启示:关于百年科技创新的若干思考[M].北京:中国科学技术出版社,2013.

[6] 王国全.科技创新思路与方法:兼议未来50年科技发展热点[M].北京:知识产权出版社,2013.

[7] 帕蒂·约翰逊.创变者[M].石云鸣,译.北京:中国人民大学出版社,2015.

[8] 季跃东.创新创业思维拓展与技能训练[M].北京:科学出版社,2012.

[9] 侯文华.大学生创新创业教育教程[M].北京:科学出版社,2012.

[10] 李伟,张世辉.创新创业教程[M].北京:清华大学出版社,2015.

[11] 埃里克·莱斯.精益创业[M].吴彤,译.北京:中信出版社,2012.

[12] 史蒂夫·布兰克,鲍勃·多夫.创业者手册:教你如何构建伟大的企业[M].新华都商学院,译.北京:机械工业出版社,2013.

[13] 史蒂芬·盖里·布兰克.四步创业法[M].七印部落,译.武汉:华中科技大学出版社,2012.

[14] 陈德智.创业管理[M].北京:清华大学出版社,2007.

[15] 李肖鸣,朱建新.大学生创业基础[M].2版.北京:清华大学出版社,2013.

[16] 吴晓义.创业基础:理论、案例与实训[M].2版.北京:中国人民大学出版社,2019.

[17] 王艳茹,王兵.创业基础课堂操作示范[M].北京:北京师范大学出版社,2014.

[18] 黄海荣.大学生创新创业教育指导[M].上海:上海交通大学出版社,2016.

[19] 卡普兰,沃伦.创业学[M].冯建民,译.北京:中国人民大学出版社,2009.

[20] 胡飞雪.创新思维训练与方法[M].北京:机械工业出版社,2009.

[21] 由建勋.创新创业实务[M].北京:高等教育出版社,2016.